중소기업 챗GPT 제미나이 실전 도입 매뉴얼

중소기업 챗GPT 제미나이 실전 도입 매뉴얼

초판 1쇄   2025년 6월 16일

지 은 이   백경석
발 행 처   에이아이마스터

출판 등록   2025년 1월 2일 제2025-000002호
주   소   서울 강동구 고덕로 47 3층 303-248호
전   화   02-441-1008
팩   스   02-6442-1070

홈 페이지   www.aimaster.co.kr
이 메 일   aimaster1@naver.com

ISBN   979-11-990943-2-1 (13320)
값   25,000원

이 책은 저작권법에 따라 보호받는 저작물이므로 무단 전재와 무단 복제를 금하며, 이 책 내용의 전부 또는 일부를 이용하려면 저작권자와 에이아이마스터의 동의를 받아야 합니다.

책값은 뒤 표지에 있습니다.
잘못 만들어진 책은 출판사에서 바꿔 드립니다.

에이아이마스터(AI MASTER)는 "AI를 활용하여 세상과 사람들에게 유익을 주는 다양한 콘텐츠를 기획하고 제작하는 것"을 사명으로 삼고 있으며, 이를 위한 세부사항은 다음과 같이 확장됩니다.

- AI 기반 실생활 교육 콘텐츠
  AI를 활용하여 실생활에 바로 적용할 수 있는 유용한 지식을 제공하는 학습, 교육 콘텐츠를 제작합니다.
- AI 기반 사회 문제 해결 및 미래 대비 콘텐츠
  현재 당면한 사회 문제뿐만 아니라 미래에 발생할 수 있는 문제에도 선제적으로 대처 할 수 있도록 AI를 활용한 해결책을 제시하는 콘텐츠를 기획합니다.
- AI 기반 세대 통합 기독교 기반 창의 콘텐츠
  다양한 세대가 함께 참여하고 공감할 수 있는 기독교 가치를 담은 창의적 콘텐츠를 AI를 활용하여 개발합니다.

AI로 한계 극복, AI로 도약하는 우리 회사

CHATGPT GEMINI

중소기업
챗GPT 제미나이
실전 도입 매뉴얼

MANUAL

Think New! Work New!

중소기업
대표님을 위한
AI 경영 혁신
필독서

백경석 지음　에이아이마스터

저자 소개 및 출간 의도

　백경석 저자는 다년간의 기업 현장 실무 경험을 통해 축적된 깊이 있는 전문성을 바탕으로, AI 시대의 새로운 컨설팅 패러다임인 '신설팅(Synsulting)'을 정립한 선구적인 '1호 신설턴트'입니다. 저자는 영업, 마케팅, 기획, 인사 등 핵심 비즈니스 영역에서 폭넓은 전문성을 함양하며 다수의 기업과 고객에게 맞춤형 컨설팅을 제공해왔습니다.
　기존 컨설팅 방식이 내재하는 시간적 제약, 고비용 구조, 그리고 기업 내부 역량 부족으로 인한 실행의 한계를 절감하며, 저자는 이를 극복하기 위한 대안으로 챗GPT와 제미나이와 같은 생성형 AI 도구에 주목했습니다. '신설팅'은 인공지능(AI)과 인간 지능(HI: Human Intelligence)의 전문성을 융합하여 시너지를 창출함으로써, 문제 해결의 폭을 확장하는 혁신적인 컨설팅 방법론입니다. AI는 방대한 데이터를 기반으로 아이디어와 솔루션을 제공하고, 인간은 고유의 창의성과 비판적 사고를 더하며, 신설턴트는 이 모든 과정을 주도하고 촉진하는 역할을 수행합니다.

　이러한 '신설팅' 모델은 이미 『챗GPT 제미나이 업무 활용 마스터키트: AI 시대 일잘러 직장인 업무 매뉴얼』의 출간을 통해 수많은 직장인들의 업무 효율성 향상에 기여했으며, 다양한 기업 및 공공기관 강연을 통해 챗GPT와 제미나이를 활용한 실질적인 성과 창출 방안을 전파해왔습니다. 이 과정에서 "우리 회사에 AI를 어떻게 도입해야 하는가요?"라는 중소기업 대표님들의 공통된 질문에 직면하게 되었고, 이는 인력난, 업무 과중, 미래에 대한 불확실성 등 중소기업의 절실한 고민이 반영된 것이었습니다.

　이에 백경석 저자는 중소기업의 이러한 고질적인 문제에 대한 명확한 해답을 제시하고자, 『중소기업 챗GPT·제미나이 실전 도입 매뉴얼: AI로 한계 극복, AI로 도약하는 우리 회사』를 집필했습니다. 본 서는 '신설팅' 방법론을 기반으로, 복잡하거나 고비용의 솔루션 없이 챗GPT와 제미나이만을 활용하여 중소기업이 AI를 효과적으로 도입하고 실전에 적용할 수 있는 구체적이고 실질적인 방법을 제시합니다. 특히, 'FAST 전략(Foster, Apply, Strengthen, Transform)', 'HAInerge 조직 구축', 'EAP 활용' 등의 독자적인 개념을 통해 중소기업 고유의 유연성과 강점을 극대화하며 AI 활용 노하우를 제공합니다.

　궁극적으로 이 책은 AI 시대를 맞이하여 대한민국 중소기업과 그 구성원들이 혁신적인 문제 해결 능력과 비약적인 성장을 경험하기를 희망합니다. 이 매뉴얼이 중소기업의 AI 전환 여정에 든든한 동반자가 되어, 지속 가능한 성장을 위한 지식과 도구를 제공할 것을 확신합니다.

저자 소개 및 출간 의도

● 이 책의 목적과 활용법

본 서는 급변하는 AI 시대에 중소기업(SME)이 직면한 본질적인 도전 과제, 즉 제한된 인력, 과도한 업무 부담, 그리고 불확실한 미래 환경 속에서 발생하는 생산성 저하와 경쟁력 약화 문제를 해결하고자 기획되었습니다.

단순히 AI 도구의 사용법을 소개하는 것을 넘어, AI를 비즈니스 혁신의 동력으로 전환하고 지속 가능한 성장을 위한 실질적인 실행 방법론과 로드맵을 제시하는 것이 이 책의 핵심적인 출간 의도입니다.

기존의 복잡하고 고비용의 시스템 도입 없이도 ChatGPT와 Gemini와 같은 범용 AI 모델을 활용하여 기업 전체의 업무 효율성을 극대화하고, 새로운 가치를 창출하며, 궁극적으로 기업의 경쟁 우위를 확보하는 방안을 제시하는 것이 본 서의 목표입니다.

1. AI 시대의 업무 패러다임 전환 유도
- 급변하는 경영 환경에 대응하여 기업의 운영 방식과 업무 프로세스의 근본적인 변화를 촉진합니다.
- 단순한 AI 도구 활용을 넘어, AI와의 협력을 통해 경영진 및 실무진의 사고방식과 행동 방식을 고도화하는 방법을 제시합니다.
- AI의 분석 및 생성 역량을 활용하여 문제의 본질을 파악하고, 창의적인 아이디어를 도출하며, 이를 실행 가능한 전략으로 연결하는 새로운 업무 패러다임을 경험하도록 안내합니다.

2. 현실 문제 해결을 위한 AI 실전 적용 솔루션 제공
- 중소기업이 당면한 인력, 시간, 자금 제약 속에서도 챗GPT와 제미나이를 효과적으로 적용할 수 있는 구체적인 시나리오와 실용적인 프롬프트 예시를 제공합니다.
- 특히, 본 서에서 제시하는 'FAST 시스템' (Foster(준비) → Apply(적용) → Strengthen(강화) → Transform(확산))과 'HAInerge(하이너지)' 조직 모델을 통해 중소기업의 강점인 유연성을 극대화하고 약점을 보완하는 맞춤형 AI 전략을 제안합니다.

3. 챗GPT와 제미나이 활용 능력의 체계적 숙달
- AI 도입에 대한 막연한 두려움을 해소하고, 챗GPT와 제미나이의 기본 개념부터 고급 활용 기술에 이르는 전반적인 지식을 체계적으로 습득하도록 돕습니다.
- 이론적 배경뿐만 아니라, 실제 업무에 즉시 적용 가능한 프롬프트 작성법, 부서별 특성에 맞는 AI 활용 전략 등 다양한 실무 예시를 제공하여 모든 독자가 AI 시대의 핵심 인재('일잘러')로 성장할 수 있도록 지원합니다.

Contents

- 저자 소개 및 출간 의도 _ 4
- 꼭 읽어 주세요 _ 9
- 시작하며
    - "대한민국 중소기업, AI의 '빨리빨리'로 세계를 움직이다" _ 11
    - "중소기업: ChatGPT와 Gemini로 대기업과의 격차 해소 및 성장 가속화" _ 12

제 1 장   왜 지금, 중소기업은 AI를 도입해야 하는가 _ 15

   1.1. 중소 기업의 혁신, AI로 도전 _ 17
   1.2. AI 혁명의 핵심 동력, 생성형 AI - ChatGPT와 Gemini _ 20

제 2 장   지금 바로, AI를 생존과 성장의 혁신 엔진으로 _ 25

   2.1. 중소기업 고질적 문제 해결사: ChatGPT & Gemini _ 26
   2.2. 중소기업 골드 타임 _ 27

제 3 장   AI와 함께 비상하는 조직, MASTER 인재를 키워라 _ 29

   3.1. MASTER: 10가지 핵심 역량과 6가지 전문가 유형 _ 30
   3.2. 중소기업 핵심 인재 MASTER 육성 _ 33

제 4 장   작게 시작해서 크게 확산하는 AI 도입 전략 : FAST 시스템 _ 39

4.1. FAST 시스템 필요성과 역할 _ 40
4.2. FAST 시스템 4단계 _ 41
4.2.1. 1단계: 준비 Foster - AI 도입을 위한 똑똑한 준비 _ 43
4.2.2. 2단계: 적용 Apply - 실질적인 업무에 AI 써보기 _ 49
4.2.3. 3단계: 강화 Strengthen - 조직의 습관화와 체계화로 _ 60
4.2.3.1. AI 시대의 새로운 인지-행동 체계: 4단계 인지행동 _ 61
4.2.3.2. AI와 함께하는 자기주도 학습: 개인 역량을 회사 역량으로 _ 65
4.2.3.3. 3단계 습관화 체계화 실천 방안 _ 69
4.2.4. 4단계: 확산 Transform - AI를 통한 조직 전체의 혁신 확산 _ 75

제 5 장   사람과 AI가 함께 일하는 조직 구조 만들기 _ 82

5.1. 우리 회사 특별 AI팀 - 하이너지 (HAInerge) 팀 _ 84
5.1.1. 하이너지 (HAInerge) 팀 개념 정의 _ 85
5.2. HAInerge 팀, 핵심 조직화 방법 _ 86
5.3. 대표님의 HAInerge 팀 - AI 7인조 _ 90
5.3.1. 대표님의 HAInerge 팀 - AI 7인조 구성 방법 _ 92
5.3.2. AI 7인조의 각 AI 역할별 실전 프롬프트 예시 _ 95
5.4. 직원과 AI의 역할: '단독'과 '함께'로 만드는 최적의 협업 구조 _ 129
5.4.1. 'ChatGPT/Gemini' 단독 수행 영역 _ 131
5.4.2. '인간' 단독 수행 영역 _ 135
5.4.3. 'ChatGPT/Gemini + HI' 함께 수행 영역 _ 140
5.5. 우리 팀 AI 파트너는 누구? - 부서별 HAInerge 역할 배치 전략 _ 145
5.5.1. AI와 함께하는 '이상적인 조직 설계_ 148
5.5.2. AI가 제시한 '이상'과 '현실' 비교 및 비효율 발견하기 _ 150
5.5.3. 발견된 비효율에 HAInerge 역할 '최적 매칭' 및 구체화 _ 158
5.5.4. 'AI 파트너' 역할 명명 및 공유: HAInerge 팀의 얼굴 만들기 _ 161
5.5.5. 가볍게 시도할 '파일럿 업무' : HAInerge 팀의 첫 번째 미션! _ 169
5.6. 부서별 HAInerge 역할 배치: 우리 팀의 AI 파트너는 누구? _ 177
5.6.1. AI 배치 예시 조직도: 우리 회사에 HAInergy 팀원 배치하기 _ 178

제 6 장　회사 전체가 AI로 연결되는 구조, EAP 시스템 _ 193

　6.1.　EAP란 무엇인가? _ 194
　6.2.　EAP 사전 준비 _ 196
　　6.2.1.　AI 도구 계정 만들기: 마치 새로운 이메일 계정 만들 듯 쉽게! _ 197
　　6.2.2.　디지털 문서함 만들기: 우리 회사의 '디지털 문서 창고' 준비! _ 198
　　6.2.3.　우리 팀 AI 에이스 찾기: 'AI 활용 전도사'를 만들자! _ 204
　6.3.　EAP 시스템 핵심 구성 요소: 선순환 3가지 핵심 축 _ 206
　　6.3.1.　AI 커뮤니케이터: 우리 회사의 '똑똑한 소통 대변인' _ 208
　　6.3.2.　AI 리포트 허브: 'AI 문서함' 'AI 데이터 창고' _ 211
　　6.3.3.　AI 통찰 보고서: AI가 만들고, 함께 전략을 짜는 미래의 나침반 _ 215
　6.4.　EAP 시스템 실제 적용 흐름: AI가 만드는 업무의 '선순환' _ 224

제 7 장　AI 도입, 문제가 생길 때 신속 대응: 현장 문제 해결 노하우 _ 233

　7.1.　'환각 현상(Hallucination)'과 편향성 대처법 _ 234
　7.2.　직원들의 '두려움' '귀찮음' 극복 전략 _ 239
　7.3.　AI를 통한 업무 개선이 정체될 때 _ 243
　7.4.　AI 관련 법적, 윤리적 문제 발생 시 _ 247

제 8 장　부서별 AI 실전 활용법: AI는 이렇게 써야 한다 _ 253

　8.1.　경영전략/기획팀: 전략 수립, 시장 분석, 회의 및 문서 관리 _ 254
　8.2.　영업 부서: 제안서, 고객 관리, 소통 _ 256
　8.3.　생산/운영 부서: 공정, 품질, 문서화 _ 259
　8.4.　연구개발/제품기획 부서: 새로운 아이디어, 기술 탐색, 데이터 분석 _ 261
　8.5.　고객 서비스 부서: 응대 효율화, 피드백 분석, 감성 관리 _ 264
　8.6.　법무/계약 부서: 법률 검토, 계약 관리, 규제 준수 _ 266
　8.7.　인사/총무 부서: 채용, 교육, 복지, 관리 _ 268
　8.8.　재무 부서: 예산, 보고서, 세무 _ 270
　8.9.　마케팅팀: 콘텐츠, 홍보, 트렌드 _ 272

부　　록

　1.　AI 도입 여정 체크리스트: FAST 시스템 단계별 점검표 _ 275
　2.　AI 활용의 핵심, 질문과 답변 전략 _ 277
　3.　AI '이전 시대'와 '이후 시대'의 차이: 질문과 프롬프트 _ 282
　4.　최적의 프롬프트 작성으로 최적의 답변 얻기 - 10단계 템플릿 _ 287
　5.　실전 사례 _ 299

 **꼭 읽어 주세요**

■ **AI 기반 혁신을 위한 효과적인 활용 전략**

본 매뉴얼은 단순한 AI 도구 사용법을 넘어, ChatGPT 및 Gemini를 활용하여 중소기업의 사고 및 업무 방식을 혁신하고, AI를 실질적인 비즈니스 운영에 자연스럽게 통합하는 데 중점을 두고 있습니다. 이는 중소기업이 직면한 현실적인 문제들을 AI의 지원을 통해 해결하고, 이 과정에서 기업 내부 역량을 강화하며 새로운 성장 기회를 모색하도록 돕기 위함입니다.

➡ ***[부록 p274]부터 먼저 읽으시면 ChatGPT와 Gemini 프롬프트에 대한 이해를 선행학습 할 수 있습니다.***

[주요 내용 및 표기 원칙]
- 용어 통일: 본 서에서는 챗GPT와 제미나이를 'ChatGPT, Gemini'로 표기하며, 필요에 따라 'AI', 'AI 모델', '두 도구', '두 AI' 등의 통칭을 혼용하여 사용합니다.
- 시너지 극대화: 각 AI 도구의 상호 보완적인 활용을 통해 비즈니스 시너지를 극대화할 수 있는 실전 전략을 제시합니다.
- 실전 예시: 본문에는 ChatGPT와 Gemini의 실제 활용 사례와 함께 다양한 프롬프트 예시를 수록하였으며, 이 프롬프트들은 실제 업무 적용에 최적화된 형태로 제공됩니다.
- 실용 중심 구성: 마케팅, 기획, 영업, 인사 등 주요 부서의 실제 업무에 AI를 접목하는 방식을 설명하여, AI 활용이 익숙하지 않은 기업도 즉시 적용할 수 있도록 구성되었습니다.

[AI 시대 필수 역량: 학습 및 창의적 활용 제고]
- 역량 중심 학습: 본 매뉴얼은 단순히 AI '도입' 및 '사용법' 교육을 넘어, AI 시대에 필수적인 새로운 역량을 자연스럽게 습득하도록 돕습니다.
- 전사적 관점 이해: 개인 업무 효율성뿐만 아니라 조직 전체의 업무 흐름을 이해하고, 협업하며, 비판적 판단과 창의적 문제 해결 능력을 개발하는 것이 AI 시대의 핵심 역량임을 강조합니다.
- 단계별 실천 가이드: 이러한 역량 강화를 위해 실제 부서별 시나리오를 제시하고, 일상적인 업무에서 챗GPT와 제미나이에게 효과적으로 질문하고 지시하는 방법, 그리고 그 결과물을 체계적으로 저장하고 활용하는 단계를 제시합니다.
- 자기 주도 학습: AI 도구를 다루는 과정을 통해 메타인지, 분석력, 판단력, 기획력, 실행력 등 핵심 역량을 자연스럽게 내면화하도록 설계되었습니다.

[사고 전환을 위한 반복 학습의 중요성]
- 사고 확장 동반자: AI는 단순히 효율성을 증대시키는 도구가 아니라, 우리의 사고방식을 전환하고 문제 해결 능력을 확장시키는 촉매제입니다.
- 체계적 습득: 독자들이 내용을 완전히 이해하지 못하더라도, 반복적인 학습과 내용 간의 유기적 연결을 통해 자연스럽게 지식을 습득할 수 있도록 구성되어 있습니다.
- 본 매뉴얼의 지침을 통해 독자 여러분의 AI 활용 역량이 고도화되고, 귀사의 비즈니스 혁신에 실질적인 기여를 할 수 있기를 기대합니다.

시작하며

"대한민국 중소기업, AI의 '빨리빨리'로 세계를 움직이다"

챗GPT와 제미나이의 가장 두드러진 특징은 바로 '즉문즉답'입니다.
질문을 던지는 즉시, 놀라운 속도로 답변을 내놓는 이 능력은 단순히 '빠르다'는 것을 넘어섭니다. 이는 우리가 당면한 문제를 해결하고, 부족한 부분을 보완하며, 새로운 계획을 세우는 모든 과정에 빛의 속도를 더할 수 있다는 의미와 직접 연결됩니다.

단순한 정보 검색을 넘어, 아이디어 발상, 보고서 초안 작성, 복잡한 데이터 분석 요약까지 순식간에 다양한 답을 제시하여, 과거 몇 일, 몇 시간 걸리던 업무가 몇 분 만에 끝나는 놀라운 기적을 선사합니다. 이는 중소기업의 제한된 인력과 자원의 한계를 극복하고, 생산성과 효율성을 극대화하는 핵심 열쇠가 됩니다.

이러한 AI의 '즉문즉답 - 빠름'은 특히 대한민국 특유의 '빨리빨리' 정서와 놀랍도록 잘 어울립니다. 우리는 무언가를 결정하고 실행하는데 있어 속도를 중요하게 생각하는 민족입니다.
회의 후 바로 실행 방안을 찾고, 아이디어가 떠오르면 곧바로 현실화하려는 열정은 한국인의 DNA에 각인된 강점입니다. 새로운 AI 시대에 이러한 민첩함은 급변하는 글로벌 시장에서 대한민국 중소기업이 가진 가장 강력한 경쟁력이 될 것입니다.

AI는 이 '빨리빨리' 문화를 단순히 유지하는 것을 넘어, 비약적으로 가속화할 잠재력을 가지고 있습니다. AI의 압도적인 처리 속도와 한국인의 '빨리빨리' 정신이 만났을 때, 그 시너지는 가히 폭발적입니다. 특히 중소기업에게 AI의 '빠름'은 더할 나위 없는 강력한 무기가 됩니다. 대기업과 달리 복잡한 의사결정 단계를 거치지 않는 중소기업의 강점, 즉 빠른 의사결정과 빠른 실행 능력은 AI와 결합될 때 그 힘을 극대화할 수 있습니다. 이는 인력과 자본의 한계를 가진 중소기업이 대기업 못지않은 민첩성과 효율성으로 시장의 흐름을 주도할 수 있는 기반이 됩니다.

AI의 '즉문즉답 - 빠름'은 한국인의 고유한 특성인 '빨리빨리' 정서와 만나 중소기업의 '빠른 의사결정 및 실행력'으로 이어져 AI 시대, 대한민국 경제를 새롭게 도약시킬 강력한 원동력이 될 것이며, 대표님의 중소기업이 그 중심에 설 수 있음을 확신합니다.

"중소기업: ChatGPT와 Gemini로 대기업과의 격차 해소 및 성장 가속화"

중소기업은 항상 제한된 자본과 인력으로 대기업과 경쟁하기 어려운 현실에 직면했었습니다. 하지만 챗GPT와 Gemini는 이러한 한계를 '에퀄라이즈 이펙트(Equalize Effect)'를 통해 대기업과의 격차를 해소하고 지속적인 성장을 이끌 강력한 도구로 사용하여 막막하고 불투명한 현재와 미래를 헤쳐 나갈 수 있게 되었습니다.

'에퀄라이즈 이펙트'란 AI를 활용해 중소기업이 기술, 인프라, 인재 면에서 대기업과 동등한 경쟁력을 확보하는 현상입니다. AI 도입으로 중소기업은 효율성 극대화, 전문성 강화, 혁신 가속화를 통해 중소기업만의 경쟁력을 가지고 시장을 선도 할 수 있습니다.

[ChatGPT와 Gemini 주요 활용 분야]

- 인력 부족 해결: AI는 반복 업무를 자동화하고 마케팅, 고객 서비스, 번역 등 다양한 분야에서 전문가 수준의 지원을 제공하여 인력과 역량의 한계를 보완합니다.

- 기술력 한계 극복: 최신 기술에 손쉽게 접근하고 R&D, 제품 개발을 지원하여 기술 격차를 해소하고 혁신을 가속화합니다.

- 자본 제약 극복: 업무 자동화와 효율성 향상으로 비용을 절감하고, 사업 계획서 작성 등을 지원하여 투자 유치 가능성을 높입니다.

- 새로운 브랜드 및 제품 개발: 시장 트렌드 분석, 아이디어 발상, 차별화된 브랜드 구축을 지원하여 경쟁력을 강화합니다.

- 시장 경쟁력 강화: 비용 절감, 품질 향상, 마케팅 효율 증대를 통해 가격 및 품질, 마케팅 경쟁력을 확보합니다.

- 고객 맞춤형 서비스 제공: 고객 데이터 분석 기반의 개인 맞춤형 추천과 24시간 실시간 상담으로 고객 만족도를 향상시킵니다.

■ ChatGPT & Gemini, 워밍업부터 시작!

중소기업에 ChatGPT & Gemini를 본격적으로 도입하기 전에, 간단한 사용법을 먼저 익혀보세요. ChatGPT & Gemini를 간단하게 시작하는 방법은 다음과 같습니다.

ChatGPT와 Gemini는 다양한 분야의 지식을 가지고 있지만, 모든 것을 알지는 못합니다. 답변을 제공하지 못하거나 부정확한 정보를 제공할 수 있다는 점, 그리고 인간의 창의성과 판단력에 도움을 줄 수 있지만 100% 대체할 수는 없다는 것을 염두에 두고 사용하세요. 그러나 계속 발전하고 있다는 것 또한 염두하시기 바랍니다. (챗GPT와 제미나이가 발전 할 수록 우리 기업도 발전할 수 있다는 것)

❶ 가입 및 접근
- ChatGPT는 OpenAI 웹사이트에서, Gemini는 gemini.google.com 웹사이트에서 가입 후 사용할 수 있습니다.
- 무료버전을 경험하신 후 유료버전 사용을 추천합니다.
- PC버전 뿐만 아니라 스마트폰에서도 사용 가능합니다.

❷ 질문 및 요청
- ChatGPT 또는 Gemini에게 질문을 입력(프롬프트)하거나 필요한 것을 요청합니다. 질문과 요청은 구체적이고 명확할수록 더 좋은 답변을 얻고 지속적인 대화(상호작용)를 나눌 수 있습니다.

❸ 답변 확인
- ChatGPT 또는 Gemini가 생성한 답변을 확인합니다. 답변이 만족스럽지 않다면 질문을 수정하거나 추가 정보를 제공하여 다시 질문해볼 수 있습니다.

❹ 다양한 기능 활용
- 텍스트 생성, 번역, 요약, 이미지 생성 등 다양한 기능을 제공합니다. 필요에 따라 다양한 기능을 활용해 보세요.

❺ 지속적인 학습
- ChatGPT와 Gemini는 사용자의 피드백을 통해 학습하고 발전합니다. 상호작용을 통해 기능과 활용 방법을 더욱 깊이 있게 이해할 수 있습니다.

아침엔 남들보다 먼저 눈을 뜨고,
낮에는 팀을 걱정하고,
밤에는 내일을 걱정하는 당신.

회사는 당신으로 돌아가고,
직원들은 당신을 믿고 따릅니다.

가끔은 '내가 잘하고 있는 걸까?'
혼잣말로 묻기도 하겠죠.

그럴 땐, 그냥 이 한마디만 기억해주세요.

"지금 이 순간에도, 충분히 잘하고 계십니다."

AI도, 시스템도 중요하지만
결국 회사를 일으키는 건
'포기하지 않는 사람'입니다.

대표님, 당신은 매일 그 일을 하고 계십니다.

그러니 오늘 하루는,
잠시 의자에 기대어 스스로에게 말해주세요.

"수고했다, 나."

그리고 다시, 천천히 걸어가도 괜찮습니다.

Think New! Work New!

제 1 장

왜 지금, 중소기업은 AI를 도입해야 하는가

1.1. 중소 기업의 혁신, AI로 도전
1.2. AI 혁명의 핵심 동력, 생성형 AI - ChatGPT와 Gemini

Think New! Work New!

제 1 장
왜 지금, 중소기업은 AI를 도입해야 하는가

"지금, 세계는 AI와 함께 움직이고 있습니다"

세계는 지금 'AI 전환기'의 중심에 있습니다. 이는 단순한 기술 혁신이 아니라, 경영 방식, 사고 구조, 그리고 인간의 일 자체에 대한 정의가 바뀌는 시대적 전환점입니다.

AI는 단순히 사람의 일을 돕는 보조 수단이 아니라, 정보 해석, 판단, 결정의 범위까지 확장된 '지능형 업무 동료'로 자리 잡고 있습니다. 이는 과학기술 발전의 결과이자, 인간 노동의 진화 과정입니다.

하지만 많은 중소기업은 여전히 과거 방식에 머물러 있습니다.

회의 내용을 손으로 받아 적고, 보고서 작성을 위해 몇일을 소모해야 하며, 새롭고 혁신적인 도전 보다는 과거의 성공 사례를 조금 바꿔서 적용하는 것을 되풀이 합니다.

이러한 방식은 노동 집약적이며 비효율적이고, 변동성이 높은 시장 환경에 뒤처지기 쉽습니다. 그리고 이는 '불편'의 문제가 아니라, 경쟁력 저하라는 생존의 문제입니다.

"AI는 중소기업을 위한 새로운 '경영 자본'입니다"

중소기업이 AI를 도입해야 하는 가장 큰 이유는 단순합니다.

AI는 자본보다 저렴하고, 사람보다 빠르며, 기술보다 즉각적입니다. AI는 이제 고비용 시스템이 아닙니다. ChatGPT와 Gemini는 누구나 사용할 수 있는 클라우드 기반의 서비스입니다. 별도 인프라 없이도 당장 현장에 적용할 수 있는 '경영 자산'이 되었습니다.

기업 운영에서 AI는 이제 다음과 같은 역할을 수행합니다:
- 인문학적으로, 반복적 노동에서 사람을 해방시켜 창의적 사고와 결정에 집중하게 합니다.
- 과학적으로, 데이터를 실시간으로 분석하여 복잡한 변수 속에서 최적의 해답을 찾아줍니다.
- 경제적으로, 비용 대비 가장 효율적인 결과를 내며, 인력 충원 없이도 생산성을 끌어올립니다.
- 경영적으로, 전략 수립, 시장 분석, 문서화, 소통 등 핵심 업무 전반에 개입하며 대표의 의사결정을 보좌하는 시스템으로 작동합니다.

"세상이 달라졌습니다. 그런데, 혹시 사장님의 회사는 아직 그대로인가요?"

우리는 지금, 인공지능(AI), 특히 챗GPT와 Gemini로 대표되는 생성형 AI가 열어젖힌 대전환의 시대를 살아가고 있습니다. AI는 더 이상 먼 미래의 이야기가 아니라, 우리 눈앞에 펼쳐진 현실이며, 피할 수 없는 변화의 물결입니다.

이 거대한 물결은 산업 구조, 경쟁 환경, 일하는 방식, 심지어 우리 삶의 방식까지 모든 것을 근본적으로 바꾸고 있습니다.

"지금은 AI와 함께 일해야 할 때입니다."

분명히 세상은 눈부시게 빠른 속도로 변화하고 있습니다. 손 안의 스마트폰 하나로 전 세계의 정보에 접근하고, 몇 번의 터치만으로 원하는 것을 주문하며, 실시간으로 사람들과 소통하는 시대입니다. 초등학생조차도 AI 그림 그리기를 하고, 대학생은 리포트를 챗봇에게 요약받고, 글로벌 기업은 AI로 경영 전략을 세우는 세상입니다.

하지만, 문득 사장님의 회사를 돌아보면 어떠신가요?

아직도 중요한 회의 시간에 모든 내용을 손으로 꼼꼼히 메모하고 계시진 않으신가요? 복잡한 보고서를 작성하기 위해 늦은 밤까지 야근하며 씨름하고 계시진 않으신가요? 급변하는 시장 상황 속에서, 번뜩이는 아이디어와 오랜 경험에 의존하여 전략을 수립하고 계시진 않으신가요?

물론, 오랜 경험과 직관, 그리고 사람에 대한 감각은 여전히 사업 운영에 있어 무엇과도 바꿀 수 없는 자산입니다. 그러나 지금 이 순간에도, 경쟁사의 누군가는 회의가 끝나자마자 AI가 자동으로 생성해주는 완벽한 요약본을 받아보고, 초안을 작성해주는 챗봇 덕분에 보고서를 단 몇 번의 수정만으로 완성하며, 복잡한 시장 분석조차 대화형 AI에게 묻고 단번에 명쾌한 인사이트를 얻고 있습니다.

이 모든 변화는 이미 현실입니다. 그리고 그 중심에 있는 도구가 바로 ChatGPT와 Gemini입니다.

1.1. 중소 기업의 혁신, AI로 도전

"중소기업 혁신, 기술보다 우선이 도전이다!"

이 책은 AI의 단순한 기술을 소개하기 위해 쓰여진 것이 아닙니다. 저는 수많은 중소기업 대표님들과 상담하고, 교육하고, 실제 도입 방법을 고민하며 한 가지 확신을 갖게 되었습니다.

"기술을 도입하는 것이라 아니라 '시선'과 '활용법' 그리고 '실행'이다."

AI는 이미 대중화되었습니다. 문제는 그것을 어떻게 바라보느냐, 그리고 실제로 '무엇에 어떻게 쓰느냐'입니다. 이 책은 바로 그 현실적 물음에 대한 답을 드리기 위해 쓰여졌습니다.

"중소기업 대표님들이 가장 오해하고 있는 부분"

많은 분들이 AI를 '대단한 사람들만 쓰는 기술', '거대한 시스템이 필요한 고비용 도구', 혹은 '아직은 시기상조인 실험 기술' 정도로 생각하십니다. 심지어 어떤 분은 "우리 회사 같은 데는 아직 AI는 먼 이야기예요"라고 말합니다.
그러나, 그건 더 이상 사실이 아닙니다.
지금은 누구나, 어떤 회사든, 아주 작게 시작해서 매우 빠르게 성과를 만들 수 있는 시대입니다. 이 책에서 소개할 ChatGPT와 Gemini는 단순한 검색 도구나 텍스트 자동화가 아니라, 실제 비즈니스의 생산성을 바꾸고, 조직 문화를 혁신할 수 있는 동료입니다.

"도구가 아니라 동료로서 AI를 소개하는 이유"

이 책에서 제가 가장 강조하고 싶은 메시지는 다음과 같습니다. AI는 '기계'가 아니라, '함께 일할 수 있는 팀원'입니다. 지시하면 듣고, 문서를 만들어주고, 아이디어를 제안하고, 때론 오류를 수정해주며 학습하는 동료 - 이제 AI는 도움이 되는 비서이자, 뛰어난 획자이자, 지치지 않는 분석가로서 자리 잡고 있습니다. 단순히 자동화나 효율화의 도구가 아니라, 사람의 역량을 확장시키는 파트너로 이해해야 합니다.

"이 책을 통해 얻을 수 있는 실제적인 변화"

이 책은 단순한 프롬프트(질문과 답을 얻는 것) 팁 모음이 아닙니다.
　이 책은 AI를 어떻게 도입하고, 적용하고, 조직에 정착시키고, 궁극적으로 확장할 수 있는지를 체계적으로 안내하는 '실행 중심의 로드맵'입니다. 중소기업이 실제로 AI를 현장에 정착시키기 위해서는 기술보다 전략이 필요합니다. 이 책에서는 그 전략을 아래 네 단계로 구성했습니다.

1) 도입 - Foster
"어디서부터 시작해야 할지 모르겠다"는 사장님들을 위한 출발점입니다.
우리 회사에 AI가 어떤 방식으로 들어올 수 있는지, 가장 효과적인 첫 영역은 어디인지를 판단할 수 있도록 도와드립니다.

2) 적용 - Apply
실제로 하루 업무에서 어떤 일들을 AI에게 맡길 수 있는지 구체적으로 다룹니다.
회의록 작성, 보고서 초안, 이메일 응답, 제안서 제작 등 당장 내일부터 바뀔 수 있는 일들을 중심으로 ChatGPT와 Gemini를 어떻게 실전에 활용하는지 실용적 예시를 제공합니다.

3) 정착 - Strengthen
AI를 한두 번 써보는데서 멈추지 않고, 반복 업무나 핵심 프로세스에 깊숙이 내재화하는 방법을 알려드립니다.
자주 사용하는 명령어 템플릿, 팀별 AI 업무 분장, 자동화 가능한 루틴 설정 등 조직 전체의 업무 효율을 근본적으로 끌어올리는 전략을 소개합니다.

4) 확장 - Transform
AI가 특정 부서의 업무 도우미가 아니라, 회사 전체를 연결하는 핵심 동력이 되도록 만드는 마지막 단계입니다.
사람과 AI가 함께 일하는 새로운 조직 구조 설계, 전사 AI 운영체계인 EAP (Enterprise AI Planning) 모델, 사장님이 한눈에 전사 흐름을 파악할 수 있도록 도와주는 AI가 기업 문화로 자리 잡는 구조적 전략을 담았습니다.

" '쓸 수 있다' 에서 '바꿀 수 있다' 로"

이 책은 이 네 단계를 따라가면서, 다음과 같은 실제적 변화도 함께 제공합니다.

- AI에게 맡길 수 있는 반복 업무 30% 이상 절감
- 야근 없는 문서 작업, 단 몇 분 만에 끝나는 보고서 작성
- 전략 수립부터 마케팅 콘텐츠 제작, 고객 응대, 회계 업무까지 AI 실전 적용
- 전 직원이 AI와 함께 일하는 MASTER 인재 육성 체계
- AI 도입 초기부터 활용 가이드, 템플릿, 교육 자료까지 포함된 올인원 실전 도구 세트

이 책은 중소기업이 "AI를 쓸 수 있다"가 아니라 'AI로 회사 전체를 바꿀 수 있다'는 확신을 갖게 하는 실전 안내서입니다.

"이제는 시작하면 됩니다"

많은 분들이 AI를 접하려다 중간에 멈추곤 합니다. 별거 아니라고, 시간이 없다고, 우리 회사에는 시기상조이고 필요없다고… 그러나 이런 생각을 잠시 접어두고, 일단 써보는 실전 경험을 해보시기 바랍니다.
"AI는 머리로 이해하는 것이 아니라, 손으로 직접 써보면서 배우는 것입니다."
특별한 배경 지식이나 복잡한 준비는 필요 없습니다.
컴퓨터를 켜고, 스마트폰을 열고, 업무에 맞게 몇 가지만 시도해보면 됩니다. 중요한 건 처음부터 완벽하게 하려는 것이 아니라, 작게 시작해서 하나씩 적용해보는 것입니다.

이 책은 기술 전문가를 위한 설명서가 아닙니다.
현장에서 바쁘게 일하는 대표님과 직원들이 회사에 어떻게 도입하고, 지금 바로 활용할 수 있도록 AI를 어디에, 어떻게 쓰면 되는지 아주 구체적이고 쉽게 안내합니다.

지금 시작하면 됩니다.
그 첫 걸음이, 대표님의 회사에 진짜 변화를 가져올 것입니다.

1.2. AI 혁명의 핵심 동력, 생성형 AI - 챗GPT와 Gemini

AI, 이제 '만들기' 시작하다: 생성형 AI의 등장과 혁명

앞서 AI가 기업의 '지능형 두뇌'로서 정보를 분석하고, 문제를 해결하며, 미래를 예측하는 능력을 갖추고 있다고 설명했습니다. 하지만, 최근 AI 기술은 이러한 능력을 넘어 스스로 새로운 것을 '만들어내는' 단계로 진화했습니다.

이것이 바로 생성형 AI(Generative AI) 혁명이며, 이 혁명의 중심에는 챗GPT(ChatGPT)와 Gemini(제미나이)가 있습니다.

생성형 AI 혁명을 대중에게 알리고, 누구나 쉽게 사용할 수 있도록 만든 주인공이 바로 챗GPT(ChatGPT)와 Gemini(제미나이)입니다. 이 두 AI 모델은 자연스러운 대화 능력과 뛰어난 콘텐츠 생성 능력을 바탕으로, 전 세계적으로 엄청난 반향을 일으키며 AI 시대의 본격적인 개막을 알렸습니다.

생성형 AI는 기존의 데이터를 학습하여, 사용자의 요구에 따라 텍스트, 이미지, 코드, 음악 등 완전히 새로운 콘텐츠를 창의적으로 생성해내는 인공지능입니다. 이는 마치 인간의 창의적인 능력을 기계가 모방하고, 때로는 인간의 상상력을 뛰어넘는 결과를 보여주기도 합니다.

기존 AI vs 생성형 AI: 무엇이 다른가?

구분	기존 AI (분석/예측 AI 등)	생성형 AI (챗GPT, Gemini 등)
주요 기능	데이터 분석, 패턴 인식, 분류, 예측	새로운 콘텐츠 생성 (텍스트, 이미지, 코드 등), 대화, 요약, 번역, 창작
데이터 활용	기존 데이터를 학습하여 숨겨진 의미나 패턴을 찾아냄	학습된 데이터를 기반으로 세상에 없던 새로운 데이터/콘텐츠를 만들어냄
상호 작용	주로 특정 작업 수행을 위한 명령입력 또는 데이터 입력	자연어 기반 대화형 상호작용, 다양한 목적으로 활용 가능
활용 분야	스팸 메일 필터링, 상품 추천, 이미지 인식, 불량품 검사 등 특정 문제 해결	콘텐츠 제작(마케팅, 보고서 등), 아이디어 발상, 코드 생성, 업무 자동화, 챗봇, 개인 맞춤형 서비스 등 광범위한 영역
영향력	특정 업무 효율화, 생산성 향상 등 점진적인 개선	업무 방식, 비즈니스 모델, 산업 구조 등 근본적인 변화 촉발, AI 대중화 견인

"두 AI가 바꾸는 일의 방식"

더 이상 AI는 대기업만의 전유물이 아닙니다. AI 시대의 새로운 가능성을 활짝 연 ChatGPT와 Gemini가 바로 그 증거입니다. 특히 여러 면에서 제약이 많은 중소기업에게 이 두 AI는 단순한 도구를 넘어 강력한 무기가 될 수 있습니다. 기존의 한계를 답습하는 대신, 똑똑한 AI 직원을 채용하여 업무 프로세스를 혁신하고, 경쟁력을 한층 끌어올려 그 한계를 극복하십시오. 더 적은 비용으로, 이전보다 훨씬 빠르고 정확하게 업무를 처리할 수 있는 놀라운 시대가 이미 우리 눈앞에 펼쳐져 있습니다. 망설일 이유는 없습니다. 지금 바로 ChatGPT와 Gemini를 시작하세요.

항목	ChatGPT	Gemini
개발사	OpenAI	Google
핵심 기능	문서 생성, 대화, 아이디어 발상	정보 분석, 트렌드 파악, 데이터 요약
강점	텍스트 기반 커뮤니케이션	검색 + 데이터 기반 의사결정
추천 활용	제안서, 회의록, 공지문, 이메일	시장조사, 경쟁분석, 리포트 비교

"많은 분들이 AI를 '검색창' 정도로만 사용합니다"

호기심으로 몇 번 질문해보다가 원하는 답이 나오지 않으면 포기하는 경우가 많습니다. 그러나 그것은 마치 스마트폰을 전화로만 쓰는 것과 같습니다. 실제로 대표님이 매일 업무 중 절반 이상은 AI가 효율적으로 보조할 수 있습니다.

기존 방식	AI 활용 방식
회의 후 메모 정리	ChatGPT에게 "회의 요약해줘"라고 요청
보고서 초안 작성	ChatGPT가 1차 초안, 사장님은 핵심만 수정
고객 응대 이메일 고민	Gemini가 정중한 답변 초안 제안
뉴스 수집 및 경쟁사 조사	Gemini가 주요 동향을 요약 분석
교육 자료 직접 제작	ChatGPT가 기초자료 자동 생성

"지금은 선택이 아니라 '필수'입니다"

AI는 대기업만의 도구가 아닙니다. 오히려 인원이 제한된 중소기업일수록, AI를 제대로 활용할 때 생산성 향상과 비용 절감의 효과가 더욱 크게 나타납니다.

한 사람이 감당하던 여러 업무를, 이제는 AI가 함께 나눌 수 있습니다. AI는 인력을 줄이기 위한 도구가 아니라, 한 사람의 역량을 두세 배로 확장해주는 도우미입니다.

시간은 줄이고, 정확도는 높이고, 자료는 자동화하고, 결정은 더 빨리 내리고, 비용은 최소화하고, 성과는 극대화할 수 있는 방법 — 그것이 바로 AI와 함께 일하는 방식입니다.

"지금 이 순간이 전환점입니다"

과거의 방식에 익숙하다고 해서, 그것이 더 나은 방법이라는 보장은 없습니다.
이제는 '경험'보다 '도구'가, '노하우'보다 '활용법'이 더 중요한 시대입니다.
ChatGPT와 Gemini는 단순한 프로그램이 아니라, 대표님, 직원 모두와 함께 일하는 새로운 동료입니다.
이제는 AI를 관찰하는 것이 아니라, 함께 일하는 시대로 전환해야 할 때입니다.

"챗GPT와 제미나이 두 AI를 활용 하는 이유"
- 최고의 조합: 챗GPT와 제미나이, 두 AI 선수를 함께 뛰게 하라
- 시합을 앞두고 최고의 두 선수를 선발로 내세우는 것처럼, 챗GPT와 제미나이를 함께 활용하는 것은 당신의 비즈니스에 최강의 시너지를 가져옵니다.
- 두 AI는 각기 다른 강점을 지닌 뛰어난 선수와 같습니다. 챗GPT가 정교한 언어 능력과 논리적인 글쓰기에 능한 스트라이커라면, 제미나이는 다양한 정보(텍스트, 이미지, 영상)를 통합 분석하고 창의적인 아이디어를 발산하는 미드필더입니다. 한 선수가 완벽할 수 없듯, 이 두 AI 역시 각각의 한계를 가집니다.
- 하지만 이들이 협력하여 함께 될 때, 약점은 보완되고 강점은 극대화됩니다. 챗GPT가 보고서 초안을 빠르게 작성하고, 제미나이가 그 내용을 바탕으로 시각적인 자료 아이디어를 제시하는 식이죠. 이 강력한 조합은 당신의 비즈니스에 승리를 가져다줄 것입니다.

● 위인들이 중소기업 사장님이라면?
"역사 속 인물들이 지금 대한민국의 중소기업을 경영한다면?"

시대와 분야를 뛰어넘어 위대한 인물들이 현대의 중소기업 사장이 되었다고 상상해 봅니다. 이들은 각자의 시대에서 지혜와 예술, 전략과 철학으로 세상을 바꾸었지만, 오늘날처럼 인력 부족, 과도한 업무, 빠른 변화의 시대에 직접 회사를 운영한다면 어떤 방식으로 리더십을 발휘할까요?

이 상상은 단순한 재미를 넘어서
우리에게 필요한 리더의 자세, 경영의 통찰, 그리고 유쾌한 영감을 제공합니다.

▶ 세종대왕 - "모두가 이해할 수 있는 조직을 만드는 사람"
- "정보는 모두에게 열려 있어야 한다."
- 세종대왕은 오늘날 문서 중심 경영의 선구자일 것입니다. 누구나 이해할 수 있는 AI 매뉴얼을 만들고, 신입사원도 3일 만에 적응할 수 있는 문서 체계를 도입하겠죠. 직원 복지와 제도 개선에도 앞장서며, "사람이 곧 자산이다"를 진심으로 실천하는 사장님

▶ 이순신 - "위기일수록 빛나는 전략가"
- "나는 아직 한 척의 배가 남아 있습니다."
- 위기 상황이 오면 사무실을 더 자주 돌며 직원들을 격려하고, 손수 대응 전략을 세우는 리더. AI 리포트로 전황을 파악하고, 리스크를 통제하며, 모든 구성원에게 '우리는 아직 할 수 있다'는 강한 신념을 주는 사람입니다.

▶ 정약용 - "시스템으로 회사를 혁신하는 개혁가"
- "제도는 사람을 위하고, 현실을 반영해야 한다."
- 사내 프로세스 문제를 파악하면 바로 자동화 솔루션을 적용하는 실무형 사장님. 모든 제안서에는 체크리스트가 첨부되어 있고, 회의는 15분을 넘기지 않습니다. '일 잘하는 구조'가 바로 그의 경영철학

▶ 아인슈타인 - "기획서보다 질문을 더 중시하는 사람"
- "문제를 푸는 것보다, 문제를 정의하는 것이 더 중요하다."
- 아인슈인은 사내 슬로건을 이렇게 바꿉니다: "질문 없이는 회의도 없다."
- 직원들에게 생각할 시간을 주며, 엉뚱해 보이는 아이디어도 귀 기울여 듣습니다. 일의 본질을 함께 고민하는 창의적 경영자

▶ 나폴레옹 - "속도는 전략이다"
- "불가능은 시간 낭비일 뿐이다."
- 신제품 출시일을 당기고, 경쟁사보다 하루 빨리 고객에게 도달하려는 추진력의 달인. 판단은 빠르게, 실행은 정확하게. 스마트워크 도입에도 앞장서며 "문서보다 결과"를 외치는 사장님입니다.

▶ 빈센트 반 고흐 - "열정과 몰입의 본보기"
- "나는 내 그림에 내 생명을 걸었다."
- 반 고흐가 사장이라면 회사 슬로건은 '진심은 반드시 통한다'.
- 결과보다 진정성 있는 과정과 창의성을 중요시하며, 직원의 작은 시도에도 박수치는 리더. 가끔 눈물도 많고 감정도 풍부하지만, 누구보다 직원들을 따뜻하게 바라보는 사장님.

▶ 레오나르도 다 빈치 - "디테일의 집착, 다재다능한 천재형 리더"
- "단 하나의 나사도 이유 없이 있지 않다."
- 기획부터 설계, 마케팅까지 모두 관여하는 만능 사장님.
- '왜'를 10번 묻고, 하나의 프로젝트에도 5가지 관점을 덧붙이는 다각적 사고의 달인. AI와도 깊이 교감하며, 모든 아이디어를 시각화하는 데 강한 집착이 있습니다.

Think New! Work New!

제 2 장

지금 바로,
AI를 생존과 성장의 혁신 엔진으로

2.1. 중소기업 고질적 문제 해결사: ChatGPT & Gemini
2.2. 중소기업 골드 타임

Think New! Work New!

제 2 장
지금 바로, AI를 생존과 성장의 혁신 엔진으로

"패러다임 전환: '축적된 지식'의 시대에서 '지능적 활용'의 시대로"

우리가 살아가는 세상은 과거와 완전히 다른 속도로 움직이고 있습니다. 더 이상 머릿속에 "얼마나 많은 지식을 저장하고 있는가?"는 개인과 조직의 경쟁력을 담보하지 못합니다. 정보의 바다는 끝없이 넓어지고, 새로운 지식은 빛의 속도로 쏟아져 나옵니다. 이 방대한 정보의 홍수 속에서 진정으로 가치를 발휘하는 능력은 바로 '주어진 정보를 얼마나 효과적으로 찾아내고, 분석하고, 실제 문제 해결에 적용하는가?', 즉 '어떻게 잘 써먹는가?'입니다.

AI 시대는 이러한 변화를 극명하게 보여줍니다. 이제, ChatGPT와 Gemini이 같은 강력한 AI 도구의 등장으로, 누구나 손쉽게 방대한 정보에 접근하고, 복잡한 분석을 수행하며, 창의적인 아이디어를 얻을 수 있게 되었습니다. 정보의 접근성은 평등해졌지만, 그 정보를 '지능적으로 활용하는 역량'과 'AI와의 협업 능력'이야말로 새로운 시대의 핵심 경쟁력이 될 것입니다.

항목	과거	새로운 AI시대
경쟁력 핵심	경험, 직감, 축적된 정보량	정보 활용 능력, AI 협업 능력
업무 처리 방식	사람이 모든 단계 (기획, 정리, 실행) 주도	AI가 초안 및 기초 분석 생성 → 사람은 비판적 사고, 판단, 조정, 고도화 집중
전략 수립 기반	과거 경험과 제한적인 데이터 분석 중심	실시간 방대한 데이터 기반 예측, 시뮬레이션, 다각적 시나리오 분석

AI는 새로운 변화의 상징입니다. 정보는 누구에게나 열려 있지만, 그 정보를 실행 가능한 지혜로 바꾸는 능력은 각 기업의 생존력을 좌우합니다. AI는 새로운 변화의 상징입니다. 정보는 누구에게나 열려 있지만, 그 정보를 실행 가능한 지혜로 바꾸는 능력은 각 기업의 생존력을 좌우합니다.

AI는 창의력과 판단력을 더욱 빛나게 만드는 도구입니다. 본질적인 혁신은 번뜩이는 상상력과 정확한 상황 판단에서 시작됩니다. 이제 중요한 것은 '암기'가 아니라 '활용', '노하우'가 아니라 '지능적 연결'입니다.

2.1. 중소기업 고질적 문제 해결사: ChatGPT & Gemini

"중소기업의 고질적인 문제, AI가 해답을 제시합니다"

많은 중소기업이 현장에서 다음과 같은 어려움에 처해 있습니다.
- "인력난은 갈수록 심해지는데, 처리해야 할 업무는 산더미 같다…"
- "열띤 회의 끝에 남는 건 피로뿐, 명확한 결론과 실행 계획은 늘 부족하다…"
- "중요한 보고서, 발표 자료… 마지막 순간까지 내 손을 거쳐야만 안심이 된다…"
- "반복적인 문서 작업, 데이터 입력… 이 비효율적인 굴레에서 벗어날 수 없을까…"
- "변화하는 시장 트렌드, 경쟁사의 움직임… 감으로는 불안하고, 제대로 파악하기엔 역부족인 것 같다…"

놀랍게도, 이처럼 중소기업들이 공통적으로 겪는 이 깊은 고민들의 상당 부분은 바로 '정보 처리 부담의 과중'과 '실행 속도의 지연'에서 비롯됩니다. 그리고 이는 역설적으로, AI가 가장 탁월한 능력을 발휘하는 영역입니다. AI는 방대한 정보를 빛의 속도로 처리하고, 복잡한 분석을 순식간에 수행하며, 자동화를 통해 반복적인 업무 부담을 획기적으로 줄여줄 수 있습니다.

"AI 도입, 중소기업의 현실을 어떻게 혁신적으로 바꿀까요?"

AI는 생각보다 훨씬 구체적이고 실용적인 변화를 만들어냅니다.
다음은 실제 현장에서 발생하는 문제와, AI를 활용했을 때의 변화 사례입니다.

Before 기존	After 새로운 AI 도입 후
보고서 작성에 2시간 소요	챗GPT가 초안 → 15분 이내 검토 완료 및 수정 가능
회의 후 정리 지연	회의 내용 자동 요약 → 즉시 공유 및 후속 조치 가능
시장 조사 수작업	Gemini가 핵심 인사이트 자동 정리 → 의사 결정 시간 단축 및 정확도 향상
이메일·공지문 작성 부담	템플릿 + AI 조합으로 자동 작성 → 시간 절약 및 일관성 확보
아이디어 발상 어려움	AI가 트렌드 기반 아이디어 제시 → 창의적인 사고 확장 및 새로운 기회 발굴

2.2. 중소기업 골드 타임

"AI 도입하려면 복잡한 시스템 구축? IT 전문가 채용? 걱정 붙들어 매세요!"

많은 중소기업 대표님들이 AI 도입에 대해 다음과 같은 선입견을 가지고 계십니다.
"우리 회사는 변변한 IT 시스템도 없고, 전문 IT 인력도 없는데… AI는 그림의 떡일 거야."

하지만 이러한 걱정은 기우에 불과합니다. 중소기업의 AI 도입은 복잡하고 값비싼 시스템 구축이나 전문 인력 채용 없이도 AI 도입의 실질적인 준비물은 ChatGPT 또는 Gemini 계정 하나면 충분합니다.

준비 항목	필요 여부
고가의 서버, 전용 장비	X 불필요
복잡한 시스템 연동 개발	X 불필요
고급 IT 전문 인력 채용	X 불필요
ChatGPT 또는 Gemini 계정 (무료 또는 유료)	O 필수
대표님의 적극적인 관심과 AI 도입 시도 의지	O 가장 중요

"지금이 바로 '골든 타임'입니다 - 더 이상 망설일 시간이 없습니다"

AI는 이미 기업 경쟁의 판도를 근본적으로 뒤흔들고 있습니다. 지금은 '늦지 않기 위한 골든타임'입니다. 이 시기를 놓치면, 기업은 경쟁에서 영원히 뒤처질 수 있습니다.

- **먼저 시작한 회사**는, AI 도입과 활용 노하우를 빠르게 축적하고 조직 문화에 성공적으로 정착시킵니다. 마치 숙련된 항해사처럼, 변화하는 바다를 능숙하게 헤쳐나갈 준비를 갖추게 됩니다.
- **지금 AI를 도입하는 회사**는, AI 기술이 더욱 발전하고 보편화될수록 그 혜택을 기하급수적으로 누리게 됩니다. 마치 초기 인터넷 사용자처럼, 새로운 시대의 무한한 가능성을 먼저 경험하고 선점할 수 있습니다.
- **나중에 AI 도입을 고려하는 회사**는, 이미 경쟁사와의 격차가 벌어진 상태에서 뒤늦게 출발하는 것과 같습니다. 마치 뒤늦게 기차에 올라타려다 놓치는 사람처럼, 따라잡기 어려운 상황에 놓일 수 있습니다.

제 3 장

AI와 함께 비상하는 조직, MASTER 인재를 키워라

3.1. MASTER: 10가지 핵심 역량과 6가지 전문가 유형
3.2. 중소기업 핵심 인재 MASTER 육성

제 3 장
AI와 함께 비상하는 조직, MASTER 인재를 키워라

"AI 시대, 기술 그 이상의 가치: '활용 능력'에 주목해야 합니다."

단순히 인공지능(AI)이라는 기술이 발전하는 것을 넘어, AI를 얼마나 잘 활용할 수 있는 사람이 조직의 성공을 이끄는 핵심 요소가 되는 시대가 왔습니다.

과거에는 '무엇을 얼마나 많이 아는가'가 중요했지만, 이제는 AI가 방대한 정보를 요약하고, 기본적인 결과물을 만들어내며, 복잡한 분석까지 수행해 주기 때문에 '주어진 AI 도구를 어떻게 효과적으로 활용하여 더 나은 결과를 만들어낼 수 있는가'가 더욱 중요해졌습니다. AI는 단순한 기계가 아니라, 사람의 능력을 더욱 강력하게 만들어주는 도구와 같습니다.

그런데 AI가 아무리 똑똑해져도, 최종적인 판단과 중요한 결정, 그리고 사람들과의 관계 형성은 여전히 인간의 고유한 영역입니다. 그래서 결국, 미래 사회에서는 이 AI라는 도구를 능숙하게 다루고 활용하여 혁신적인 성과를 만들어내는 사람이야말로 진정한 경쟁력을 갖추게 될 것입니다.

"AI 협업 시대, 사람의 역량이 곧 회사의 미래를 결정합니다"

이제 AI는 더 이상 공상과학 영화 속 이야기가 아닌, 우리 곁의 현실적인 도구로 자리 잡았습니다. 하지만 아무리 뛰어난 도구라도, 그것을 능숙하게 사용하는 사람이 없다면 그 잠재력은 제대로 발휘될 수 없습니다. 아무리 좋은 자동차도, 운전할 줄 모르면 단순한 쇳덩이에 불과하듯, AI 시대의 진짜 경쟁력은 '사람(직원)'에게 달려 있습니다.

그래서 AI 시대에서 중소기업의 구성원들이 어떤 핵심 역량을 갖춰야 하는지, 'MASTER'라는 인재 모델을 통해 명확하게 제시하고자 합니다. MASTER는 단순히 기술에 능숙한 인재를 넘어, AI와 효과적으로 협력하여 최고의 성과를 창출하는 새로운 시대의 핵심 인재상입니다.

기술을 그저 이해하는 수준을 넘어, 실질적인 문제 해결과 가치 창출에 AI를 능숙하게 활용하는 능력, 그리고 사람과 AI의 시너지를 극대화하는 협업 능력이야말로, AI 시대에 살아남고 성장하는 조직의 가장 중요한 자산이 될 것입니다.

이제, MASTER 인재를 육성하여 당신의 중소기업을 AI 시대의 선두 주자로 만들 준비를 하십시오.

3.1. MASTER: 10가지 핵심 역량과 6가지 전문가 유형

"AI와 함께 시너지를 창출하는 실전 역량 - 10가지 핵심 역량과 6가지 전문가 유형"

왜 'MASTER 인재'인가?

AI 기술의 급격한 발전은 기업 운영의 모든 측면을 근본적으로 변화시키고 있습니다. 이제 단순한 지식 습득만으로는 경쟁력을 유지하기 어렵습니다. AI와 협력하여 사고하고 실행하며, 기술이 대체할 수 없는 인간 고유의 역량을 극대화하고, 변화를 주도하며 창의적으로 문제를 해결하는 인재, 바로 MASTER가 필요한 시대입니다.

MASTER란 무엇인가? AI 협업형 융합 인재 모델

MASTER는 AI 시대를 선도할 핵심 인재를 나타내는 모델로, 10가지 핵심 역량과 이를 기반으로 전문화된 6가지 전문가 유형을 포괄하는 AI 협업형 융합 인재입니다. 이 모델은 단순한 기술 이해를 넘어, 인간과 AI가 함께 만들어내는 시너지를 통해 조직의 가치 창출과 문제 해결을 주도하는 핵심 인재를 지향합니다.

구성 요소	설명	핵심 방향성
10가지 핵심 역량	AI 시대에 인간이 발휘해야 할 필수적인 통합적 사고 능력	AI와의 협력을 통해 가치 창출 및 변화에 유연하게 대응
6가지 전문가 유형	핵심 역량을 기반으로 한 실제 역할 중심의 전문화 모델	AI와의 시너지를 통해 조직 내 실질적인 성과 창출

AI는 분명 강력한 도구이지만, 그 잠재력을 현실로 만드는 것은 바로 능력 있는 인재입니다.

MASTER는 단순히 AI를 사용하는 사람이 아니라, AI와 함께 협력하여 이전에는 상상할 수 없었던 더 나은 결과를 만들어내는 핵심 인력입니다. 기술은 도구일 뿐, 진정으로 회사를 변화시키고 미래를 개척하는 것은 바로 그 도구를 능숙하게 다루는 대표님과 대표님의 직원들입니다.

"MASTER 인재의 10가지 핵심 역량: AI와 함께 가치를 창출하는 통합적 사고력"

이 10가지 역량은 AI와 협력하여 새로운 가치를 창출하고 끊임없이 변화하는 환경에 유연하게 적응하는데 필요한 핵심적인 통합적 사고 능력입니다.

① **메타인지 판단력**
- 자신의 사고 과정을 이해하고 조절하며, AI가 제공하는 정보를 비판적으로 분석하여 현명한 결정을 내리는 능력

② **분석력**
- AI 데이터를 정확하게 이해하고 해석하여 의미 있는 정보를 도출하는 능력

③ **통찰력**
- 복잡한 정보 속에서 숨겨진 패턴을 찾아내고 미래를 예측하는 인지적 통합 능력

④ **융합력**
- AI 기술과 다양한 분야 지식을 결합하여 새로운 아이디어와 서비스를 창출하는 능력

⑤ **전략적 기획력**
- 변화의 흐름을 정확히 읽고, 실행 가능한 전략을 수립할 수 있는 기획 능력

⑥ **창의력**
- AI가 모방할 수 없는 인간 고유의 독창적인 사고 능력을 발휘하여 새로운 해결책을 제시하는 능력

⑦ **혁신력**
- AI를 기반으로 조직 내부 시스템, 상품, 서비스 등에서 새로운 가치를 창출하고 변화를 이끌어내는 능력

⑧ **목표 집중 실행력**
- 명확한 전략과 목표를 설정하고, AI를 효과적으로 활용하여 빠르고 정확하게 목표를 실현하는 실행 능력

⑨ **공감력**
- AI와 협력하는 과정에서도 사람 중심의 소통과 이해를 바탕으로 긍정적인 관계를 형성하는 능력

⑩ **관계력**
- 인간-인간, 인간-AI 간의 효과적인 커뮤니케이션 및 협력을 가능하게 하는 네트워킹 능력

"MASTER의 6가지 전문가 유형: AI 시대의 실질적인 역할 모델"

MASTER 인재의 핵심 역량은 실제 기업 환경에서 다양한 전문 역할을 통해 구체화될 수 있습니다. 다음 6가지 전문가 유형은 AI 시대에 기업 내에서 실질적인 성과를 창출하는데 핵심적인 역할을 수행하는 인재 모델입니다.

① **메타인지 기반 판단 전문가**
- 불확실한 상황에서 균형 잡힌 판단을 내리고, AI가 제공하는 정보 또한 비판적으로 활용하는 숙련된 의사결정자

② **다차원 분석 전문가**
- AI가 생성하는 방대한 데이터를 다양한 관점에서 심층적으로 해석하고 통합하여 혁신적인 비즈니스 인사이트를 도출하는 분석가

③ **가치 창출 전문가**
- 기술과 사람, 시장의 요구를 유기적으로 연결하여 새로운 가치를 창출하고 조직의 혁신을 주도하는 전략 혁신가

④ **창의적 인사이터**
- AI를 활용하여 창의적 사고의 폭을 넓히고, 기존의 틀을 깨는 새로운 해결책을 제시하는 창의 촉진자

⑤ **실행 및 성과 관리 전문가**
- 명확한 목표를 설정하고 AI와의 효과적인 협력을 통해 탁월한 결과를 만들어내는 성과 중심 실행자

⑥ **소통 및 협력 전문가**
- 뛰어난 공감 능력과 효과적인 의사소통 능력을 바탕으로 인간과 인간, 그리고 인간과 AI 간의 원활한 협력을 이끌어내는 커뮤니케이터

3.2. 중소기업 핵심 인재 MASTER 육성

"중소기업은 지금 'MASTER'를 키워야 합니다: 생존과 성장의 핵심 전략"

대기업은 AI 도입을 위한 전문 조직과 시스템을 구축하고 있지만, 자원과 인력이 부족한 중소기업에게는 개개인의 역량 강화, 즉 MASTER 인재 육성이 곧 기업의 생존 전략이 됩니다.

AI는 단순한 자동화 도구가 아니라, 직원 한 명 한 명의 잠재력을 극대화하여 생산성과 효율성을 혁신적으로 향상시키는 강력한 도구입니다. MASTER 인재는 중소기업의 인력 한계를 극복하고, 새로운 기회를 창출하며, 조직 전체에 AI 활용 문화를 확산시키는 핵심 촉매제가 될 수 있습니다.

"MASTER 인재, 어떻게 키울 것인가?: 실질적인 육성 전략"

중소기업은 다음과 같은 실질적인 전략을 통해 MASTER 인재를 육성해야 합니다.

전략	설명
대표님, 팀 리더부터 MASTER 되기	사장님과 팀 리더들이 먼저 AI 도구를 적극적으로 사용하고 그 효과를 보여줌으로써, 조직 전체의 AI 활용 문화를 선도합니다.
AI + 업무 융합 교육 도입	단순한 AI 도구 사용법 교육이 아닌, 실제 업무 프로세스와 AI를 효과적으로 융합하는 '활용법' 중심의 교육을 강화합니다.
실전 중심 AI 활용 장려	사소한 문서 작업부터 AI를 활용하도록 장려하고, 그 성과를 직접 확인하는 경험을 통해 AI 활용 능력을 자연스럽게 향상시킵니다.
실패를 인정하는 실험 문화 조성	AI 도입 초기 단계에서 발생하는 시행착오를 개인의 실패로 여기기보다, 조직 전체의 귀중한 경험치로 받아들이고 공유하는 분위기를 조성합니다.

AI 도입은 단순히 기술을 구매하는 행위를 넘어, 사람 중심의 조직 문화 변화와 역량 강화를 동반해야만 진정한 성공을 거둘 수 있습니다. 대표님의 중소기업이 AI 시대의 새로운 기회를 잡고 퀀텀 점프하려면, 지금 바로 MASTER 인재 육성에 투자해야 합니다.

✔ 실천 방법 1: 역할을 맡기지 말고, '잠재된 능력'을 키워라 (직무 재정의의 중요성)

과거의 직무는 명확하게 정의된 역할을 기반으로 했습니다. '마케팅팀', '영업 담당자', '인사 담당자' 등 고정된 틀 안에서 업무가 진행되었죠.

하지만 AI 시대에는 이러한 전통적인 직무의 경계가 허물어지고 있습니다. AI는 반복적이고 예측 가능한 업무를 빠르게 자동화하며, 인간은 더욱 고차원적이고 창의적인 업무에 집중할 수 있게 됩니다.

따라서 중소기업은 단순히 직무를 부여하는 것을 넘어, 직원 개개인의 잠재된 역량과 고유한 강점을 발굴하고, AI 활용 교육을 통해 이를 극대화하는데 초점을 맞춰야 합니다. 예를 들어, 단순히 '마케팅팀 직원'에게 AI 기반 콘텐츠 작성 도구를 제공하는 것을 넘어, AI가 분석한 데이터를 바탕으로 '통찰력 있는 콘텐츠 기획 전문가'로 성장할 기회를 주어야 합니다.

[구체적 적용]

- 마케팅 팀: AI 기반 시장 분석 툴, 소셜 미디어 트렌드 예측 툴 활용법을 교육하여, 단순 광고 집행을 넘어 '데이터 기반의 전략적 캠페인 기획자'로 육성합니다.

- 영업 팀: AI 기반 고객 관계 관리(CRM) 시스템, 개인화된 제안서 작성 도구 활용법을 익히게 하여, 단순 판매원을 넘어 '고객 심리를 파고드는 맞춤형 솔루션 컨설턴트'로 전환을 유도합니다.

- 생산/운영 팀: AI 기반 생산성 분석 및 예측 도구 활용법을 교육하여, 현장 작업자를 넘어 '스마트 생산 공정 최적화 전문가'로 성장시킵니다.

이처럼 AI는 직원의 '수행 능력'을 확장시켜 줄 뿐만 아니라, 그들이 가진 '잠재력'을 새롭게 정의하고 발현시킬 수 있는 계기를 제공합니다. 이는 곧 중소기업의 인적 자원 역량을 한 차원 끌어올리는 효과를 가져올 것입니다.

✔ 실천 방법 2: AI 사용을 '일상적인 습관'으로 만들어라 (AI 생활화 전략)

 새로운 기술은 아무리 좋아도 사용하지 않으면 무용지물입니다.

 많은 중소기업이 AI 도입을 주저하는 이유 중 하나는 '어렵다', '복잡하다'는 막연한 두려움 때문입니다. 이러한 장벽을 허물고 AI를 업무에 자연스럽게 녹여내려면, AI를 특별한 기술이 아닌, 매일 사용하는 업무 도구처럼 일상화하는 습관을 만들어야 합니다.

① 매일 1회 이상 AI 도구 사용 유도
- 모든 직원이 매일 최소 한 번 이상 ChatGPT나 Gemini 같은 AI 도구를 업무에 활용하도록 독려합니다.
- 사소한 이메일 초안 작성, 회의록 요약, 아이디어 브레인스토밍, 간단한 정보 검색 등 어떤 작업이든 좋습니다. 작은 성공 경험들이 쌓여 AI 활용에 대한 자신감을 높이고, 자연스러운 습관으로 자리 잡게 할 것입니다.

② 부서별 '베스트 명령어' 공유
- 각 부서에서 업무 효율을 높인 AI 활용 사례와 효과적인 '프롬프트(명령어)'를 정기적으로 공유하는 자리를 만듭니다.
- 예를 들어, "마케팅팀은 이런 프롬프트로 광고 문구를 만들었더니 반응이 좋았다"거나, "영업팀은 이렇게 질문해서 고객의 잠재 니즈를 파악했다"는 식의 구체적인 공유는 다른 직원들에게 실질적인 영감을 주고, AI 활용 노하우를 빠르게 확산시키는 촉매제가 됩니다. 이는 마치 과거에 엑셀 활용 팁이나 파워포인트 디자인 노하우를 공유했던 것처럼, AI 시대의 새로운 지식 공유 문화가 될 것입니다.

③ AI 챌린지/경진대회 개최
- 주기적으로 AI 활용 아이디어 경진대회를 개최하여 직원들의 참여를 유도하고, 혁신적인 AI 활용 사례를 발굴하여 포상하는 것도 좋은 방법입니다. 이는 경쟁을 통해 AI 활용 능력을 향상시키는 동시에, 사내 AI 전문가를 자연스럽게 발굴하는 기회가 됩니다.

✔ 실천 방법 3: 성과보다 '과정'에 집중하라 (성장 마인드셋의 중요성)

AI 도입 초기에는 시행착오가 발생할 수 있습니다. AI가 완벽한 결과물을 내놓지 못할 수도 있고, 오히려 사람이 개입해야 할 부분이 더 많아 보일 수도 있습니다. 이때 중요한 것은 단기적인 성과에만 집착하지 않고, AI 활용을 통한 '학습과 성장 과정' 자체에 집중하는 것입니다.

> ▶ AI 활용 → 판단 → 수정 → 실행의 루틴 형성: 이 루틴은 곧 MASTER 인재를 훈련하는 핵심 과정입니다.
>
> - AI 활용: AI가 생성한 초안이나 분석 결과를 적극적으로 활용합니다.
>
> - 판단: AI의 결과물을 맹신하지 않고, 자신의 지식, 경험, 그리고 비판적 사고를 통해 정확성, 적합성, 윤리성 등을 판단합니다.
>
> - 수정: 판단을 바탕으로 AI의 결과물을 자신의 목적에 맞게 수정하고 고도화합니다.
>
> - 실행: 최종적으로 개선된 결과물을 바탕으로 실질적인 업무에 적용하고 성과를 측정합니다.

▶ 실패를 성장의 경험으로 전환
- AI 활용 과정에서 발생하는 오류나 미흡한 점을 '실패'로 낙인찍지 않고, '학습'의 기회로 삼는 문화를 조성해야 합니다.
- 무엇이 잘못되었는지, AI에게 어떤 피드백을 주어야 더 나은 결과를 얻을 수 있는지 등을 분석하고 공유하며, 이를 통해 조직 전체의 AI 활용 역량을 점진적으로 향상시켜 나가야 합니다.
- 이는 마치 연구 개발 과정에서 수많은 시행착오를 거쳐 결국 혁신적인 제품을 만들어내는 것과 같습니다.

"속담 사장님, 우리 회사에 오셨습니다"
어느 날 아침, 회사 문을 열었더니…
낯익은 얼굴도, 유명한 컨설턴트도 아닌 '속담'이 들어왔습니다.

"왜요? 말은 옛말인데, 생각은 요즘이에요."
"요즘 같은 AI 시대에도, 저희 속담들 아직 살아있거든요?"

그리하여, 한국의 전통 속담들이 중소기업 CEO가 되어
하나둘씩 회사 경영에 뛰어들었습니다.

어떤 속담은 꼼꼼한 전략가로,
어떤 속담은 유쾌한 실험가로,
또 어떤 속담은 묵묵히 실행에 집중하는 묵직한 리더로—

당신의 곁에서 조용히, 하지만 단단하게 조언합니다.

"대표님, 괜찮아요. 옛말 틀린 거 하나 없습니다."
오늘도 속담 사장님들과 함께,
우리 회사는 한 걸음 더, AI 시대의 중심으로!

- ▶ "천 리 길도 한 걸음부터" 사장님
  - 전략: 작게 시작하고, 끝까지 간다.
  - 리더십 스타일: "지금 바로 시작합시다. 작아 보여도 한 걸음이 중요해요."
  - 이 사장님은 회의보다 실행을 좋아하고, 처음엔 엉성하더라도 꾸준히 결과를 만들어 갑니다. "파일 이름부터 정하자"는 그 말, 사실 핵심입니다.

- ▶ "가는 말이 고와야 오는 말이 곱다" 사장님
  - 전략: 말의 힘을 믿는다.
  - 리더십 스타일: "직원과 고객, 말투 하나가 회사를 살립니다."
  - 사내 채팅도 이모지로 마무리하고 피드백도 꼭 격려 한 줄은 먼저 남깁니다. 고객 클레임도 AI에게 정중하게 요약 요청하고, 그 톤 그대로 대응하는 꼼꼼함까지!

- ▶ "빈 수레가 요란하다" 사장님
  - 전략: 실속이 최고다.
  - 리더십 스타일: "잘한다고 광고하지 마. 결과로 말하자."
  - 마케팅보단 제품력, 회의보단 문서화에 집중합니다. "내가 조용하면 뭔가 큰 걸 준비 중이라는 뜻이야"라는 말이 회자되는 실력파.

- ▶ "떡 줄 사람은 생각도 않는데 김칫국부터 마신다" 사장님
  - 전략: 데이터 먼저, 감정은 나중에.
  - 리더십 스타일: "예상 말고 확인부터 하자. 그게 AI 시대의 기본!"
  - "이럴 것 같아" 말보다 "AI가 뭐라 하든가요?"가 먼저 나오는 사장님. 오히려 냉철하지만 직원 신뢰는 높습니다.

- ▶ "호랑이 굴에 들어가야 호랑이를 잡는다" 사장님
  - 전략: 시도 없이는 성과도 없다.
  - 리더십 스타일: "AI 써보기 전엔 평가도 하지 마세요."
  - 실험 문화 전도사. "틀려도 괜찮아요. 우리한텐 AI가 있어요!"를 자주 외칩니다. 실패한 실험을 '성공 후보작'으로 등록하는 유쾌한 리더십.

Think New! Work New!

제 4 장

작게 시작해서 크게 확산하는 AI 도입 전략 : FAST 시스템

4.1. FAST 시스템 필요성과 역할
4.2. FAST 시스템 4단계
4.2.1. 1단계: 준비 Foster - AI 도입을 위한 똑똑한 준비
4.2.2. 2단계: 적용 Apply - 실질적인 업무에 AI 써보기
4.2.3. 3단계: 강화 Strengthen - 조직의 습관화와 체계화로
4.2.3.1. AI 시대의 새로운 인지-행동 체계: 4단계 인지행동
4.2.3.2. AI와 함께하는 자기주도 학습: 개인 역량을 회사 역량으로
4.2.3.3. 3단계 습관화 체계화 실천 방안
4.2.4. 4단계: 확산 Transform - AI를 통한 조직 전체의 혁신 확산

➡ **[부록 p274]부터 먼저 읽으시면 챗GPT와 제미나이 프롬프트에 대한 이해를 높여, 4장 이후의 프롬프트 예시들을 더욱 효과적으로 활용하실 수 있습니다.**

Think New! Work New!

제 4 장
작게 시작해서 크게 확산하는 AI 도입 전략 : FAST 시스템

"알겠는데... 그렇다면 우리회사에 어떻게 적용해야 하는데?"

그 동안 우리는 AI가 우리 비즈니스 환경에 가져올 근본적인 변화와, 그 변화 속에서 빛을 발할 MASTER 인재의 중요성에 대해 깊이 있게 공유했습니다.

이제 대표님은 ChatGPT와 Gemini 같은 AI 도구들이 더 이상 낯설지 않고, 오히려 당신의 비즈니스에 혁신적인 가치를 가져다줄 강력한 파트너임을 인식하셨을 겁니다.
또한, 이러한 AI 도구들을 능숙하게 활용하고 AI와 협력하여 시너지를 창출할 MASTER 인재로 당신의 조직 구성원들이 성장해야 한다는 점도 이해하셨을 것입니다.

그렇다면, 이 모든 지식과 이해를 바탕으로 "이제 우리 회사에 AI를 어떻게 실질적으로 적용하고, 어떻게 조직 전체에 성공적으로 뿌리내리게 할 수 있을까?"라는 질문이 자연스럽게 떠오르실 겁니다. 이것이 바로 이 책의 핵심적인 목적이자, 이 장에서 다룰 가장 중요한 내용입니다.

많은 중소기업 경영자분들이 AI 도입을 망설이는 가장 큰 이유 중 하나는 복잡한 시스템 구축, 막대한 초기 투자 비용, 그리고 전문 IT 인력의 부재에 대한 부담 때문입니다. 그러나 FAST 시스템은 이러한 모든 우려를 불식시키기 위해 고안된, 중소기업 맞춤형의 현실적이고 실용적인 AI 도입 및 정착 모델입니다.

이 FAST 시스템은 값비싼 전용 시스템 없이도, 대표님의 기업이 AI를 빠르게 도입하고, 효율적으로 정착시키며, 궁극적으로 조직 전체로 확산시킬 수 있도록 단계별로 명확한 로드맵을 제시합니다.
이 FAST 시스템 - F.A.S.T. 네 글자에 담긴 의미를 따라 [Foster(준비) → Apply(적용) → Strengthen(강화) → Transform(확산)]의 4단계로 나누어 설명할 것입니다.

이 로드맵은 단순한 지침을 넘어, 당신의 기업이 AI라는 강력한 엔진을 장착하고 미래를 향해 힘차게 나아가는데 필요한 모든 것을 담고 있습니다.

4.1. FAST 시스템 필요성과 역할

"FAST 시스템: AI 정착의 나침반이자 엔진"

AI 시대를 맞이하여 중소기업이 ChatGPT와 Gemini를 효과적으로 도입하는 것은 더 이상 선택이 아닌 필수가 되었습니다. 하지만 "AI를 어떻게 우리 회사에 적용해야 할까?", "어디서부터 시작해야 할까?"와 같은 막연함은 많은 대표님들의 발목을 잡습니다. 바로 이러한 고민을 해결하고, AI 도입의 시행착오를 최소화하며, 실질적인 성과로 이어지게 하기 위해 FAST 시스템이 탄생했습니다.

[FAST 시스템의 필요성]
  AI 도입은 중소기업에게 복잡하고 막연한 도전처럼 느껴질 수 있습니다. 제한된 자원과 인력으로 새로운 기술을 배우고 적용하는 것은 큰 부담이죠.
  FAST 시스템은 이러한 복잡성을 단순화하고, 시행착오를 줄이며, 빠르고 효과적인 AI 정착을 위한 체계적인 방법론을 제공합니다. AI가 단순히 몇몇 직원의 도구로 머물지 않고, 기업의 핵심 역량으로 자리 잡게 하기 위함입니다.

[FAST 시스템의 역할]
  FAST는 AI 도입의 모든 과정을 안내하는 '나침반'이자, AI 활용을 가속화하는 '강력한 엔진'입니다. 이 시스템은 AI 기술 도입을 넘어, 조직 문화와 업무 방식을 혁신하는 통합적인 '프레임워크'를 제공합니다.
  궁극적으로 AI를 통해 인간과 AI가 시너지를 내는 HAInerge(하이너지) 조직을 구축하고, 끊임없이 변화하는 시장 속에서 중소기업이 지속적으로 성장할 수 있는 굳건한 기반을 마련해 줍니다.

[FAST 시스템의 과정]
  FAST는 네 가지 핵심 단계인 ❶ Foster (준비) → ❷ Apply (적용) → ❸ Strengthen (강화) → ❹ Transform (확산)으로 구성됩니다.
  각 단계는 유기적으로 연결되어 순환하며, AI를 통해 기업이 점진적으로 진화하고 성장하는 과정을 대표합니다. 마치 AI라는 씨앗을 심고, 물을 주어 싹을 틔우고, 튼튼하게 성장시켜 열매를 맺게 하는 일련의 과정과 같습니다. 이 4단계를 통해 중소기업은 AI 도입의 모든 과정을 성공적으로 이끌 수 있습니다.

4.2. FAST 시스템 4단계

"어려움보다 낯설음. 낯설음은 단계적으로 헤쳐 나가면 됩니다."

AI와 FAST 시스템은 결코 어렵지 않습니다. 다만, 새롭기 때문에 처음에는 낯설게 느껴질 수 있습니다. 하지만 걱정 마십시오. 차근차근, 점진적으로 모든 것을 설명해 드릴 것입니다.

단 계	핵심 질문	중 요 성
1 단계 준비 단계 Foster	"AI로 어떤 일을 도와줄 수 있지? 어디부터 시작할까?"	무작정 시작하지 않고, 가장 효과적인 지점을 찾아 작게 시작하는 '전략적 준비' 단계
2 단계 적용 단계 Apply	"그럼 당장 한번 써볼까? 직접 경험해봐야 해!"	AI 활용의 첫걸음이자, '감'을 잡고 실제 효용성을 체감하는 '실천' 단계
3 단계 강화 단계 Strengthen	"이제는 계속 이렇게 일해볼까? 우리 팀의 루틴으로 만들자!"	AI 활용을 개인의 습관을 넘어, 조직의 업무 프로세스에 체계화하는 '정착' 단계
4 단계 확산 단계 Transform	"우리 회사 전체가 이렇게 일하면 어떨까? AI로 새로운 기업 문화를 만들자!"	AI를 통해 조직 전체의 역량을 혁신하고, 새로운 성장 동력을 확보하는 '확산' 단계.

"AI도입, FAST 시스템으로 시작하면 고민 끝"

AI는 단순히 몇몇 업무를 돕는 도구가 아닙니다. Foster(준비) 단계에서 작은 시작으로 AI를 알아보고, Apply(적용) 단계에서 직접 써보며 그 효용을 체감하십시오. 이 작은 성공들이 쌓여 Strengthen(강화) 단계에서는 AI가 팀의 자연스러운 루틴이 되고, 궁극적으로 Transform(확산) 단계에서는 회사 전체가 AI를 통해 혁신하고 비약적인 성장을 이룰 것입니다.

지금 바로 FAST 시스템으로 AI 시대의 주인공이 되십시오! 주저하는 순간, 기회는 멀어집니다.

● **AI 도입을 위한 기초 다지기**
핵심 목표: AI 도입의 필요성을 이해하고, AI 활용을 위한 환경과 마음가짐을 갖춥니다.
[주요 활동]
- AI 도구 계정 만들기 - 디지털 문서함 구축
- 회사 목표 설정   - AI 에이스 선정

● **AI 활용을 손에 익히는 과정**
핵심 목표: AI를 통해 업무 효율을 직접 경험하고, AI와의 협업 감각을 키웁니다.
[주요 활동]
- 매일 AI에게 업무 명령 내리기   - 가장 귀찮은 업무 AI에게 위임
- AI가 작성한 결과물 검토 및 수정 - AI 결과물 파일로 저장 및 관리

● **AI 활용을 조직의 '루틴'으로 만들기**
핵심 목표: AI 활용을 개인의 습관을 넘어, 조직 전체의 표준 업무 프로세스로 만들고 집단 지성을 강화합니다.
[주요 활동]
- 부서별 '맞춤형 명령어 템플릿' 만들기
- 업무 프로세스에 "AI 초안 → 사람 / 검토,수정 → 실행" 흐름 정착
- 직원들에게 '일일 AI 활용 과제' 제안 및 인센티브

● **AI를 통한 조직 전체의 혁신 확산**
핵심 목표: AI를 통해 기업의 모든 자원과 프로세스를 최적화하고, 미래 변화에 민첩하게 대응하는 지능형 조직으로 거듭납니다.
[주요 활동]
- 전 부서에 'MASTER 역할' 배치   - AI 활용 현황 공유 및 피드백
- AI 관련 법적/윤리적 위험 관리   - '빠른 실험과 학습' 문화 지속
- 인력 구조의 HAInerge 중심 재설계
- EAP(Enterprise AI Planning) 시스템 구상

4.2.1. 1단계: 준비 Foster - AI 도입을 위한 똑똑한 준비

"시작이 성공의 절반! 작게 시작해서 익숙해 지기"

 AI 도입은 무턱대고 시작하기보다, 가장 효율적인 지점부터 공략하는 것이 중요합니다. 처음부터 모든 부서나 복잡한 업무에 AI를 적용하려고 하면 오히려 혼란만 가중되고 실패하기 쉽습니다. 핵심은 '작게 시작하는 것'입니다. 그리고 그 첫걸음은 AI 도구에 익숙해지는 것에서부터 시작됩니다.

✔ **해야 할 일 (순서대로 진행)**

1. ChatGPT 및 Gemini 계정 만들고 자유롭게 테스트해보기
2. AI 도움을 받아 우리 회사의 '핵심 업무 리스트' 작성하기
3. 작성된 업무 리스트에서 '가볍게 시도할 *파일럿 업무' 1~3개 선정하기

1. ChatGPT 및 Gemini 계정 만들고 자유롭게 테스트해보기
- AI 도입의 첫걸음은 무엇보다 직접 경험해보는 것입니다. 직원이 부담 없이 AI에 접근할 수 있도록 ChatGPT와 Gemini 같은 범용 AI 도구의 무료 또는 저렴한 계정을 만들도록 먼저 장려하세요.
- 그 후, 가장 중요한 것은 '어떤 질문이라도, 어떤 형식이라도 상관없이 일단 던져보는 것'입니다. 흔히 '프롬프트(명령어) 최적화' 같은 전문적인 용어에 압도되어 시도조차 하지 않는 경우가 많습니다. 하지만 AI에게 궁금한 점, 해결하고 싶은 업무, 심지어는 농담까지 자유롭게 질문을 던져보고 기능을 테스트할 기회를 제공해야 합니다.
- 예를 들어, "우리 회사 제품 설명문 좀 써줘"처럼 아주 간단한 요청부터, "오늘 점심 메뉴 추천해줘" 같은 가벼운 질문까지 무엇이든 좋습니다. AI가 어떻게 반응하는지, 어떤 결과물을 내놓는지 직접 눈으로 확인하면서 "나도 AI를 쓸 수 있구나!", "생각보다 쉽네!", "이걸 이렇게도 쓸 수 있겠네!"라는 긍정적인 첫 경험과 깨달음을 얻는 것이 핵심입니다.

 이러한 경험은 AI 활용에 대한 심리적 장벽을 낮추고, 이후 단계로 나아가는 중요한 동기가 될 것입니다. 일단 시작하고 부딪혀보는 것이 가장 빠른 학습 방법입니다.

2. AI 도움을 받아 우리 회사의 '핵심 업무 리스트' 작성하기

이제 AI 계정을 만들고 기본적인 사용법에 익숙해졌다면, AI의 도움을 받아 우리 회사의 업무를 객관적으로 분석해볼 차례입니다. 이 단계는 단순히 현재 업무를 나열하는 것을 넘어, 회사의 궁극적인 목표 달성을 위해 어떤 업무들이 필요한지 큰 그림을 그리는 과정입니다.

1) 현재 회사의 목표와 부서(구성원) 상황을 정리하여 목표 달성을 위해 부서(구성원)이 무엇을 해야 할지 업무 리스트 최대한 많이 작성하기
- 먼저, "우리 회사의 올해/3년/5년 목표는 무엇인가?"를 명확히 정의합니다. (예: 시장 점유율 10% 확대, 신규 고객 500명 유치, 생산 비용 15% 절감 등)
- 다음으로, 각 부서(또는 핵심 구성원)의 현재 역할과 책임을 명확히 합니다.
- 이 목표들을 달성하기 위해 각 부서/구성원이 '이상적으로' 어떤 업무들을 수행해야 하는지를 브레인스토밍하듯 최대한 많이, 구체적으로 리스트업합니다.
- 이때, AI에게 "우리 회사의 목표(명시)를 달성하기 위해 마케팅 팀이 해야 할 업무 리스트를 20가지 제안해줘"와 같이 질문하여 아이디어를 얻는 것도 좋습니다. 이 과정에서 현재는 하지 못하지만 필요하다고 생각하는 업무들도 포함시키는 것이 중요합니다.

2) 내가 현재 하는 일과 제시된 업무 리스트의 차이 발견하기
- 이제 위에서 작성한 '이상적인 업무 리스트'와 현재 실제로 각 부서/구성원이 수행하고 있는 업무를 비교합니다.
- 이때 "우리가 현재 하고 있지 않지만 목표 달성에 필수적인 업무는 무엇인가?", "현재 하고 있는 업무 중 비효율적인 것은 무엇인가?"와 같은 질문을 던져 차이를 발견합니다. 이 차이가 바로 AI가 개입할 수 있는 '*기회 영역*'이 됩니다.

3) 최종 목표 달성을 위해 해야 할 일 리스트 정리하기
- 앞서 발견한 차이를 바탕으로, 실질적으로 'AI의 도움을 받아' 수행해야 할 업무들을 최종 리스트로 정리합니다. 이는 AI 도입을 위한 구체적인 목표 설정의 기반이 됩니다.
- (예: 주간 시장 동향 보고서 자동 초안 생성, 잠재 고객 발굴을 위한 데이터 분석 보고서 작성 등)

3. 작성된 업무 리스트에서 '가볍게 시도할 *파일럿 업무' 1~3개 선정하기

　최종 정리된 업무 리스트 중에서, AI 도입의 첫 단추를 꿰맬 '파일럿 업무'를 신중하게 선정해야 합니다. 너무 많지도, 너무 어렵지도 않은 1~3개의 업무가 적절합니다.

[선정 기준]
- 간단하고 명확한 업무: AI가 비교적 정확하게 초안을 만들거나 정보를 요약해 줄 수 있는 단순 반복 업무가 좋습니다.
- 빠른 효과 체감 가능: AI 도입 시 시간 절감이나 효율성 증대 등 가시적인 성과를 빠르게 확인할 수 있는 업무를 우선합니다. 이는 직원들의 AI 활용에 대한 긍정적인 경험과 동기 부여로 이어집니다.
- 낮은 위험성: AI의 오류가 발생하더라도 회사 운영에 치명적인 영향을 주지 않는 업무를 선택합니다.

부서	업무 (AI의 도움 부분)	구체적 AI 활용 아이디어	기대효과
마케팅	제품 설명문 작성 SNS 문구 작성	- 챗GPT로 초안 생성, 다양한 문체 변환 - 핵심 키워드 제안	- 마케팅 콘텐츠 제작 시간 단축 - 아이디어 고갈 해결
경영 기획	회의록 요약 아이디어 정리	- 챗GPT로 회의록 핵심요약 - 브레인스토밍 아이디어 확장	- 회의 후 업무 효율 증대 - 전략 수립 자료 신속화
영업	제안서 초안 고객 응대 스크립트	- 챗GPT로 고객 맞춤형 제안서 초안, - 자주 묻는 질문 답변 스크립트 생성	- 영업 준비 시간 단축 - 고객 응대 일관성 및 효율성 증가
인사	채용 공고 사내 공지문	- 챗GPT로 채용 공고/사내 공지문 초안 작성 - 법률적 표현 검토 　(초안 수준)	- 인사 관련 문서 작성 시간 절약 - 표현의 정확성 확보

*'파일럿 업무' 또는 '파일럿 프로젝트'는 어떤 새로운 시스템, 기술, 프로세스 등을 본격적으로 도입하기 전에, 전체에 적용하기에 앞서 제한된 범위나 소규모로 미리 시도해보는 업무나 프로젝트를 말합니다.

부서	업무 (AI의 도움 부분)	구체적 AI 활용 아이디어	기대효과
생산 운영	생산 공정 체크리스트 초안 작성	- 챗GPT로 특정 생산 공정의 안전/품질/절차 체크리스트 초안 생성 - AI가 특정 상황(예: 설비 교체 시)에 맞는 점검 항목 제안	- 생산 준비 시간 단축 - 휴먼 에러 감소 - 공정 안정성 증대
연구 개발 제품기획	최신 기술 트렌드 요약	- 제미나이로 특정 기술 분야 (예: AI 반도체)의 최신 뉴스 - 논문 5개 요약 - 우리 제품에 적용 가능한 아이디어 1~2개 도출	- 기술 동향 파악 시간 절약 - 신제품 아이디어 발상 촉진 - 시장 변화 민첩 대응
고객 서비스	자주 묻는 질문 (FAQ) 답변 초안	- 챗GPT로 고객 문의 유형별(예: 배송, 반품, 계정) 표준 답변 스크립트 작성 - 친절하고 명확한 톤앤매너 유지	- 고객 응대 시간 단축 - 답변 일관성 확보 - 신입 직원 교육 자료 활용
법무 계약	간단한 계약서 조항 요약	- 챗GPT로 특정 계약서(내용 복사-붙여넣기)에서 '납기', '책임', '지불' 등 핵심 조항만 발췌 요약 - AI가 중요하다고 판단하는 조항 1개 지적	- 인사 관련 문서 작성 시간 절약 - 표현의 정확성 확보
재무	월별 비용 지출 요약	- 챗GPT로 월별 비용 데이터(텍스트/표)를 바탕으로 주요 지출 항목 3가지 요약 - 지난달 대비 증감률 간략 분석	- 재무 현황 파악 시간 단축 - 비용 관리 시작 - 예산 집행 투명성 증대

▣ 1단계 활용 프롬프트 예시

여기 1단계 실행과 관련한 핵심 프롬프트들이 있습니다. 이 예시들을 바탕으로 여러분 기업의 상황에 맞게 변형하여 활용하시면 AI 도입에 큰 도움이 될 것입니다.

❶ 회사 목표 달성을 위한 업무 리스트 작성 요청

- "우리 회사의 올해 목표는 [구체적인 목표, 예: 스마트폰 케이스 시장 점유율 10% 확대]입니다. 이 목표를 달성하기 위해 마케팅 팀이 수행해야 할 업무 리스트를 20가지 제안해 주세요. 현재 우리 마케팅 팀의 강점은 [강점], 약점은 [약점]입니다."

- "저희 회사(업종/주요 제품)의 3년 내 [구체적인 목표, 예: B2B 솔루션 시장 선두] 달성을 위한 영업 부서의 이상적인 업무 프로세스를 단계별로 설명해 주세요."

- "현재 [부서명]의 주요 업무는 [현재 업무 요약]입니다. 이 부서가 회사의 [회사 목표] 달성에 더 기여하기 위해 추가로 어떤 업무들을 수행해야 할까요? 10가지 아이디어를 제시해 주세요."

- "우리 회사 [부서명, 예: 고객 서비스팀]의 궁극적인 목표는 [구체적인 목표, 예: 고객 만족도 95% 달성 및 재구매율 20% 상승]입니다. 이 목표를 이루기 위해 AI의 도움을 받아 [부서명] 팀원들이 수행해야 할 이상적인 업무 역할과 활동 15가지를 구체적으로 제시해 주세요. AI가 담당할 수 있는 부분과 사람이 집중해야 할 부분을 나누어 설명해 주시면 더 좋습니다."

- "우리 회사 [특정 핵심 가치, 예: 친환경 경영]를 강화하는 동시에 [재무 목표, 예: 연간 비용 5% 절감]를 달성하고 싶습니다. 이를 위해 생산/운영 부서에서 AI의 도움을 받아 추진할 수 있는 구체적인 혁신 과제 5가지를 제안해 주세요. 각 과제별로 AI가 어떤 역할을 할 수 있는지 설명해 주시면 좋습니다."

❷ 현재 업무와 이상적인 업무 간 차이 발견 도움 요청
- "제가 현재 하는 일은 [나의 현재 업무 요약]입니다. AI가 제안한 [AI가 제안한 이상적 업무 리스트 일부 복사-붙여넣기]와 비교했을 때, 어떤 부분이 가장 큰 차이점인가요? 이 차이를 줄이기 위해 제가 시작할 수 있는 첫 3단계 행동을 제안해 주세요."

- "제시된 [이상적 업무 리스트]와 저희 팀이 현재 수행하는 업무 [현재 팀 업무 요약]를 비교하여, AI가 자동화하거나 효율화할 수 있는 비효율적인 업무 5가지를 찾아주세요."

- "AI가 제시한 [특정 부서의 이상적 업무 리스트]를 볼 때, 우리 팀이 현재 가장 부족하다고 느껴지는 역량 3가지는 무엇이며, 이 역량을 강화하기 위해 AI가 어떤 방식으로 기여할 수 있을지 아이디어를 제안해 주세요."

- "우리 회사의 [특정 목표, 예: 신제품 개발 기간 단축] 달성을 위해 AI가 제안한 [이상적인 R&D 업무 프로세스]와 현재 우리가 따르는 방식 간에 가장 큰 비효율을 유발하는 병목 지점 2가지를 지적해 주세요. AI를 활용하여 이 병목을 어떻게 해결할 수 있을까요?"

❸ 최종 목표 달성 업무 리스트 정리 및 파일럿 업무 선정 도움 요청
- "위에서 정리된 [최종 목표 달성을 위한 업무 리스트] 중, AI를 활용하여 가장 빠르고 쉽게 성과를 낼 수 있는 파일럿 업무 3가지를 추천해 주세요. 각각의 업무가 어떤 면에서 '가볍게 시작하기 좋은'지 설명해 주세요."

- "파일럿 업무로 [선정한 파일럿 업무]를 진행하려 합니다. 이 업무를 성공적으로 수행하기 위해 AI에게 어떤 정보가 필요한지, 그리고 AI가 구체적으로 어떤 도움을 줄 수 있을지 단계별로 제안해 주세요."

- "선정한 파일럿 업무 [파일럿 업무명]를 통해 우리가 얻고자 하는 가장 중요한 가시적 성과 지표(KPI) 2가지를 제안해 주세요. (예: 시간 절약, 오류율 감소, 만족도 증가 등)."

4.2.2. 2단계: 적용 Apply - 실질적인 업무에 AI 써보기

"AI와 '대화'하는 법: 질문이 곧 프롬프트"

우리는 앞서 1단계에서 간단한 질문을 통하여 업무 리스트를 작성해 보았습니다.
AI, 특히 ChatGPT나 Gemini와 같은 대규모 언어 모델(LLM)은 우리가 던지는 '질문' 또는 '지시'를 이해하고 반응합니다.
이 질문이나 지시를 우리는 '프롬프트(Prompt)'라고 부릅니다. AI와의 상호작용은 기본적으로 이 프롬프트를 주고받는 대화 형식으로 이루어집니다. 당신이 질문을 던지면 AI가 답변하고, 그 답변을 바탕으로 다시 질문하거나 추가 지시를 내리면서 원하는 결과에 도달하는 방식이죠.

"첫걸음: 두려움 없이 '그냥' 질문하기 - AI와 자연스럽게 대화하는 기술"

AI 활용의 가장 큰 장벽은 바로 '어떻게 질문해야 할까?'라는 막연한 두려움입니다. 많은 분들이 '프롬프트 최적화', '프롬프트 디자인', '프롬프트 엔지니어링'이라는 전문 용어를 들으면 복잡하고 어려운 기술처럼 느끼며 주저하게 됩니다. 하지만 이 단계에서는 그런 걱정은 잠시 내려놓으셔도 좋습니다.

● **AI의 진화, 질문 방식의 변화**

ChatGPT와 Gemini가 처음 개발될 때는 AI의 답변 품질을 높이기 위해 '최적의 질문 방식(프롬프트 형태)'을 아는 것이 매우 중요했습니다. 특정 규칙에 맞춰 질문해야만 AI가 사용자의 의도를 정확히 파악하고 원하는 답변을 내놓을 수 있었죠.
그러나 지금의 ChatGPT와 Gemini는 놀라울 정도로 발전했습니다. AI 모델 자체가 사용자의 의도를 파악하는 능력이 비약적으로 향상되었기 때문에, 이제는 특정 질문 형식에 얽매이지 않고도 어느 정도 당신의 의도를 반영한 어떠한 형태의 질문이라도 최적의 답을 얻을 수 있게 되었습니다.

● **'질문의 형태'보다 '창의적인 접근'이 중요**

따라서 지금은 질문의 형태를 완벽하게 아는 것보다, 창의력을 바탕으로 다양한 방식으로 AI에 접근해보는 것이 훨씬 중요합니다. 규격화된 질문 형태를 외우기보다, 마치 옆자리 동료에게 업무를 지시하거나 아이디어를 묻듯이 솔직하고 편안하게 AI와 대화해보세요.

"AI를 일단 시작하고, 일상적인 업무 파트너로 만들기"

아무리 좋은 이론과 도구라도, 실제로 사용해보지 않으면 그 잠재력을 이해할 수 없습니다. AI는 '직접 해봐야' 비로소 그 활용법을 체감하고, 업무에 대한 새로운 '감'을 잡을 수 있습니다. 처음부터 완벽한 결과물을 기대하기보다, '일단 시작하고, 한 번이라도 직접 AI에게 일을 시켜보는 것'에 집중하는 것이 중요합니다. 이 단계는 AI를 당신의 일상적인 업무 파트너로 만드는 가장 중요한 과정입니다.

> ✔ 실행 방법 1: 하루에 수시로 AI에게 업무 명령을 내려보자 (AI와 대화하는 습관)
> ✔ 실행 방법 2: 가장 귀찮은 업무 하나를 AI에게 맡겨보자 (효율성 체감의 순간)
> ✔ 실행 방법 3: AI가 작성한 결과를 검토, 수정해보자 (MASTER 역량 강화의 핵심)

● AI는 단순한 도구를 넘어선 '업무 파트너'입니다

AI를 '업무 파트너'라고 부르는 것은 단순히 편리한 도구를 넘어선 AI의 본질적인 역할을 강조합니다. AI는 우리와 함께 사고하고 문제를 해결하는데 기여하는 능동적인 협업 주체입니다. 마치 팀의 동료처럼, 특정 업무를 전담하여 우리의 역량을 확장시켜 줍니다.

- 능동적인 문제 해결 지원: AI는 질문에 대한 답을 넘어, 주어진 맥락에서 문제를 파악하고, 다양한 해결책과 새로운 아이디어를 제안합니다. 인간이 놓칠 수 있는 관점을 제시하여 업무의 질을 높입니다.
- 지속적인 학습과 성장: AI는 우리의 피드백을 통해 업무 스타일을 학습하며 맞춤형 파트너로 진화합니다. 동시에 우리는 AI 활용법을 배우며 인간과 AI 모두 함께 성장하는 관계를 형성합니다.
- 역량의 상호 보완 및 증강: 인간은 창의성, 공감 능력 등 고유한 강점을, AI는 데이터 처리, 자동화 등 뛰어난 능력을 가집니다. AI는 인간의 약점을 보완하고 역량을 '증강(Augmentation)'하여 인간을 더욱 강력하게 만듭니다.
- 시간과 공간의 제약 극복: AI는 24시간 쉬지 않고 일하며, 인터넷만 연결되면 어디서든 접근 가능합니다. 이는 중소기업의 인력과 시간 제약을 극복하고, 업무 효율성을 극대화하는 핵심 파트너가 됩니다.

✔ 실행 방법 1: 하루에 수시로 AI에게 업무 명령을 내려보자 (AI와 대화하는 습관)

AI 활용을 생활화하는 가장 좋은 방법은 매일 꾸준히 작은 시도를 하는 것입니다. 거창하고 복잡한 프로젝트가 아니어도 좋습니다. 마치 아침에 커피를 마시거나 뉴스를 확인하는 것처럼, AI에게 간단한 업무 명령을 내리는 것을 일상의 루틴으로 만들어 보세요.

- 매일의 작은 시도: 매일 아침 출근 후 ChatGPT에게 "오늘 업무 계획에 대한 아이디어 3가지 제안해줘"라고 묻거나, Gemini에게 "최신 시장 트렌드 뉴스 5개 요약해줘"라고 요청하는 등, 일상적인 업무 습관처럼 AI를 활용하도록 스스로를 독려하거나 직원을 장려해야 합니다. 점심 메뉴 추천, 오늘 날씨에 맞는 옷차림 추천 등 개인적인 질문도 좋습니다. 중요한 것은 AI와 대화하는 것에 익숙해지는 것입니다.

- 두려움 없이 질문하기: 이 단계에서는 '프롬프트 엔지니어링' 같은 복잡한 개념은 잠시 잊어두세요. 완벽한 질문 형식을 갖추려 애쓰기보다, 당신이 AI에게 원하는 바를 가장 솔직하고 편안하게 전달하는 것이 중요합니다. AI가 당신의 의도를 완벽히 파악하지 못하더라도 괜찮습니다. AI는 당신의 질문을 통해 학습하고, 당신 또한 AI의 반응을 통해 더 나은 질문 방식을 배우게 될 것입니다. 궁금한 점, 해결하고 싶은 업무, 심지어는 농담까지 자유롭게 던져보고 기능을 테스트할 기회를 제공해야 합니다.

- AI의 답변을 활용해 '꼬리 질문'하기: AI가 답변을 내놓으면, 그 답변을 바탕으로 궁금한 점을 추가로 묻거나, 더 깊이 있는 내용을 요청해 보세요. 예를 들어, AI가 업무 아이디어를 제시했다면 "그럼 이 아이디어를 실행할 때 주의할 점은 무엇일까?", "이 아이디어를 30초짜리 유튜브 영상 스크립트로 바꿔줄 수 있어?"처럼 대화를 이어가는 것입니다. 이런 '꼬리 질문'은 AI의 잠재력을 최대한 끌어내고, 복합적인 문제 해결 능력을 향상시키는데 큰 도움이 됩니다.

- 긍정적인 경험 축적: 이러한 작은 시도들이 꾸준히 쌓여 "나도 AI를 쓸 수 있구나!", "생각보다 쉽네!", "이걸 이렇게도 쓸 수 있겠네!"**라는 긍정적인 경험과 깨달음을 얻게 됩니다. 이 경험은 AI 활용에 대한 심리적 장벽을 낮추고, 이후 더욱 복잡한 업무에 AI를 적용하는 중요한 동기가 될 것입니다.

✔ 실행 방법 2: 가장 귀찮은 업무 하나를 AI에게 맡겨보자 (효율성 체감의 순간)

AI의 가치 중 하나는 바로 '비효율적인 반복 업무'를 해결해 주는 것입니다. 우리는 일상적으로 의미 없이 시간을 잡아먹는 일들로 인해 본연의 핵심 업무에 집중하지 못하는 경우가 많습니다. 이러한 비효율은 중소기업의 한정된 자원과 인력을 더욱 고갈시키는 주범이 됩니다. 이 단계에서는 모든 직원이 각자 가장 귀찮거나 시간을 많이 소모한다고 느끼는 업무 한 가지를 정해서 AI에게 과감하게 맡겨보도록 합니다. 이 경험은 AI가 단순한 기술이 아니라, 직원 각자가 업무 부담을 획기적으로 덜어주는 실질적인 파트너임을 깨닫게 해 줄 것입니다.

- '나만의 비효율' 찾기: 복사-붙여넣기식의 단순 데이터 정리, 형식적인 이메일 답장 작성, 정례 보고서의 서론이나 결론 작성, 간단한 자료조사 요약 등 업무 시간 중 의미 없이 반복되거나 지루하게 느껴지는 일이 무엇인지 파악합니다. 이러한 일들은 대개 창의성이나 고도의 판단력을 요구하지 않아 AI가 처리하기에 매우 적합합니다. 생각보다 많은 업무가 이 범주에 속할 수 있습니다.

- AI에게 위임하기: 파악된 비효율적인 업무를 AI에게 지시합니다. 예를 들어, 수십 장의 보고서 내용을 AI에게 핵심만 요약시키거나, 특정 키워드가 포함된 고객 문의 메일에 대한 표준 답변을 요청하는 식입니다. 처음에는 AI가 내놓는 결과가 다소 어설프거나 기대에 미치지 못할 수도 있습니다. 하지만 중요한 것은 '일단 AI에게 맡겨보는 시도'입니다. AI가 그 업무를 얼마나 효율적으로 처리하는지 직접 경험하게 함으로써, "이런 일은 AI에게 맡겨도 되겠구나!"라는 실질적인 확신을 얻게 됩니다. 이 경험은 AI 도입의 심리적 장벽을 허물고, 더 많은 업무에 AI를 적용할 수 있다는 자신감을 심어줄 것입니다.

- 시간과 노력 절감 체감 - AI 없이는 불편해지는 경험: AI가 업무를 빠르게 처리하는 것을 직접 목격하면서, 이전에는 그 업무에 소모했던 시간, 노력이 얼마나 컸는지 체감할 수 있습니다. 예를 들어, 몇 시간이 걸리던 보고서 초안이 순식간에 완성되는 경험은 그 자체로 강력한 동기 부여가 됩니다. 이는 AI에 대한 긍정적인 인식을 넘어, AI 없이는 일하기 불편하다는 인식을 갖게 됩니다. 이처럼 AI 활용의 필요성을 느끼는 직접적인 경험은, AI를 조직 전체에 확산시키는데 가장 강력한 추진력이 됩니다.

✓ 실행 방법 3: AI가 작성한 결과를 검토, 수정해보자 (MASTER 역량 강화의 핵심)

AI는 놀라운 능력을 가지고 있지만 결과물을 맹목적으로 수용하는 것은 금물입니다. AI는 방대한 데이터를 학습하지만, 그 데이터가 항상 최신이거나 모든 맥락을 담고 있지는 않으며, 인간적인 감성이나 미묘한 뉘앙스를 완벽하게 이해하는데는 한계가 있습니다. 따라서 AI가 제시한 초안이나 분석 결과는 어디까지나 '초안'일 뿐이며, 이를 '사람의 눈으로 비판적으로 검토하고, 필요한 부분을 수정하여 완성도를 높이는 과정'이 반드시 필요합니다. (이 과정이야말로 MASTER 인재의 메타인지 판단력과 분석력을 실질적으로 키우고, AI 시대에 인간이 가진 고유한 가치를 증명하는 핵심 훈련이 됩니다.)

- 비판적 검토 - AI의 한계를 이해하고 보완하기: AI가 생성한 내용이 사실에 부합하는지, 우리 회사의 상황과 맥락에 적절한지 꼼꼼히 확인해야 합니다. AI는 때로 '환각 현상(Hallucination)'으로 잘못된 정보나 논리적이지 않은 내용을 생성하며, 학습 데이터 편향으로 치우친 결과물을 내놓을 수도 있습니다. 이런 경우, 인간의 비판적 사고가 개입해 오류를 걸러내고, 불완전한 정보를 보완하며, 우리 기업의 가치와 철학에 맞게 재조정하는 것이 필수적입니다.

- 수정 및 보완 - AI를 넘어선 '우리만의 가치' 만들기: 검토를 통해 부족하거나 잘못된 부분을 찾아 직접 수정하고 보완하는 것은 AI 활용의 핵심 가치를 창출하는 과정입니다. 이 과정에서 당신의 전문성, 경험, 직관, 인간 고유의 창의성이 더해지며 AI 결과물은 비로소 '우리 회사만의 고품질 산출물'로 거듭납니다. AI가 작성한 마케팅 문구 초안에 우리 회사만의 독특한 고객 경험이나 지역 특색을 반영하는 스토리를 추가하는 식이죠.

- AI와의 협업 이해 증진 - 파트너십 구축: 이러한 검토 및 수정 과정을 반복하며, AI가 어떤 업무에 강하고, 한계가 있는지 명확히 이해하게 됩니다. 이는 앞으로 AI에게 더욱 정확하고 효과적인 명령(프롬프트)을 내리는 능력을 향상시키는데 결정적입니다. 예를 들어, 'AI는 방대한 데이터 요약은 잘하지만, 미묘한 감성 표현은 아직 어렵다'는 것을 깨달으면, 다음번에는 AI에게 요약을 맡긴 후 감성적 표현은 직접 추가하는 방식으로 업무를 분담하게 됩니다. 이는 AI를 '단순한 도구'를 넘어 '함께 일하는 파트너'로 인식하는 전환점이 되며, '인간-AI 협업 시너지'를 구축하는 지름길입니다.

▣ 2단계 활용 프롬프트 예시

❶ 일상적인 업무에 AI 활용 (매일 1회 이상 시도)
- "오늘 오전 업무 계획을 돕기 위한 아이디어 3가지 제안해 줘. 나는 주로 [나의 역할] 이고, 오늘 중요한 [특정 업무]가 있어."
- "최근 [관심 산업] 분야의 핵심 트렌드 뉴스 5개를 요약해 줘."
- "오후 3시에 있을 [회의 주제] 회의에서 내가 집중해야 할 핵심 질문 2가지와 논의 포인트를 제안해 줘."

❷ 가장 귀찮은 업무 AI에게 맡기기
- "이 회의 내용(복사-붙여넣기 또는 첨부 파일)을 5줄로 간결하게 요약해 줘. 핵심 의사 결정 사항과 담당자, 기한을 명확히 포함해줘."
- "우리 회사의 [제품/서비스명]의 고객후기 50개(복사-붙여넣기 또는 첨부 파일)를 분석해서 긍정적인 의견과 부정적인 의견의 핵심 키워드를 각각 3가지씩 뽑아줘."
- "신입 마케터 채용 공고문 초안을 500자 이내로 만들어줘. 창의적이고 적극적인 인재를 강조하고, 'MZ세대가 일하고 싶은 회사' 분위기를 반영해줘."
- "이 고객 문의 내용([문의 내용 복사-붙여넣기])을 고객에게 보내는 친절한 이메일 답변으로 바꿔줘. 문의 해결책과 함께 다음 단계 안내(예: 담당자 연락처)도 명확히 포함해줘."
- "보고서에 지난주 주요 성과 [A, B, C]와 이번 주 목표 [X, Y]를 간략하게 포함해줘."

❸ AI 결과 검토 및 수정 위한 질문
- "위에서 네가 작성한 [결과물, 예: 광고 문구 초안]에서 [우리 회사 핵심 가치]를 더 강조하려면 어떻게 수정해야 할까? 3가지 대안을 제시해줘."
- "네가 요약한 [보고서 요약] 내용 중 [특정 부분]이 좀 더 자세히 설명되어야 할 것 같아. 해당 부분에 대한 추가 설명을 200자 내외로 더해줘."
- "이 제안서 초안(복사-붙여넣기)이 [타겟 고객]의 시선을 사로잡을 수 있도록 도입부를 더욱 강력하게 수정해 줘."
- "네가 제시한 [아이디어] 중에서 실현 가능성이 가장 높은 아이디어는 무엇이라고 생각해? 그 이유는?"

■ **AI와 더 잘 소통하는 '최적화 프롬프트' 작성 기술 (부록 참조 - 최적화 템플릿)**

ChatGPT와 Gemini가 처음 등장했을 때는 프롬프트 작성시 '프롬프트 엔지니어링'이라는 다소 전문적인 기술이 필요했습니다. 마치 복잡한 컴퓨터 명령어를 입력하듯, AI가 이해할 수 있는 특정 형식과 문법을 지켜야만 했죠. 그러나 AI 기술은 놀라운 속도로 발전했고, 이제는 그 상황과 환경이 매우 달라졌습니다.

현재의 ChatGPT와 Gemini는 인간의 언어를 훨씬 더 깊이 이해하고, 사용자의 의도를 더 정확하게 파악하는 능력을 갖추게 되었습니다. 이제 완벽한 '정답 프롬프트'를 찾아 헤맬 필요 없이, 창의적이고 다양한 방식으로 질문을 던지는 것이 훨씬 더 중요해졌습니다. AI와 효과적으로 소통하려면, 단순히 질문을 던지는 것을 넘어 명확하고 전략적으로 프롬프트를 작성하는 기술이 필요합니다. 이는 마치 AI에게 가장 효율적인 '작업 지시서'를 작성하는 것과 같습니다.

1. '대화'하듯 '지시'하라: 가장 쉽고 자연스러운 시작
AI는 더 이상 딱딱한 기계가 아닙니다. 사람과 대화하듯이 편안하게 질문하고 지시하는 것이 가장 효과적입니다.

- **명령형 & 의문형 혼합**: "이 내용을 요약해 줘." (명령) 또는 "이 내용을 어떻게 요약하면 좋을까?" (의문) 모두 AI는 잘 이해합니다.

- **구체적인 요청**: "보고서 써줘"처럼 막연하기보다는, "2024년 3분기 마케팅 성과 보고서 초안을 A4 용지 1장 분량으로 작성해 줘. 주요 KPI 달성 여부와 다음 분기 전략 방향을 포함해 줘."처럼 구체적으로 요청할수록 원하는 답변을 얻기 쉽습니다.

- **말하는 것처럼 편하게**: "안녕하세요, 제가 지금 마케팅 전략을 짜고 있는데 좀 막막해서요. 아이디어 좀 얻을 수 있을까요?"처럼 실제 대화하듯이 시작해도 AI는 맥락을 파악하고 도움을 줍니다.

2. AI에게 '역할'과 '맥락'을 부여하라: 답변의 품질을 높이는 비법

AI는 주어진 역할과 상황(맥락)에 따라 답변의 톤과 깊이가 달라집니다. AI를 특정 전문가처럼 활용하면 훨씬 더 정확하고 유용한 답변을 얻을 수 있습니다.

- **역할 부여 (페르소나)**: "너는 이제 우리 회사의 시니어 마케터야. 이 제품의 새로운 슬로건 5개를 제안해 줘."처럼 AI에게 특정 전문가의 역할을 부여하여 답변의 전문성을 높입니다.

- **상황 설명 (시나리오)**: "나는 지금 신규 사업 진출을 고민 중인 중소기업 대표야. 이런 상황에서 가장 먼저 고려해야 할 리스크 3가지는 무엇일까?"처럼 질문의 배경 상황을 상세히 설명하여 AI가 맥락을 이해하도록 돕습니다.

- **대상 설정**: "이 보고서는 20대 신입사원을 위한 거야. 전문 용어 없이 쉽게 설명해 줘."처럼 답변을 받아볼 대상을 명시하여 AI가 적절한 어휘와 난이도를 선택하도록 안내합니다.

- **데이터 제공**: "다음 고객 피드백 데이터(복사-붙여넣기)를 분석해 줘. 이탈 가능성이 높은 고객 유형을 찾아주고, 그 특징을 설명해 줘."처럼 AI가 분석할 구체적인 데이터를 직접 제공하여 답변의 정확성과 신뢰성을 높입니다.

3. '반복'과 '점진적 개선'을 활용하라: AI를 훈련시키듯 지시하기

AI는 한 번의 질문으로 완벽한 답을 주지 않을 수 있습니다. AI와의 상호작용은 점진적으로 답변을 개선해 나가는 과정입니다. 마치 유능한 직원을 훈련시키듯, AI에게 피드백을 주고 추가 정보를 제공하며 최적의 결과에 도달합니다.

- **피드백 주기**: "네 답변이 너무 길어. 3줄로 줄여줘.", "이 부분은 좀 더 창의적인 표현으로 바꿔줄 수 있을까?", "이 아이디어에 대한 반대 의견도 제시해 줘."처럼 구체적인 피드백을 통해 AI의 답변을 수정하고 개선합니다.

- **추가 정보 제공**: "방금 네가 제안한 전략에 대해, 우리 회사의 예산은 100만원이야. 이 예산 안에서 실행 가능한 방안으로 다시 제안해 줄 수 있을까?"처럼 기존 질문에 추가적인 조건을 덧붙여 AI의 답변을 구체화합니다.

- **대화 이어가기**: AI는 이전 대화의 맥락을 기억하므로, "그럼, 그 아이디어를 바탕으로 마케팅 문구 초안을 작성해 줘."처럼 자연스럽게 대화를 이어가며 원하는 결과물에 도달합니다.

4. '글쓰기 전략'으로 AI의 이해력을 높이는 기술: 문장 부호와 길이의 활용

AI가 우리의 의도를 정확하게 해석하도록 돕는 문장 부호와 문장의 길이를 적절히 활용하면 AI의 이해도를 높이고, 원하는 형식의 답변을 얻는데 효과적입니다.

● 문장 부호: AI에게 길을 알려주는 표지판

- **쉼표(,)와 마침표(.)**: 문장이나 절을 명확히 구분하여 AI가 정보의 단위를 정확히 파악하도록 돕습니다. (예: "이메일 초안 작성해 줘, 내용은 신제품 출시야, 긍정적인 톤으로 부탁해.")

- **콜론(:), 세미콜론(;)**: 특정 정보나 목록을 명시적으로 제시할 때 유용합니다. (예: "다음 요구사항을 충족하는 보고서 요약: 핵심 내용 3가지; 분량 5줄.")

- **따옴표(" ")**: 특정 단어나 구절을 강조하거나, AI가 정확히 인용해야 할 부분을 지정할 때 사용합니다. (예: "이 제품의 USP는 '혁신적인 디자인'임을 강조해 줘.")

- **괄호(( ))**: 부가 설명이나, AI가 참조해야 할 추가적인 맥락 정보를 제공할 때 사용합니다. (예: "마케팅 전략을 제안해 줘 (타겟은 20대 여성, 예산은 100만원).")

- **하이픈(-), 별표(*), 숫자(1., 2.)**: 목록을 만들거나 단계를 나열할 때 사용하면 AI가 구조화된 답변을 제공하기 좋습니다. (예: "다음 3가지 아이디어 제안해 줘: A -B -C" 또는 "1. 아이디어 A 2. 아이디어 B")

● 문장의 길이와 구조: AI의 이해력을 높이는 리듬

프롬프트의 문장 길이는 AI의 이해도와 답변의 정확성에 큰 영향을 미칩니다. 단문, 중문, 장문을 적절히 활용하면 더욱 효과적인 소통이 가능합니다.

• 단문 활용

명확하고 직접적인 지시: AI에게 특정 행동을 명확하게 지시하거나, 핵심 정보를 전달할 때 사용합니다.

AI가 지시를 혼동할 가능성이 줄어들고, 빠르고 직접적인 답변을 얻기 좋습니다. (예: "이 내용 요약해 줘." "핵심만 알려줘." "500자 이내로 써 줘.")

• 중문 활용

맥락과 조건을 함께 제시: AI에게 특정 작업을 지시하면서, 동시에 관련 맥락이나 조건을 함께 제시할 때 유용합니다.

AI가 지시의 배경을 이해하고, 주어진 조건에 맞춰 더 정확하고 풍부한 답변을 생성할 수 있습니다. (예: "이 회의록을 요약해 줘, 단 의사결정 사항과 담당자를 반드시 포함해 줘.")

• 장문 활용

복합적인 요청과 상세한 배경 설명: AI에게 매우 복합적인 작업을 요청하거나, 상세한 배경 정보와 다수의 조건을 제공해야 할 때 사용합니다.

AI가 복잡한 시나리오를 전체적으로 이해하고, 여러 요소들을 종합적으로 고려하여 깊이 있는 답변을 생성할 수 있습니다. (예: "나는 현재 [회사 상황 상세 설명]에 놓인 중소기업 대표야. 이런 상황에서 [구체적인 목표]를 달성하기 위해, AI 비서실, AI 멘토단, AI 브레인이 각각 어떤 관점에서 이 문제를 분석하고 해결책을 제시할 수 있을지 단계별로 설명해 줘.")

5. '단어(키워드) 나열'과 '창의적 접근': AI 활용의 마스터가 되는 길

AI는 단순히 문장뿐 아니라 핵심 단어(키워드)의 나열만으로도 사용자 의도를 상당 부분 파악할 수 있습니다. 이는 프롬프트를 간결하게 작성할 때 매우 유용하며, AI의 발전으로 인해 우리는 더 이상 완벽한 문법과 문장 구조에 얽매일 필요가 없어졌습니다.

● **단어(키워드)의 나열 활용**
- 어떻게 활용하는가: 필요한 정보나 원하는 행동을 나타내는 핵심 키워드들을 나열하고, AI가 그 사이의 연관성을 찾아내도록 합니다. (예: "마케팅, 신제품, MZ세대, 캠페인, 아이디어 5개" / "보고서 요약, 핵심 3가지, 분량 100자" / "경쟁사 A, 우리 회사, 강점, 약점, 비교")

- 기대 효과: 프롬프트 작성 시간을 획기적으로 줄일 수 있으며, AI가 키워드 간의 다양한 조합을 시도하여 예측하지 못했던 창의적인 답변을 제시할 수도 있습니다. 특히 초기 브레인스토밍이나 빠른 정보 탐색 시 유용합니다. 다만, 복잡하거나 민감한 업무에서는 문장 구조를 갖추는 것이 오해를 줄이는데 더 효과적입니다.

● **창의적 접근과 실험**
- 규격화된 질문 형태를 아는 것보다, AI의 다양한 능력을 탐색하고 업무에 새롭게 적용하려는 창의적인 시도가 중요합니다. 정답은 없습니다. 다양한 방식으로 질문하고, 얻은 결과물과 노하우를 팀원들과 공유하며 함께 발전해 나가세요. (예: 비유 사용, 역할 놀이, 제약 조건 극대화)

AI 시대의 프롬프트 작성법은 결국 'AI와 사람의 공동 학습'입니다. AI에게 배우고, AI를 가르치며, 함께 최적의 해답을 찾아가는 과정에서 당신의 업무 역량은 비약적으로 성장할 것입니다.

4.2.3. 3단계: 강화 Strengthen - 조직의 습관화와 체계화로

"AI를 업무의 루틴으로"

1단계 'Foster'에서 당신은 AI 계정을 만들고, 회사 목표에 맞는 AI 활용 가능 업무를 탐색하며 '작게 시작할' 준비를 마쳤습니다. ChatGPT와 Gemini 같은 AI 도구들이 우리 회사의 어떤 부분에 도움을 줄 수 있는지 큰 그림을 그렸습니다.

이어 2단계 'Apply'에서는 그 작은 그림을 현실로 옮겨, '실제로 AI를 업무에 써보면서' AI와의 첫 만남을 가졌습니다. 매일 간단한 질문을 던지고, 가장 귀찮은 업무를 AI에게 맡겨보며, AI가 만든 결과물을 직접 검토하고 수정하는 과정을 통해 AI의 놀라운 효율성을 체감하고, AI와의 '간단한 대화법'을 익혔습니다. "생각보다 쉽네!", "이게 시간을 이렇게 절약해 주네!"라는 긍정적인 경험과 함께 AI에 대한 막연한 두려움을 상당 부분 걷어냈을 것입니다.

이제 우리는 AI 도입의 핵심이라고 할 수 있는 3단계, 'Strengthen'에 진입합니다. 이 단계는 1, 2단계에서 쌓아 올린 초기의 시도와 긍정적인 경험을 바탕으로, AI 활용을 조직 전체의 '일하는 방식'으로 체계화하고 견고한 습관으로 정착시키는 과정입니다.

단순히 몇몇 직원이 AI를 '한 번 써보는' 것을 넘어, 모든 구성원이 '매일 자연스럽게 AI를 활용'하는 '업무 루틴'을 만드는 것이 이 단계의 핵심 목표입니다.
이는 AI를 우리 회사 업무의 필수적인 한 부분으로 뿌리내리게 하여, AI 없이는 업무가 불편하게 느껴질 정도로 'AI-Driven 문화'를 구축하는 것을 의미합니다.

> ✔ 실천 방법 1: 부서별 '맞춤형 명령어 템플릿' 만들기 (AI 활용의 표준화)
> ✔ 실천 방법 2: 업무 프로세스에 'AI 초안 → 사람 검토/수정 → 실행' 흐름 정착
> ✔ 실천 방법 3: 직원들에게 '일일 1 AI 활용 과제' 제안 및 인센티브

초기에는 의식적인 노력이 필요하겠지만, 점차 AI 활용이 숨 쉬는 것처럼 자연스러운 습관이 될 것입니다.
AI 습관화로 우리 기업의 전략적 자산으로 만들기 위해 사전 이해가 필요한 '4단계 인지행동과 자기주도 학습'을 먼저 알아 봅니다.

4.2.3.1. AI 시대의 새로운 인지-행동 체계: 4단계 인지행동

"새로운 AI시대의 진정한 의미: 새로운 인지행동 - 2단계에서 ---> 4단계로"
(➡ 부록 참조: 3. AI '이전 시대'와 '이후 시대'의 차이: 질문과 프롬프트)

'새로운 AI 시대'라는 말 속에는 ChatGPT와 Gemini의 등장이 단순히 기술 발전을 넘어, AI를 우리의 생활에 직접 적용하고 활용할 수 있게 함으로써 기존의 AI 판도를 완전히 바꾸었다는 의미가 담겨 있습니다. 이처럼 기술이 일상에 스며들었다는 것은 곧 새로운 인지행동 방식이 탄생했음을 뜻합니다.

따라서 새로운 AI 시대를 정확히 이해하려면, 기술적인 측면과 생활에 적용되는 실질적인 측면을 동시에 고려해야 합니다. 이를 바탕으로 AI 활용을 조직의 습관으로 만들고 체계화하기 위해서는, 바로 이 새롭게 등장한 인지행동 방식을 먼저 깊이 이해하는 것이 필수적입니다.

우리가 어떤 일을 생각하고 행동으로 옮기는 방식은 AI 시대에 근본적인 변화를 맞이했습니다.

전통적으로 인간의 업무 방식은 '사고(思考) → 행동(行動)'이라는 2단계의 인지-행동 체계를 따랐습니다. 예를 들어, '보고서를 써야겠다'고 생각하면 바로 보고서 작성에 착수하는 식입니다. 우리의 머릿속에서 계획하고, 고민하고, 직접 실행하는 단순한 흐름이었죠.

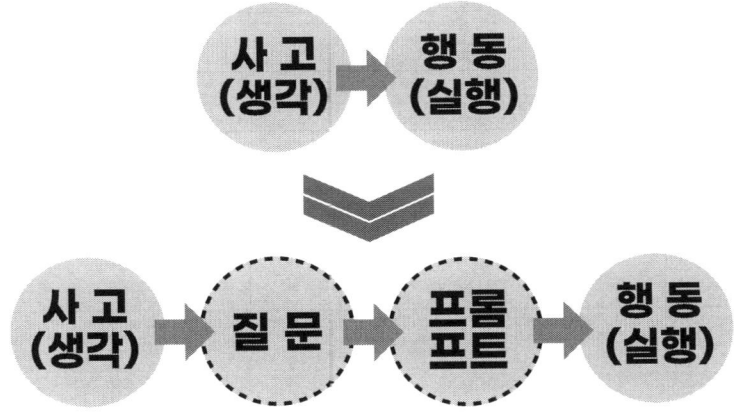

"새로운 4단계 인지행동: '사고(思考)→질문(質問)→프롬프트(Prompt)→행동(行動) "

그러나 AI가 등장하면서 기존의 단순한 인지행동 흐름에 강력한 중간 단계가 삽입되었습니다.
이제 우리는 '사고(思考) → 질문(質問) → 프롬프트(Prompt) → 행동(行動)'이라는 4단계의 새로운 인지-행동 과정을 경험하게 됩니다.

이 4단계 인지-행동 과정을 'AI가 인간의 사고와 행동 사이'에서 강력한 '매개자'이자 '촉매제' 역할을 합니다. AI를 통해 우리는 사고의 복잡성을 줄이고, 행동의 효율성을 극대화할 수 있습니다.

이는 AI 활용이 단순히 '도구 사용'을 넘어, 우리의 인지 프로세스 자체를 혁신하는 과정임을 의미합니다. 따라서 AI 활용을 습관화하고 체계화하려면, 이 새로운 4단계 인지-행동 과정을 이해하고 내재화하는 것이 중요합니다.

❶ 사고(思考) - 인간 고유의 영역, 문제 인식과 목표 설정

- 의미: AI 시대에도 '무엇을 할 것인가'에 대한 근본적인 고민과 목표 설정은 여전히 인간의 고유한 영역입니다. 우리는 어떤 문제를 해결해야 할지, 어떤 목표를 달성할지, 큰 그림을 어떻게 그릴지 '생각'합니다. AI는 이 단계를 대체할 수 없으며, 오히려 우리의 사고를 위한 명확한 방향성을 필요로 합니다.

- 활용: 이 단계에서는 회사 목표, 전략, 현재 직면한 문제 등을 명확히 정의하는데 집중해야 합니다. AI에게 아직 질문을 던지기 전, '내가 무엇을 알고 싶은가', '어떤 문제의 해결책이 필요한가'를 깊이 고민하십시오.

- 예시: 마케팅팀에서 "우리 회사 신제품의 온라인 판매량이 왜 저조할까?" 또는 "다음 분기 매출을 20% 높이려면 어떻게 해야 할까?" 와 같이 문제를 인식하고 목표를 설정하는 단계입니다.

❷ **질문(質問) - AI에게 방향을 제시하는 첫 대화**
- 의미: 과거에는 사고 후 바로 실행했다면, 이제는 AI에게 '어떻게 해야 할까?', '무엇을 바탕으로 할 수 있을까?'와 같이 구체적으로 '질문'하는 단계가 추가됩니다. 이 질문은 AI가 우리의 사고를 현실적인 실행으로 옮길 수 있는 통로를 열어줍니다.

- 활용: 이 단계에서 당신은 AI에게 궁금증을 해소하고, 필요한 정보를 탐색하며, 문제 해결을 위한 다양한 가능성을 열어줍니다. "이 복잡한 데이터를 어떻게 분석해야 할까?", "새로운 마케팅 아이디어를 어디서 얻을 수 있을까?"와 같이 구체적이고 탐색적인 질문을 던지십시오.

- 예시: "신제품 판매 부진 원인을 분석하려면 어떤 데이터가 필요할까?" 또는 "매출 20% 상승을 위한 마케팅 전략 아이디어를 어디서 찾을 수 있을까?" 와 같이 AI에게 방향을 제시하는 질문을 합니다.

❸ **프롬프트(Prompt) - AI가 이해하는 구체적인 작업 지시**
- 의미: '질문'을 AI가 이해하고 실행할 수 있는 형태로 다듬어 입력하는 것이 바로 '프롬프트'입니다. 이 프롬프트는 AI가 우리의 의도를 정확히 파악하고 최적의 결과물을 생성하도록 돕는 커뮤니케이션의 핵심 도구입니다. 프롬프트 최적화가 중요한 이유가 여기에 있습니다.

- 활용: AI에게 역할을 부여하고(예: '유능한 비서처럼'), 맥락(배경 정보)을 제공하며, 원하는 답변의 형식(예: '5줄 요약', '표 형태로')과 톤앤매너(예: '친근하게')를 명확히 제시합니다. 뼈대 있는 프롬프트 작성법을 활용하여 AI가 당신의 기대를 정확히 충족하도록 이끄십시오.

- 예시: "너는 우리 회사 마케팅 전문가야. 최근 3개월간 신제품 판매 데이터(내용 복사-붙여넣기)를 분석하고, 판매 부진의 잠재적 원인 3가지와 각 원인에 대한 마케팅 개선 방안을 2가지씩 제안해 줘." 와 같이 구체적인 데이터를 제공하며 AI에게 명확한 역할을 부여하고 원하는 답변의 형식을 제시하는 단계입니다.

❹ 행동(行動) - AI의 도움을 받아 완성하는 실제 업무

- 의미: AI가 생성한 초안, 분석 결과, 아이디어 등을 바탕으로, 우리는 최종적인 검토와 수정을 거쳐 실제 업무를 '행동'으로 옮깁니다. AI가 만들어준 보고서 초안을 완성하고, AI가 분석한 데이터를 기반으로 마케팅 전략을 실행하는 등, AI가 제시한 지식을 현실에 구현하는 단계입니다.

- 활용: AI가 제공한 결과물을 맹신하지 않고, 인간 고유의 비판적 사고와 통찰력을 발휘하여 검토하고 보완합니다. AI의 효율성과 당신의 판단력, 창의성이 결합될 때 비로소 최고 수준의 업무 성과를 창출할 수 있습니다. 이 단계는 AI가 단순한 도구를 넘어 당신의 역량을 '증강'시켜 주는 핵심입니다.

- 예시: AI가 제안한 판매 부진 원인과 개선 방안을 바탕으로, "AI가 제시한 내용 중 A안이 가장 타당한 것 같아. 이 안을 중심으로 다음 주 마케팅 회의에서 발표할 자료를 준비하고, 실행 계획을 구체화하자." 와 같이 실제 업무에 적용하고 실행하는 단계입니다.

4.2.3.2. AI와 함께하는 자기주도 학습: 개인 역량을 회사 역량으로

"AI 시대 강력한 특징; 자기주도 학습"

4단계 인지-행동 과정과 더불어 AI 시대의 또 다른 강력한 특징은 바로 '자기주도 학습(Self-Directed Learning)'의 가속화입니다. AI는 학습에 대한 접근 방식을 근본적으로 변화시켰습니다.

AI 시대의 가장 놀라운 특징 중 하나는 ChatGPT 또는 Gemini를 사용하면 할 수록 '자기주도 학습(Self-Directed Learning)'이 저절로 발현되고 가속화된다는 점입니다.

AI는 우리가 지식을 얻는 방식 자체를 근본적으로 변화시켰습니다. 과거에는 새로운 지식을 얻기 위해 책을 찾거나, 비싼 강의를 듣거나, 어렵게 검색이나 전문가에게 질문해야 했습니다. 하지만 이제는 ChaGPT나 Gemini 같은 AI에게 궁금한 것을 즉시 물어보고, 필요한 답변과 설명을 즉각적으로 얻을 수 있게 되었습니다.

● **자기주도 학습, 어떻게 발현되는가?**
AI가 자기주도 학습을 촉진하는 방식은 크게 두 가지 관점에서 설명할 수 있습니다. 마치 곁에 항상 최고의 개인 교사를 두는 것과 같습니다.

❶ **의도를 가지고 질문하며 학습하기 (목표 지향적 학습)**
이 관점은 당신이 특정 지식이나 해결책을 얻기 위해 명확한 의도를 가지고 AI에게 질문하고, 그 답변을 바탕으로 학습을 심화하는 방식입니다.

- 궁금증 즉시 해결 → 학습의 '흐름' 유지: 업무 중 모르는 개념이나 용어, 막히는 부분이 생겼을 때, 과거에는 검색하거나 동료에게 묻기 위해 흐름이 끊기곤 했습니다. 하지만 AI에게는 바로 물어보고 즉시 답을 얻을 수 있습니다. (예: "이 보고서에서 'ROE'가 무슨 뜻이지?", "이 마케팅 전략의 '퍼널 분석'이 뭐야?"). 이렇게 학습의 흐름이 끊기지 않으면, '지금 알고 싶은 것을 지금 배울 수 있는' 환경이 조성되어 학습의 몰입도가 극대화됩니다.

- '나만을 위한' 맞춤형 설명: AI는 사용자의 질문과 수준에 맞춰 가장 이해하기 쉬운 방식으로 정보를 재구성하여 제공합니다. (예: "나는 마케팅 초보인데, 'SEO'를 아주 쉽게 설명해 줘.", "중소기업 대표가 이해할 수 있는 수준으로 재무 분석 보고서를 요약해 줘."). 이는 마치 개인 과외처럼, 내가 원하는 방식으로 정보를 습득하게 하여 학습 효과를 높입니다.

- 지식의 '연결'과 '확장': AI에게 하나의 질문을 던지고 답변을 받은 후, 그 답변을 바탕으로 '꼬리 질문'을 이어갈 수 있습니다. (예: "방금 설명해 준 SEO 개념을 우리 회사 제품에 적용하려면 어떻게 해야 할까?", "그럼 SEO와 관련된 마케팅 성공 사례 3가지를 알려줘."). 이 과정에서 지식은 꼬리에 꼬리를 물고 연결되며, 단순히 파편적인 지식이 아니라 깊이 있고 통합적인 지식 체계로 확장됩니다.

❷ 질문하고 답하는 과정 자체에서 자연스럽게 학습하기 (경험 지향적 학습)

이 관점은 AI를 업무에 활용하는 '과정 그 자체'가 학습으로 이어지는 방식입니다. 특별한 학습 의도 없이 AI에게 업무를 지시하고 결과를 받는 행위 속에서 자연스럽게 새로운 지식과 통찰을 얻게 됩니다.

- '무심코 던진 질문'이 학습으로: 업무를 처리하기 위해 AI에게 "이 보고서 초안 작성해 줘."라고 요청했을 때, AI가 제시하는 특정 용어나 데이터 구성 방식을 보며 '아, 이런 방식으로도 보고서를 구성할 수 있구나' 하고 새로운 지식을 자연스럽게 습득하게 됩니다. 이는 예상치 못한 학습의 기회를 제공합니다.

- AI의 '실수'를 통한 학습: AI가 때때로 잘못된 정보(환각)를 주거나 부족한 답변을 할 때, 우리는 이를 검토하고 수정하는 과정에서 비판적 사고력을 키우고, 해당 분야의 지식을 더 깊이 파고들게 됩니다. (예: "이 정보는 틀렸네? 그럼 어디서 정확한 정보를 찾아야 하지?"). AI의 한계를 인지하며 스스로 학습 범위를 확장하게 됩니다.

- 최적의 소통 방식 체득: AI에게 원하는 답변을 얻기 위해 프롬프트를 다듬고, '꼬리 질문'을 이어가는 과정 자체가 AI와의 효과적인 소통 방식을 체득하게 합니다. 이는 AI 활용 능력을 넘어, 논리적 사고와 문제 해결 능력을 향상시키는데 기여합니다.

- 집단 지식의 공유: 팀원들이 AI와 상호작용한 결과를 공유하는 과정에서(예: AI 활용 우수 사례 공유), 다른 사람의 AI 활용 노하우와 그로 인한 학습 경험을 간접적으로 습득하게 됩니다.

● **자기주도 학습의 폭발적 효과: 직장인 자기개발의 핵심**
이러한 방식으로 발현되는 자기주도 학습은 직장인 개인과 기업 전체에 비약적인 발전을 가져옵니다.

▶ 개인 역량의 비약적 발전
- 직장인들은 AI를 통해 원하는 때에, 필요한 정보를, 원하는 방식으로 얻을 수 있게 되면서 학습에 대한 자발적인 의지가 강력하게 촉진됩니다. 특정 분야의 전문 지식을 빠르게 습득하고, 문제 해결 능력을 향상시키며, 새로운 기술을 능숙하게 다루는 MASTER 인재로의 성장이 가속화됩니다.
- 이는 단순히 'AI 사용법'을 익히는 것을 넘어, AI를 통해 스스로를 끊임없이 업그레이드하고 시대 변화에 유연하게 대응하는 능력을 키우는 가장 강력한 자기개발 방법입니다.
- AI는 더 이상 자기개발의 '수단'이 아니라, 자기개발의 '과정'이자 '파트너'가 됩니다.

▶ 회사의 역량 발전으로 연결
- 결국, 직장인 개개인의 이러한 자기주도 학습과 역량 발전은 곧 회사의 역량 발전으로 직결됩니다.
- 한 명의 직원이 AI를 통해 새로운 아이디어를 얻고, 복잡한 업무 방식을 효율적으로 습득하며, 더 나은 성과를 창출한다면, 이는 곧 조직 전체의 생산성 향상과 혁신으로 이어집니다.
- 개개인의 MASTER 역량이 자발적인 학습을 통해 모이고 성장할 때, AI 시대에 압도적인 경쟁력을 가진 '지식 기반 기업'으로 성장하는 것이 가능해집니다. AI가 모든 직원의 잠재력을 깨우고, 회사 전체의 지식 자산을 끊임없이 확장시키는 엔진이 되는 것입니다.

"AI 활용, 강제가 아닌 '체감'과 '성장'으로 완성하라"

AI 활용을 조직의 습관이자 체계로 만드는 것은 단순히 강제적인 지시만으로는 불가능합니다. 핵심은 직원들이 AI가 가져오는 효율성과 효과를 직접 체감하게 하는데 있습니다.

우리는 AI 시대의 새로운 4단계 인지-행동 과정을 이해해야 합니다. AI는 이제 생각과 행동 사이에 '질문'과 '프롬프트'를 추가하며 우리의 업무 방식을 혁신합니다. 이 새로운 흐름을 통해 AI는 단순 반복 업무를 대신하고, 인간은 더 고차원적이고 창의적인 일에 집중할 수 있게 됩니다.

이러한 변화 속에서 직원들은 AI를 통해 자기주도 학습의 즐거움과 성장의 기회를 발견하게 됩니다. AI는 궁금증을 즉시 해결해주고, 필요한 정보를 빠르게 제공하며, 새로운 역량을 스스로 키울 수 있도록 돕는 최고의 코치입니다.

결론적으로, AI 활용의 진정한 성공 전략 - 습관화와 체계화는 강제가 아닌 자발적인 참여와 몰입에 있습니다. 직원들이 AI를 통해 자신의 업무가 얼마나 효율적이고 즐거워지는지, 그리고 개인의 역량이 어떻게 성장하는지 직접 경험하게 될 때, AI는 비로소 조직의 DNA에 깊이 새겨질 것입니다.

4.2.3.3. 3단계 습관화 체계화 실천 방안

✓ 실천 방법 1: 부서별 '맞춤형 명령어 템플릿' 만들기 (AI 활용의 표준화)
AI 활용의 효율성을 극대화하려면, 각 부서의 특성과 업무에 맞춰 자주 사용하는 AI 명령어(프롬프트) 템플릿을 만들고 이를 적극적으로 공유해야 합니다.

● 템플릿 제작
- 예를 들어, 마케팅 부서는 '제품 소개 문구 작성 템플릿', 인사 부서는 '채용 공고 초안 템플릿', 영업 부서는 '고객 맞춤형 제안서 개요 템플릿' 등을 만들 수 있습니다.
- 이 템플릿에는 단순히 질문만 담는 것이 아니라, 업무의 목적, 필요한 정보, 원하는 결과물의 형식과 톤앤매너 등 AI가 최적의 답변을 생성하는데 필요한 구체적인 지시 사항들을 포함시킵니다.
- 예를 들어, "최신 트렌드와 20대 여성 고객의 감성을 자극하는 문구로 300자 이내의 SNS 게시물 초안을 작성해줘"와 같이 명확하게 요청하는 것이죠. 이러한 템플릿은 AI 활용의 베스트 사례를 조직 내에 빠르게 확산시키는 역할을 합니다.

● 활용 가이드라인
- 각 템플릿에 대한 간단한 활용 가이드라인을 제공하여 부서원들이 쉽게 접근하고 응용할 수 있도록 돕습니다.
- 템플릿 사용법뿐만 아니라, 특정 상황에서 어떻게 변형하여 사용할 수 있는지에 대한 예시를 포함하면 더욱 좋습니다.

● 정기적인 업데이트
- 업무 환경과 AI 기술의 발전에 맞춰 템플릿을 주기적으로 업데이트하고, 직원들의 피드백을 반영하여 실용성을 높입니다.
- 베스트 프롬프트 경진대회를 열어 직원들의 참여를 유도하고, 실제 업무에서 가장 효과적이었던 템플릿을 발굴하여 공유하는 것도 좋은 방법입니다.

● 기대 효과
- 이는 AI 활용의 진입 장벽을 낮춰 누구나 쉽게 AI를 업무에 적용할 수 있도록 돕습니다. 더불어 템플릿 사용을 통해 업무 결과물의 품질과 일관성을 유지할 수 있으며, AI 활용에 대한 조직 전체의 학습 속도를 가속화할 수 있습니다.

✔ 실천 방법 2: 업무 프로세스에 'AI 초안 → 사람 검토, 수정 → 실행' 흐름 정착

AI를 단순한 도구로 여기는 것을 넘어, 업무의 필수적인 한 단계로 통합시키는 것이 중요합니다. 이는 AI를 우리 조직의 업무 흐름에 자연스럽게 녹여내, 'AI와의 협업'을 마치 숨 쉬는 것처럼 자연스러운 업무 루틴으로 만드는 것을 의미합니다.- AI 협업의 일상화

● 명시적 포함 - AI 활용의 표준화
- AI 활용을 개인의 선택이 아닌, 조직의 표준 업무 방식으로 격상시켜야 합니다. 예를 들어, '모든 보고서는 AI가 초안 작성 후 담당 담당자 검토 및 수정', '모든 공지문은 AI 초안 작성 후 책임자 승인', '고객 문의 이메일의 1차 답변은 AI 생성 후 상담원 최종 확인'과 같은 내부 규정을 명확히 마련하는 것이 좋습니다.
- 이러한 규정은 AI 활용에 대한 혼란을 줄이고, 모든 직원이 AI를 업무의 필수 과정으로 인식하도록 돕습니다.

● 역할 분담의 명확화 - 인간과 AI의 최적 시너지
- AI는 방대한 정보 처리, 복잡한 데이터 분석, 그리고 반복적인 초안 생성에 압도적인 강점을 가지고 있습니다. 반면, 인간은 AI가 흉내 낼 수 없는 비판적 사고, 창의적인 판단, 윤리적 검토, 그리고 인간적인 감성(공감, 관계 형성)을 불어넣는 역할에 집중해야 합니다.
- AI가 초안을 만들고, 인간은 그 초안에 생명을 불어넣고 최종적인 가치를 부여하는 역할 분담이 명확해질 때, 가장 강력한 시너지가 발생합니다. 이는 직무 만족도를 높이고, 직원들이 더욱 고부가가치 업무에 집중할 수 있는 기회를 제공하며, 기업의 혁신 역량을 강화합니다.

● 기대 효과 - 업무 효율성과 직원 만족도의 동반 상승
- 이처럼 AI를 업무 흐름의 필수적인 부분으로 정착시키면, 업무 효율성이 자연스럽게, 그리고 폭발적으로 향상됩니다. 직원은 단순 반복 업무에서 해방되어 핵심적이고 창의적인 업무에 더 많은 시간을 할애할 수 있게 됩니다. 이는 곧 업무에 대한 몰입도를 높이고, 업무 만족도 향상으로 이어지고 생산성 증대는 물론, 직원의 역량 강화에도 크게 기여합니다. AI를 활용한 업무 프로세스는 중소기업이 제한된 자원으로도 대기업 못지않은 효율성과 경쟁력을 확보할 수 있는 강력한 무기가 될 것입니다.

✓ 실천 방법 3: 직원들에게 '일일 1 AI 활용 과제' 제안 및 인센티브

AI 활용을 강제하는 방식보다는, 직원들이 자발적으로 AI를 사용하고 싶게 만드는 동기 부여가 중요합니다. 재미있고 유연한 과제나 인센티브를 통해 AI 활용을 장려하세요. 이는 AI를 '해야 하는 일'이 아닌, '하고 싶은 일'로 인식하게 만드는 핵심 전략입니다.

- 유연한 과제 제시
  - "오늘 AI로 가장 효율적으로 처리한 업무를 공유해주세요!"와 같이 AI 활용을 통한 개인적인 성공 경험을 공유하도록 유도하거나, "AI를 활용한 기발한 아이디어를 제출해주세요!"와 같이 AI를 통한 창의적인 사고를 독려하는 과제를 제안할 수 있습니다.
  - 이러한 과제는 AI를 단순히 업무 도구로만 보는 것이 아니라, 자신의 역량을 확장하고 새로운 가치를 창출하는 수단으로 인식하게 돕습니다. 월별 AI 활용 챌린지, 특정 주제 경진대회를 개최하는 것도 좋은 방법입니다.

- 긍정적인 피드백 및 보상
  - 작지만 의미 있는 보상이나 인센티브를 제공하여 직원들의 적극적인 참여를 유도합니다. 예를 들어, 매월 가장 혁신적인 AI 활용 사례를 공유한 직원에게 포상을 제공하는 식입니다.
  - 이는 단순히 경쟁심을 자극하기보다, AI 활용을 통한 성장과 성과를 긍정적으로 인정하는 문화 조성에 기여합니다. AI 활용이 우수한 직원을 'AI 앰버서더'로 임명하여, 다른 직원들에게 노하우를 전수하고 멘토 역할을 수행하도록 하는 것도 효과적입니다.

- 정기적인 활용 현황 공유
  - 부서별 AI 활용 사례 발표회를 개최하거나, 사내 뉴스레터, 사내 메신저 채널을 통해 AI 활용 팁, 성공 사례를 정기적으로 공유하여 직원들이 서로 배우고 자극받을 수 있는 환경을 만듭니다. 성공 사례를 통하여 AI 활용의 모범 사례를 제시하고, 다른 직원들에게 '나도 해볼 수 있겠다'는 자신감을 심어줍니다.

  - 기대 효과: 직원들의 흥미와 참여도를 높여, 강압적인 지시가 아닌, 내재적 동기 부여를 통해 AI 활용이 자연스러운 습관으로 자리 잡게 해 직원들의 AI 리터러시를 향상시키고, 조직 전체의 디지털 전환 역량을 강화하는 선순환 구조를 만듭니다.

▣ 3단계 활용 프롬프트 예시

❶ 부서별 '맞춤형 명령어 템플릿' 만들기 관련 프롬프트
이 프롬프트들은 AI에게 직접 템플릿 제작을 요청하거나, 특정 업무의 표준 프롬프트 구성을 제안받을 때 유용합니다.

[템플릿 제작 요청]

- "저희 마케팅팀은 매주 신제품 SNS 홍보 게시물을 3개씩 작성합니다. 각 게시물에는 제품 특징, 주요 타겟층, 그리고 구매 유도 문구가 포함되어야 합니다. 마케터들이 매번 효율적으로 사용할 수 있도록, 이 SNS 게시물 작성을 위한 AI 프롬프트 템플릿 5가지 버전을 만들어주세요. 각 템플릿은 질문의 구성 요소를 명확히 제시해야 합니다."

- "영업팀에서 고객에게 발송할 제안서 초안 작성을 AI에게 맡기려고 합니다. 제안서 초안 작성을 위한 AI 프롬프트 템플릿의 필수 구성 요소를 알려주세요. (예: 고객사 정보, 제안 목적, 우리 제품/서비스의 핵심 가치, 예상 효과 등)"

- "우리 회사의 주간 업무 보고서 요약을 위한 AI 프롬프트 템플릿을 만들어주세요. 보고서의 목적, 포함되어야 할 핵심 내용(예: 주요 성과, 이슈 사항, 다음 주 계획), 그리고 원하는 요약 길이(예: 5줄)를 반영해야 합니다."

[베스트 프롬프트 공유용 예시]

- "지난주 제가 AI를 활용해 [특정 업무]를 처리했습니다. 당시 사용했던 가장 효과적인 AI 프롬프트는 '[실제 사용한 프롬프트]'입니다. 이 프롬프트가 좋았던 이유와 얻은 성과는 무엇인지 설명해 주세요."

- "우리 부서가 자주 사용하는 템플릿 '[템플릿 이름]'을 더 개선하기 위한 아이디어를 3가지 제안해 주세요. 예를 들어, 어떤 요소를 추가하거나 삭제하면 더 좋은 결과가 나올까요?"

❷ 업무 프로세스에 "AI 초안 → 사람 검토/수정 → 실행" 흐름 정착 관련 프롬프트
이 프롬프트들은 AI에게 명확한 역할을 부여하고, AI가 생성한 결과물을 바탕으로 인간이 어떻게 개입할지를 염두에 둔 것입니다.

[보고서/문서 초안 생성 요청]

- "다음 데이터([데이터 복사-붙여넣기 또는 요약])를 기반으로 2025년 상반기 시장 동향 분석 보고서의 서론 초안을 300자 이내로 작성해 줘. 주요 키워드는 [키워드]를 포함하고, 분석적인 톤으로 작성해 줘."

- "새로운 사내 복지 제도 도입에 대한 직원 공지문 초안을 작성해 줘. 긍정적이고 명확한 어조로, 시행일자와 주요 변경 사항을 포함해 줘."

- "우리 회사의 [제품명]에 대한 보도자료 초안을 작성해 줘. 핵심 내용은 [핵심 내용 요약]이고, 발표일은 [날짜]이며, 기업의 혁신성을 강조해 줘."

[AI 결과 검토 및 수정 지시]

- "위에서 네가 작성한 [보고서 초안]에 [특정 데이터/팩트]를 추가하여 내용을 보강해 줘. 추가된 내용이 기존 흐름과 자연스럽게 연결되도록."

- "이 [공지문 초안]의 문체가 너무 딱딱한 것 같아. 직원들이 더 친근하게 느낄 수 있도록 어조를 부드럽게 바꿔주고, 마지막에 질문을 유도하는 문장을 추가해 줘."

- "내가 작성한 [초안 텍스트 복사-붙여넣기]를 전문가들이 읽어도 어색하지 않도록 전문성을 높이는 방향으로 수정해 줘. 필요하다면 전문 용어도 적절히 사용해 줘."

❸ **직원들에게 '일일 1AI 활용 과제' 제안 및 인센티브 관련 프롬프트**
이 프롬프트는 직원들이 일상적으로 AI를 활용하도록 독려하고, 그 경험을 공유하며 배우는 과정을 지원합니다.

[일일 활용 장려 및 아이디어 발상]

- "오늘 업무 중 AI를 활용하면 효율성이 높아질 만한 업무 아이디어 3가지를 제안해 줘." (직원들이 AI와 브레인스토밍하도록 유도)

- "최근 [관심 분야]와 관련하여 내가 배워야 할 핵심 개념 3가지를 알려주고, 각 개념을 AI를 활용해 학습할 수 있는 방법을 제시해 줘." (자기주도 학습 유도)

- "이번 주 우리 팀의 목표 [목표]를 달성하는 데 AI가 어떤 도움을 줄 수 있을지 구체적인 아이디어 2가지를 제안해 줘."

[활용 사례 공유 및 피드백 요청]

- "내가 어제 AI를 활용해 [구체적인 업무]를 처리했는데, 어떤 프롬프트를 사용했고 어떤 결과가 나왔는지 설명해 줘. 이 경험을 통해 무엇을 배웠는지도 포함해 줘." (성공 사례 공유 유도)

- "AI를 활용하여 업무를 처리하는 과정에서 겪었던 어려움이나 AI의 한계점은 무엇이 었는지 솔직하게 이야기해 줘." (솔직한 피드백 수집)

- "AI가 더 효과적으로 업무를 도울 수 있도록, 개선이 필요하다고 생각하는 점이나 새로운 기능 아이디어를 제안해 줘." (지속적인 개선 제안 유도)

이러한 프롬프트 예시들은 AI를 단순한 검색 도구가 아닌, 생산성을 높이고 문제를 해결하며 새로운 가치를 창출하는 핵심 파트너로 활용하는데 도움이 될 것입니다. 중요한 것은 꾸준히 시도하고, AI와의 상호작용을 통해 질문의 기술을 향상시키는 것입니다.

4.2.4. 4단계: 확산 Transform - AI를 통한 조직 전체의 혁신 확산

"기업 DNA 변화"

1단계 'Foster'에서 AI 도입의 씨앗을 뿌리고, 2단계 'Apply'에서 작은 싹을 틔우며 AI와 직접 만났습니다. 3단계 'Strengthen'을 통해 AI 활용을 개인과 팀의 견고한 루틴으로 만들고, AI를 업무의 필수적인 일부로 체계화 하였습니다. 이제 FAST 시스템의 마지막이자 가장 중요한 단계, 'Transform(확산)'에 도달했습니다.

이 단계는 AI 활용이 단순히 한 개인이나 특정 부서의 영역을 넘어, 조직 전체의 DNA를 근본적으로 변화시키는 과정입니다.

AI는 이제 기업의 모든 업무 흐름과 의사결정 방식의 핵심으로 자리 잡으며, 기업의 성장 방식 자체를 혁신합니다. 마치 건물의 기초를 튼튼히 하고 뼈대를 세운 다음, 비로소 내외부를 아름답고 기능적으로 꾸미는 단계와 같습니다. <u>AI를 통해 기업 전체가 마치 하나의 유기체처럼 움직이며, 시장 변화에 민첩하게 대응하고 새로운 기회를 창출하는 **_'지능형 조직'_**</u>으로 거듭나는 것입니다.

"확산 전략: AI를 기업 문화의 핵심으로"

4단계 'Transform'은 단순히 AI 도구를 더 많이 배포하는 것을 넘어, AI가 기업 문화와 전략의 중심이 되도록 만드는 총체적인 변화 과정입니다. 이는 AI를 기업의 DNA에 각인시키는 작업으로, 과거의 방식을 뛰어넘는 새로운 성장 모델을 구축하는 것입니다.

- ✔ 확산 전략 1 : 전 부서에 'MASTER 역할' 배치 및 책임 부여 (내부 전문가 육성)
- ✔ 확산 전략 2 : 통합 EAP(Enterprise AI Platform) 시스템 구축 구상
- ✔ 확산 전략 3 : AI가 만드는 '지식 기반 통찰'과 리더의 전략적 활용

AI 혁신이 성공적으로 조직 전체에 뿌리내리려면 체계적이고 전략적인 접근이 필수적입니다. 이 단계에서는 조직 내 AI MASTER을 육성하여 내부 확산의 구심점을 만들고, 장기적으로는 기업의 모든 업무가 AI를 통해 유기적으로 연결되는 통합 시스템을 구상해야 합니다. 이를 통해 기업의 모든 활동을 최적화하고, 시장 변화에 대한 민첩한 대응력을 극대화하여 지속 가능한 성장을 가능하게 할 것입니다.

✔ 확산 전략 1: 전 부서에 'MASTER 역할' 배치 및 책임 부여 (내부 전문가 육성)

AI 활용 확산을 위해서는 각 부서 내에 AI에 대한 깊은 이해와 실제 활용 역량을 갖춘 'MASTER 인재'를 육성하고 공식적인 역할을 부여하는 것이 가장 효과적입니다. 이들은 단순히 AI 도구를 잘 다루는 사람을 넘어, 해당 부서의 업무와 AI 기술을 융합하여 새로운 가치를 창출하고, 다른 직원들의 AI 활용을 적극적으로 지원하는 내부 AI 전문가이자 촉진자가 됩니다.

- 역할 정의

각 부서의 'AI 브레인' 또는 'AI 분석관'과 같은 공식적인 역할을 부여합니다. 이들은 'MASTER 인재'가 갖춰야 할 10가지 핵심 역량(메타인지 판단력, 분석력, 통찰력, 융합력, 전략적 기획력, 창의력, 혁신력, 목표 집중 실행력, 공감력, 관계력)을 바탕으로 부서 내에서 다음과 같은 구체적인 업무를 수행합니다.

- AI 활용 노하우 공유

최신 AI 활용 팁, 효과적인 프롬프트, 성공적인 AI 적용 사례 등을 부서원들에게 전파하고 교육합니다.

- 부서원 AI 활용 독려 및 지원

AI 활용에 어려움을 겪는 부서원을 직접 돕고, 맞춤형 가이드를 제공하여 AI 도입의 문턱을 낮춥니다.

- 새로운 AI 솔루션 및 활용법 제안

부서 업무에 최적화된 새로운 AI 도구나 기존 AI의 혁신적인 활용법을 탐색하고 도입을 제안합니다. 예로, 마케팅 부서의 MASTER는 최신 AI 마케팅 트렌드를 공유하며 데이터 기반의 캠페인 전략을 제안하고, 영업 부서의 MASTER는 AI 기반 고객 관리 시스템 활용법을 교육하여 잠재 고객 발굴 효율을 높이는 식이죠.

이들은 단순히 AI 도구를 잘 쓰는 것을 넘어, 메타인지 기반 판단 전문가, 다차원 분석 전문가, 가치 창출 전문가, 창의적 인사이터, 실행 및 성과 관리 전문가, 소통 및 협력 전문가와 같은 MASTER의 6가지 전문가 유형으로 발전해 나갈 것입니다.

- 기대 효과

이는 AI 도입을 위한 내부 동력을 강력하게 창출하고, AI 활용에 대한 질문과 고민을 해결해주는 접근성 높은 현장 지원 체계를 마련합니다. 부서 내에서 자연스럽게 AI 지식과 경험이 확산되며, 조직 전체의 AI 리터러시 수준을 높이고, AI 활용이 기업 문화의 핵심 가치로 자리 잡는데 결정적인 역할을 합니다.

나아가, 각 부서의 MASTER 인재는 AI 시대에 기업이 마주할 새로운 기회와 위협을 가장 먼저 감지하고 대응하는 '조직의 레이더와 공격수' 역할을 수행하게 됩니다.

✔ 확산 전략 2: 통합 EAP(Enterprise AI Platform) 시스템 구축 구상

장기적인 관점에서는 기업 전체의 업무 흐름을 AI 중심으로 설계하는 통합 AI 플랫폼(EAP: Enterprise AI Platform) 구축을 구상해야 합니다. (AI 기반 업무 생태계 조성)

● EAP ?
기업의 모든 업무 프로세스와 데이터를 AI 기술로 통합하고 자동화하여, 조직 전체의 효율성과 의사결정 능력을 극대화하는 지능형 시스템을 의미합니다.

EAP는 초기 단계에서 사용하던 개별 AI 도구들을 한데 모아 유기적으로 연결하고 자동화하여, 업무의 전 과정에서 AI가 마치 살아있는 신경망처럼 작동하도록 만드는 것입니다. 이러한 통합은 별도의 복잡한 솔루션 도입 없이 ChatGPT나 Gemini와 같은 범용 AI 모델을 통해서도 충분히 가능합니다.

중소기업 중 상당수는 아직 복잡한 CRM, ERP나 그룹웨어 시스템을 사용하지 않을 수 있기 때문에, 기존 시스템 연동에 대한 부담 없이도 AI를 통한 통합적 업무 관리가 가능합니다.

AI는 기업 내부에 흩어진 모든 데이터를 통합적으로 분석하여, 부서 간의 경계를 넘어선 심층적인 인사이트를 도출하고 의사결정의 정확성을 높입니다. 이는 마치 'IMC(통합 마케팅 커뮤니케이션)'가 모든 마케팅 활동을 하나의 목소리로 통합하여 시너지를 내는 것처럼, EAP는 기업 내 모든 데이터와 업무 흐름을 AI 중심으로 통합합니다.

이처럼 ChatGPT와 Gemini를 통해 업무 자동화, 데이터 분석, 아이디어 도출 등 다양한 기능을 유기적으로 연결하여 활용함으로써, 중소기업도 강력한 AI 기반 업무 생태계를 구축할 수 있습니다.

궁극적으로 EAP는 기업의 모든 자원과 프로세스가 AI를 통해 최적화되어, 생산성과 경쟁력을 한 차원 끌어올리는 강력한 동력이 될 것입니다. 이는 복잡한 시스템 없이도 중소기업이 AI를 통해 시장 변화에 민첩하게 대응하고, 데이터 기반의 빠르고 정확한 의사결정을 내릴 수 있는 기반을 마련해 줍니다.

EAP의 구체적인 방법론과 단계별 전략은 6장에서 더욱 자세히 알려 드리겠습니다.

✔ **확산 전략 3: AI가 만드는 '지식 기반 통찰'과 리더의 전략적 활용**

대표님은 AI 도입의 최고 의사결정권자이자, 변화의 가장 강력한 리더입니다. AI 혁신이 조직 전체에 성공적으로 확산되려면, 사장님이 AI 활용의 가시적인 효과를 직접 확인하고, 이를 바탕으로 전략적인 방향을 제시할 수 있어야 합니다.

이 과정에서 새로운 관리 시스템 구축이 또 다른 업무 부담이 될까 하는 우려가 생길 수 있습니다. 하지만 우리는 AI의 힘을 활용하여, 별도의 시스템 없이도 지식경영 차원에서 AI 활용의 핵심 통찰을 얻는 방식을 제안합니다.

이는 사장님의 복잡한 보고 업무를 줄이고, 핵심 정보를 한눈에 파악하여 효율적인 의사결정을 돕는 가장 'AI스러운' 방법입니다.

   AI 활용 현황 파악은 단순한 데이터 나열이 아닌, 조직 내에서 AI를 통해 생성되고 공유되는 '지식'을 관리하고 활용하는 일입니다.

- **AI 기반 지식 통찰 생성**

   AI가 만드는 '핵심 요약 보고서': 이제 AI는 우리가 입력한 데이터만을 처리하는 도구를 넘어, 우리 조직이 AI를 어떻게 활용하는지, 어떤 성과를 내는지에 대한 '지식'을 스스로 축적하고 요약하는 주체가 될 수 있습니다. AI 활용의 핵심을 파악하기 위해 복잡한 대시보드를 만들 필요 없이, AI에게 직접 '핵심 통찰 보고서' 생성을 요청할 수 있습니다.

  - 예를 들어, 주간/월간 단위로 각 부서에서 공유된 AI 활용 성공 사례(텍스트 형태), AI를 통해 작성된 문서의 양, AI로 절감된 시간 추정치 등을 AI에게 제공합니다.

  - AI는 이 데이터와 내용을 분석하여 "우리 회사 AI 활용의 주간/월간 하이라이트", "가장 효율이 높았던 AI 활용 사례 3가지", "AI로 해결된 주요 비효율 업무", "다음 단계에서 AI 역량 강화가 필요한 영역" 등을 간결한 보고서 형태로 자동 생성해 줄 수 있습니다.-

- 이는 사장님이 AI에게 "우리 회사의 AI 활용 현황을 지식경영 관점에서 요약해줘"라고 질문하는 것만으로 핵심적인 통찰을 얻는 방식입니다. 이 보고서들은 AI가 스스로 데이터를 취합하고 지식을 분류하여 요약하기 때문에, 별도의 관리 부담 없이 AI의 가치를 직관적으로 파악할 수 있습니다.

- **기반 전략적 의사결정 : AI가 제시하는 미래 방향**

AI가 생성한 이러한 지식 기반 보고서는 단순히 현황을 보여주는 것을 넘어, 대표님의 전략적 의사결정을 강력하게 지원합니다. AI 도입의 가시적인 성공 사례와 그로 인해 얻은 지식을 바탕으로, 향후 어떤 부서나 업무에 AI 역량을 더 집중해야 할지, 어떤 종류의 AI 학습과 교육을 강화해야 할지 등 구체적인 방향성을 제시하는 전략적인 통찰을 제공합니다.

대표님은 AI에게 직접 "우리 회사의 AI 활용 지식 보고서를 바탕으로, 다음 분기에 AI 활용을 더 늘리기 위한 혁신적인 아이디어 3가지와 필요한 조치들을 제안해 줘"와 같이 질문하여 즉각적인 답변과 아이디어를 얻을 수 있습니다.

이는 직관에 의존하는 것이 아닌, 조직 내에 축적된 AI 활용 지식을 바탕으로 하는 합리적인 AI 로드맵 수립을 가능하게 합니다.

- **기대 효과: AI가 만드는 조직의 지식 자산**

이러한 접근 방식은 AI가 기업의 핵심 자산으로 자리 잡았음을 보여주는 가장 명확한 증거입니다.

이는 조직 구성원들에게 AI 활용의 중요성을 다시 한번 각인시키고, AI 혁신에 대한 강한 추진력을 부여합니다. 모든 직원이 자신들의 AI 활용 노력이 최종적으로 회사 전체의 '지식 자산'으로 축적되고 성과에 기여하는지 시각적으로 확인할 수 있어, 개인의 기여도를 인지하고 동기 부여를 강화하는 효과도 있습니다.

궁극적으로 AI를 통해 경영진의 통찰력을 높이고, 기업의 AI 역량을 지속적으로 발전시켜, 변화하는 시장 환경 속에서 민첩하게 대응하며 선도적인 위치를 유지할 수 있는 강력한 지식 관리 및 전략 도구가 될 것입니다.

"성과 기반 피드백 회의 도입 (AI 활용 역량 강화)"

AI 활용에 대한 정기적인 피드백 회의는 단순히 AI 도입을 평가하는 자리를 넘어, 성공 사례를 공유하고, 개선점을 논의하며, 조직 전체의 AI 역량을 지속적으로 강화합니다.

❶ AI 활용 우수 사례 발표 (월간 Best 활용자 선정 및 포상)
- 매월 AI를 가장 혁신적으로 활용하여 탁월한 성과를 낸 개인이나 팀을 선정하여, 전사적인 회의나 사내 공지를 통해 그들의 사례를 발표하고 포상합니다.

- 목적: 이는 AI 활용에 대한 긍정적인 동기 부여를 높이고, 다른 직원들에게 실질적인 활용 모델을 제시하며, AI 활용 문화를 확산시키는 강력한 촉매제 역할을 합니다. '나도 저렇게 해봐야겠다'는 자극과 함께 선의의 경쟁을 유도할 수 있습니다.

❷ AI 명령어 개선 제안 받기
- 직원들로부터 AI 명령어(프롬프트) 개선 아이디어나 새로운 AI 활용 시나리오를 적극적으로 제안받고, 이를 실제 업무에 적용하여 효과를 검증합니다.

- 목적: 이는 AI 활용에 대한 직원들의 주도적인 참여를 유도하고, 현장에서의 경험을 바탕으로 AI 활용의 수준을 한 단계 더 높이는데 기여합니다. 프롬프트 개선은 AI의 답변 품질을 직접적으로 향상시키므로, 이는 곧 업무 효율성 증대로 이어집니다.

❸ '직원 교육 → 실전 적용 → 반복'의 선순환: AI-Learning Loop 구축
- AI 교육은 단발성으로 끝나지 않고 AI 기술 환경에 맞춰 지속적인 교육 프로그램을 제공하고, 새로운 AI 기술과 활용법을 익히고, 이를 실제 업무에 적용하며, 그 결과를 바탕으로 다시 학습하는 'AI-Learning Loop(AI 학습 루프)'를 구축해야 합니다.

- 목적: 이 선순환 구조는 AI 기술의 빠른 변화에 발맞춰 조직 구성원들의 역량을 지속적으로 업데이트하고, AI를 통한 학습과 성장을 기업 문화의 핵심 가치로 자리 잡게 만듭니다. 이는 곧 AI 시대에 기업이 끊임없이 혁신하고 발전할 수 있는 강력한 엔진이 될 것입니다.

제 5 장

사람과 AI가 함께 일하는 조직 구조 만들기

5.1. 우리 회사 특별 AI팀 - 하이너지 (HAInerge) 팀
5.1.1. 하이너지 (HAInerge) 팀 개념 정의
5.2. HAInerge 팀, 핵심 조직화 방법
5.3. 대표님의 HAInerge 팀 - AI 7인조
5.3.1. 대표님의 HAInerge 팀 - AI 7인조 구성 방법
5.3.2. AI 7인조의 각 AI 역할별 실전 프롬프트 예시
5.4. 직원과 AI의 역할: '단독'과 '함께'로 만드는 최적의 협업 구조
5.4.1. 'ChatGPT/Gemini' 단독 수행 영역
5.4.2. '인간' 단독 수행 영역
5.4.3. 'ChatGPT/Gemini + HI' 함께 수행 영역
5.5. 우리 팀 AI 파트너는 누구? - 부서별 HAInerge 역할 배치 전략
5.5.1. AI와 함께하는 '이상적인 조직 설계'
5.5.2. AI가 제시한 '이상'과 '현실' 비교 및 비효율 발견하기
5.5.3. 발견된 비효율에 HAInerge 역할 '최적 매칭' 및 구체화
5.5.4. 'AI 파트너' 역할 명명 및 공유: HAInerge 팀의 얼굴 만들기
5.5.5. 가볍게 시도할 '파일럿 업무' : HAInerge 팀의 첫 번째 미션!
5.6. 부서별 HAInerge 역할 배치: 우리 팀의 AI 파트너는 누구?
5.6.1. AI 배치 예시 조직도: 우리 회사에 HAInergy 팀원 배치하기

Think New! Work New!

제 5 장
사람과 AI가 함께 일하는 조직 구조 만들기

"대표님의 AI 특별팀 - 하이너지 (HAInerge) 팀, 지금 바로 구성하세요"

앞선 4장 'FAST 시스템'을 통해 AI를 우리 기업에 도입하고, 개인과 팀의 업무 루틴으로 정착시키는 구체적인 방법들을 살펴보셨습니다.

AI가 무엇이고 어떻게 활용하는지 알았고, MASTER 인재로 성장해야 한다는 점도 이해하셨죠. 이제 남은 질문은 하나입니다. 이 강력한 AI를 우리 조직의 일부로 어떻게 통합하여, 사람과 AI가 시너지를 내며 지속적으로 성장할 수 있는 견고한 '조직 구조'를 만들 것인가?

현대의 비즈니스 환경에서 사람만으로는 너무 많은 업무와 변화에 대응하기 버겁습니다. 반대로 AI만으로는 복잡한 판단과 전략적 의사결정을 내릴 수 없습니다.

바로 이 지점에서 *'사람 + AI가 함께 일하는 구조'* 의 필요성이 대두됩니다.
이 장에서는 AI를 단순히 도구가 아닌, 하나의 팀원처럼 구성원 옆에 배치하여 인간의 강점과 AI의 강점을 최적화하는 새로운 조직 설계 방안을 소개합니다.

우리는 AI의 역할은 반복적이고 데이터 기반의 정리에 집중시키고, 사람의 역할은 창의적인 판단과 전략적 결정에 집중하는 명확한 분업과 협업 체계를 탐구할 것입니다.

이를 통해 중소기업은 한정된 인력으로도 마치 대기업처럼 강력한 '사람 + AI가 함께 일하는 구조' 인 HAInerge(하이너지) 팀을 보유하게 됩니다.
이 HAInerge(하이너지) 팀은 대표님에게 가장 강력한 조직(파트너)이 될뿐 아니라 모든 부서의 직원들에게도 가장 강력한 팀원(파트너)이 됩니다.

5.1. 우리 회사 특별 AI팀 - 하이너지 (HAInerge) 팀

"하이너지 (HAInerge) 팀은 무엇인가요?"

> ● HAInerge(하이너지) 팀
> - 인간의 지능(Human Intelligence)과
> - 인공지능(Artificial Intelligence)이
> - 융합(-nerge)되어
> - 시너지(Synergy)를 창출함으로써, 기업에 새로운
> - 에너지(Energy)를 부여하는 지능형 통합 협업 모델

HAInerge(하이너지) 팀은 '인간의 지능(Human Intel-ligence)'과 '인공지능(Artificial Intelligence)'이 '융합(-nerge)'하여 시너지(Synergy)를 통하여 기업의 새로운 에너지(Energy)가 창출되는 최고 수준의 지능형 통합 모델입니다.

이 HAInerge(하이너지) 팀을 통해 당신의 기업은 AI 시대의 비즈니스 지형도를 혁신적으로 바꿀 수 있는 민첩하고 효율적인 조직으로 거듭날 것입니다.

이제 대표님 회사의 고유의 HAInerge(하이너지) 팀을 구성하여, AI가 우리 기업의 '새로운 심장'이 되도록 만들 준비를 해봅시다.

여기서 '심장'이라는 표현은 AI의 중요성을 넘어선, 그 궁극적인 역할과 가치를 강조합니다. AI는 단순한 정보 처리 두뇌나 의사결정 브레인을 넘어, 기업 전체에 활력을 불어넣고 생명을 유지하며 끊임없이 성장시키는 생존과 발전의 핵심 동력이 될 것입니다.

과거에는 두뇌가 계획을 세웠다면, 이제 HAInerge(하이너지) 팀은 그 계획을 전신에 순환시키고 실행을 주도하는 '새로운 심장'의 역할을 수행할 것입니다.

여기서 '심장'이라는 표현은 AI의 중요성을 넘어선, 그 궁극적인 역할과 가치를 강조합니다. AI는 단순한 정보 처리 두뇌나 의사결정 브레인을 넘어, 기업 전체에 활력을 불어넣고 생명을 유지하며 끊임없이 성장시키는 생존과 발전의 핵심 동력이 될 것입니다.

5.1.1. 하이너지 (HAInerge) 팀 개념 정의

"HAInerge (하이너지): 개념 정의"

HAInerge는 'HI 인간과 AI 인공지능이 서로의 강점을 융합(Merge)'하여, 시너지를 창출하고, 이 시너지가 조직 전반에 걸친 비즈니스 에너지(Business Energy)로 전환되어 생산성, 창의성, 경쟁력의 지속적인 동력이 되는 지능형 기업 조직 구조 모델.

"HAInerge(하이너지)의 구성 요소별 의미"

- **HI (Human Intelligence)**
  인간 고유의 지능, 창의성, 감성, 직관 등 AI로 대체 불가능한 인간만의 역량을 뜻합니다. 이는 AI 시대에도 인간 중심적 가치를 지키려는 철학을 반영하며, MASTER 인재의 핵심 능력입니다.

- **AI (Artificial Intelligence)**
  인공지능 기술 전반을 대표하며, 데이터 처리, 학습, 예측 등 기술기반의 지능과 역량을 상징합니다. 미래 사회를 주도할 핵심 도구로서, 인간 역량을 '증강'하는 역할을 합니다.

- **-nerge (너지)**
  ▶ **Merge**: 인간(HI)과 인공지능(AI)의 역량을 통합하고 융합하는 행위
    - Human Intelligence (인간 지능) + Artificial Intelligence (인공지능)
    - 인간 고유의 역량(창의성, 감성, 직관)과 AI의 기술 역량(속도, 정밀성, 자동화)이 만나 전략적 통합이 이루어진 단순한 분업이 아닌 본질의 융합
  ▶ **Synergy**: 융합의 결과로, 각 요소를 단순히 더한 것 이상의 효과가 발생
    - 인간과 AI가 서로의 약점을 보완하며 지능의 확장
    - 반복 업무 자동화 + 창의적 시간 확보 → 혁신 역량 증대
    - 판단력과 데이터 기반 분석이 결합 → 고차원적 문제 해결
  ▶ **Energy**: 새로운 추진력과 창조적 에너지.
    - 시너지가 조직 전반의 활동성과 추진력으로 전환됨. 일반적인 Energy가 잠재력, 가능성의 에너지였다면 → 기업 내에서 Business Energy로 구체화됨
    - 업무 생산성 강화, 창의적 의사결정 촉진, 팀 간 협업 활성화, 미래 대응 역량 강화, 지속 가능한 혁신 구조 구축

5.2. HAInerge 팀, 핵심 조직화 방법

"HAInerge 팀, 어떻게 조직화해야 할까요? (핵심 조직화 원칙)"

하이너지 팀을 우리 회사에 도입한다는 것은 단순히 AI 도구를 몇 개 더 사용하는 것을 넘어, 일하는 방식과 조직 문화를 근본적으로 재설계하는 AI 시대에 최적화된 새로운 조직 철학을 정립하는 과정입니다. 어떻게 조직화 해야하는지 방법을 자세히 알아봅니다.

❶ AI를 '팀원'으로 인식하기: 도구를 넘어 파트너로
가장 중요한 것은 AI를 단순히 '기술적인 도구'가 아닌, '능력 있는 팀원'으로 인식하는 패러다임의 전환입니다.
- 이는 AI에게 구체적인 업무 역할을 부여하고, 마치 사람 팀원처럼 AI의 강점과 한계를 이해하며 협업하는 문화를 조성하는 것을 의미합니다. AI는 지치지 않고, 방대한 데이터를 처리하며, 반복 업무를 완벽하게 수행하는, 당신의 가장 든든한 'AI 팀원'입니다. 이 인식이 전제되어야만 진정한 HAInerge 팀 구성이 가능합니다.

[구체적인 실행 방법 예시]
- 'AI 팀원' 이름 지어주기: 각 팀이나 부서에서 자주 사용하는 AI 도구(예: ChatGPT)에 친근한 이름을 부여하여, 마치 새로운 직원을 맞이하듯 심리적 거리를 좁힙니다. (예: 마케팅팀의 '마챗', 영업팀의 '날아라 AI' 등).
- AI 소개 세션 진행: AI가 어떤 일을 할 수 있고, 어떤 한계가 있으며, 기존 팀원들과 어떻게 시너지를 낼 수 있는지 내부 워크숍이나 교육을 통해 명확히 소개합니다.
- AI의 '업무 일지' 공유: AI가 처리한 업무(예: 회의록 요약, 보고서 초안 작성)를 팀 내에서 정기적으로 공유하여, AI의 기여도를 가시화하고 그 존재감을 인정합니다.

[관련 프롬프트 예시]
- "우리 회사의 [특정 부서명, 예: 마케팅팀]에 새로운 AI 팀원을 영입한다고 가정해 보자. 이 AI 팀원의 가장 큰 강점 3가지와 약점 2가지는 무엇이 될까?"
- "새로운 AI 팀원(ChatGPT 또는 Gemini)이 우리 회사의 [특정 업무, 예: 주간 보고서 작성]에 기여할 수 있는 구체적인 방법 5가지를 제시해 줘."
- "기존 팀원들이 AI 팀원과 효과적으로 협력하기 위해 어떤 마음가짐을 가져야 할지, 3가지 핵심 원칙을 제안해 줘."

❷ '인간 중심'의 역할 재정의: MASTER 역량 극대화

HAInerge 팀은 AI가 인간의 일자리를 빼앗는 것이 아니라, 인간이 가진 고유한 강점, 즉 MASTER 인재의 역량(메타인지, 창의성, 공감력 등)을 더욱 빛내기 위한 구조입니다.

- AI에게는 반복적이고 데이터 기반의 업무를 맡기고, 사람은 AI가 할 수 없는 창의적인 발상, 복잡한 판단, 전략적 의사결정, 그리고 인간적인 소통에 집중할 수 있도록 역할과 책임의 경계를 명확히 재정의해야 합니다. 이는 인간이 더욱 가치 있는 일에 몰입하게 하여 업무 만족도를 높이고, 궁극적으로 조직의 혁신 역량을 강화합니다.

[구체적인 실행 방법 예시]

- 'AI에게 맡길 일'과 '인간이 할 일' 명확히 구분하기: 각 직무별로 AI가 처리할 수 있는 단순 반복 업무(예: 데이터 정리, 보고서 초안 생성) 또는 도움을 받을 업무의 전반적 내용과 인간이 반드시 해야 할 고유 업무(예: 고객과의 감성적 소통, 전략적 판단, 창의적 아이디어 발상)를 리스트업합니다.
- MASTER 역량 강화 교육: AI 활용 교육과 병행하여, 문제 해결 능력, 비판적 사고, 창의력, 공감 능력 등 MASTER 인재의 핵심 역량을 강화하는 내부 교육 프로그램을 운영합니다.
- 고부가가치 업무 전환 지원: AI가 자동화한 업무에서 절약된 시간을 활용하여, 직원들이 더욱 전략적이거나 창의적인 고부가가치 업무로 전환할 수 있도록 목표를 설정하고 지원합니다.

[관련 프롬프트 예시]

- "우리 회사의 [특정 직무, 예: 영업 관리자]가 AI와 함께 일할 때, AI가 대체할 수 없는 인간 고유의 역할 3가지(MASTER 역량과 연결)는 무엇일까?"
- "AI가 [특정 업무, 예: 고객 데이터 분석]을 담당할 때, 인간 담당자가 'MASTER 인재'로서 발휘해야 할 '메타인지 판단력'과 '통찰력'은 구체적으로 어떤 방식으로 나타날 수 있을까?"
- "AI에게 [반복적 업무, 예: 월별 데이터 정리]를 맡긴 후, 절약된 시간을 활용하여 인간 팀원들이 집중해야 할 '창의적이고 가치 있는 업무' 아이디어 5가지를 제안해 줘."

❸ '분산형 통합' 접근: 유연성과 민첩성 확보

HAInerge 팀은 특정 부서에 AI 전문가 몇 명을 모아놓는 '중앙 집중형' 방식보다는, 각 부서 및 개인의 업무 흐름 속에 AI를 자연스럽게 통합하는 '분산형' 접근을 지향합니다.

- 이는 중소기업의 유연한 조직 구조와 빠른 의사결정 속도에 더욱 적합합니다. 각 부서의 구성원이 자신의 업무에 AI를 직접 적용하고, AI 활용 노하우를 공유하며, 점진적으로 AI를 활용한 협업 체계를 만들어나가는 것입니다. 마치 인체의 각 기관에 퍼져 있는 신경망처럼, AI가 조직 전체에 스며들어 유기적으로 작동하도록 만드는 것이 핵심입니다.

[구체적인 실행 방법 예시]

- 부서별 'AI 활용 책임자' 지정: 각 부서 내에서 AI 활용을 주도하고 다른 팀원들을 독려하는 'AI 책임자'를 지정합니다. 이들이 AI 활용 노하우를 습득하고 전파하는 허브 역할을 수행합니다.
- 정기적인 'AI 활용 아이디어 워크숍': 각 부서에서 주간 또는 월간 단위로 자신들의 업무에 AI를 어떻게 적용할 수 있을지 아이디어를 공유하고, 실제 적용 방안을 토론하는 작은 워크숍을 진행합니다.
- AI 활용 사례 아카이빙: 사내 공유 폴더나 간단한 위키 시스템에 부서별 AI 활용 성공 사례와 유용한 프롬프트를 아카이빙하여, 다른 부서에서도 참고하고 적용할 수 있도록 합니다.

[관련 프롬프트 예시]

- "우리 [특정 부서명, 예: 생산관리팀]의 업무 프로세스에서 AI를 '신경망'처럼 통합할 수 있는 가장 적절한 지점 3곳을 찾아줘. 각 지점에서 AI가 어떤 역할을 할 수 있을지 구체적인 시나리오를 제시해 줘."
- "각 부서가 자체적으로 AI 활용 노하우를 공유하고 발전시킬 수 있는 '주간 AI 학습 세션' 또는 '월간 AI 팁 공유' 프로그램 아이디어 3가지를 제안해 줘."
- "중앙 집중식 AI 팀을 두는 대신, 각 부서의 AI 활용을 독려하기 위한 '자율적인 AI 활용 우수 사례 공유 플랫폼' 구축 방안을 제안해 줘."

❹ '빠른 실험과 학습' 문화 조성: 끊임없는 진화

HAInerge 팀의 성공은 단 한 번의 완벽한 설계로 이루어지지 않습니다. AI 기술은 빠르게 발전하고, 우리 회사의 업무 환경 또한 끊임없이 변합니다. 따라서 AI 활용에 대한 '빠른 실험과 학습' 문화를 조성하는 것이 중요합니다.

- 작은 시도에서 얻은 성공과 실패 경험을 바탕으로, AI의 역할과 사람과의 협업 방식을 지속적으로 개선하고 최적화해 나가야 합니다. 이는 HAInerge 팀이 살아있는 유기체처럼 끊임없이 진화하며, 변화하는 시대에 항상 앞서나갈 수 있는 원동력이 됩니다.

[구체적인 실행 방법 예시]

- 'AI 실험 주간' 운영: 특정 기간을 정해 전 직원이 AI를 활용한 새로운 업무 방식이나 아이디어를 자유롭게 시도하고 공유하는 'AI 실험 주간'을 운영합니다.
- 'AI 실패 사례' 공유 및 분석: AI 활용에서 발생한 오류나 기대에 미치지 못했던 사례를 단순히 숨기는 것이 아니라, 솔직하게 공유하고 그 원인을 함께 분석하며 학습하는 시간을 가집니다. '왜 실패했지?', 'AI에게 어떻게 더 명확하게 지시했어야 할까?'를 고민하며 집단 지성을 활용합니다.
- 'AI 적용 전후' 비교 측정: 작은 파일럿 업무라도 AI 적용 전후의 시간, 비용, 정확도, 만족도 등을 간단히 측정하여, AI가 가져온 변화를 데이터로 확인하고 지속적인 개선의 근거로 삼습니다.

[관련 프롬프트 예시]

- "우리 회사가 [특정 AI 파일럿 프로젝트, 예: AI 기반 이메일 초안 작성]를 시작할 때, '실패를 두려워하지 않는 실험 문화'를 조성하기 위한 3가지 방법은 무엇일까?"
- "AI 활용 과정에서 발생한 '예상치 못한 결과'나 '오류'를 긍정적인 학습 경험으로 전환하기 위한 'AI 학습 보고서 양식' 초안을 만들어 줘."
- "매월 '최고의 AI 활용 사례'와 '가장 큰 AI 활용 도전 과제'를 공유하는 'AI 런치 세미나'를 기획한다면, 어떤 내용으로 구성해야 직원들의 참여를 높일 수 있을까?"

5.3. 대표님의 HAInerge 팀 - AI 7인조

"왜 '대표님과 함께 일할 AI 7인조 팀'인가?"

앞서 'HAInerge 팀, 어떻게 조직화해야 할까요?' 섹션에서는 AI를 조직에 통합하는 핵심 원칙과 철학을 다루었습니다. AI를 팀원으로 인식하고, 인간 중심의 역할을 재정의하며, 분산형 통합과 빠른 학습 문화를 조성하는 것이 중요하다고 말씀드렸죠. 이는 HAInerge 팀을 구축하기 위한 '큰 그림'이자 '사고의 틀'이었습니다.

이제 그 사고의 틀 안에서, AI가 구체적으로 어떤 역할로 우리 회사에 '실체화'될 수 있는지 보여줄 차례입니다. 이 시점에서 우리는 *대표님과 함께 일할 하이너지 팀 - AI 7인조 팀*'을 가장 먼저 제시합니다. 여기에는 다음과 같은 핵심적인 이유가 있습니다.

① 가장 강력한 시작점: CEO의 업무 부담 해소
- 중소기업에서 대표님은 회사의 '심장'이자 '두뇌'이며, 동시에 가장 많은 업무 부담을 지고 있는 분입니다. CEO, COO, CMO, HRD 뿐만 아니라 영업, 마케팅 등 사실상 여러 의사결정과 실무를 혼자 수행하시죠. 따라서 AI가 대표님의 가장 시급하고 다면적인 업무 부담을 직접적으로 덜어줄 수 있음을 보여주는 것이 AI 도입의 가장 강력하고 가시적인 성공 사례가 됩니다.
- 대표님이 AI의 효용성을 가장 먼저, 그리고 가장 크게 체감할 수 있는 지점이기 때문에, AI 혁신을 조직 전체로 확산시키는데 있어 가장 설득력 있는 모범 사례가 될 수 있습니다.

② 구체적인 역할 모델 제시: AI의 기능적 이해 증진
- 추상적인 'AI 활용' 개념을 넘어, AI가 비서, 멘토, 분석관, 커뮤니케이터 등 실제 업무 맥락에서 어떤 구체적인 기능적 역할을 수행할 수 있는지 명확한 모델을 제시할 필요가 있습니다.
- 'AI 7인조 팀'은 이러한 AI의 다양한 기능과 적용 가능성을 대표님의 일상 업무라는 가장 익숙한 맥락 안에서 이해하기 쉽게 보여줍니다. 이는 직원들이 AI의 잠재력을 더욱 쉽게 상상하고, 자신들의 업무에도 어떻게 적용할지 아이디어를 얻는데 도움을 줍니다.

③ 빠른 체감 및 확산의 발판 마련

- 대표님의 업무는 회사 전체의 다양한 영역과 연결되어 있습니다. 대표님이 AI 7인조 팀과 함께 일하며 업무 효율을 높이고 전략적 의사결정을 내리는 모습을 보여준다면, 이는 자연스럽게 각 부서와 직원들에게 AI 활용의 중요성과 가능성을 효과적으로 전달할 수 있습니다. 즉, 가장 높은 곳에서의 성공적인 AI 적용이 조직 전체로 AI 활용 문화를 빠르게 확산시키는 촉매제 역할을 하는 것입니다.

따라서 'AI 7인조 팀'은 HAInerge 팀의 조직화 원칙이 현실에서 어떻게 구현될 수 있는지를 보여주는 가장 효과적이고 설득력 있는 첫 번째 구체적 모델입니다. 다음 섹션에서는 이 AI 7인조 팀이 어떤 역할들로 구성되는지 자세히 살펴보겠습니다.

5.3.1. 대표님의 HAInerge 팀 - AI 7인조 구성 방법

"대표님과 함께 일할 'AI 7인조 팀' 구성하기"

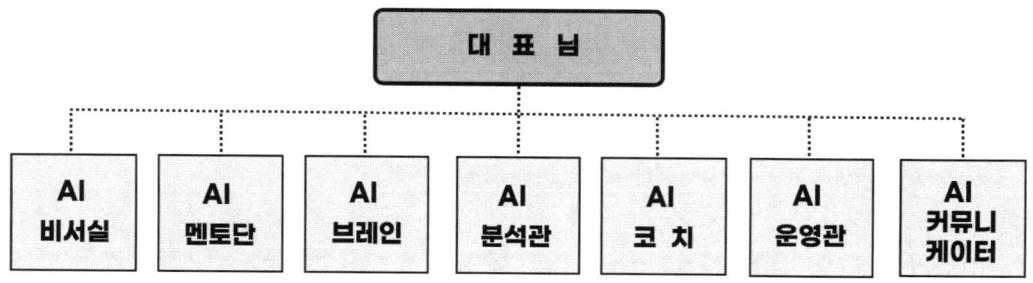

중소기업 대표님은 사실상 회사 내 모든 직무를 총괄하는 슈퍼맨과 같습니다.
CEO(최고경영자)로서 회사의 비전을 제시하고, COO(최고운영책임자)로서 운영을 관리하며, CMO(최고마케팅책임자)로서 마케팅 전략을 짜고, 심지어 HRD(인적자원개발 담당자)로서 직원 교육까지 직접 챙기는 경우가 많습니다. 이처럼 방대하고 복합적인 업무는 대표님의 시간과 에너지를 고갈시키는 주요 원인이 됩니다.

다음 제안해 드리는 AI 7인조 팀은 중소기업 대표님의 다중 역할과 고질적인 업무 부담을 직접적으로 보완하도록 설계된, 매우 필요하고 밀접한 구성입니다.

중소기업 대표님은 대기업의 CEO와 달리, 전략 수립부터 일상적인 운영, 마케팅, 인재 관리까지 모든 분야에 관여해야 하는 경우가 대부분입니다. 이 때문에 시간 부족, 정보 과부하, 인력 한계라는 삼중고에 시달리게 됩니다.

AI 7인조 팀은 바로 이러한 대표님의 '고통점(Pain Point)'을 직접적으로 해결하고, 제한된 자원 속에서 '레버리지(Leverage)'를 극대화하는데 초점을 맞추고 있습니다.

이제 AI가 대표님의 가장 든든하고 능력 있는 '팀원'이 될 수 있습니다.
AI를 단순한 도구로 활용하는 것을 넘어, 마치 실제 사람처럼 특정 업무를 전담하는 'AI 7인조 팀'으로 구성하여 대표님의 업무 부담을 획기적으로 줄이고, 기업의 핵심 역량을 강화할 수 있습니다. 이 AI 팀은 24시간 지치지 않고, 방대한 데이터를 처리하며, 반복 업무를 완벽하게 수행합니다.

대표님의 다중 역할로 인한 부담을 해소할 AI 7인조 팀은 24시간 지치지 않고, 각 부서와 유기적으로 연결되어 업무를 전담, 대표님의 고통점을 해결하고 기업의 효율을 극대화해 핵심 역량을 강화합니다. 이제 AI가 당신의 든든한 파트너입니다.

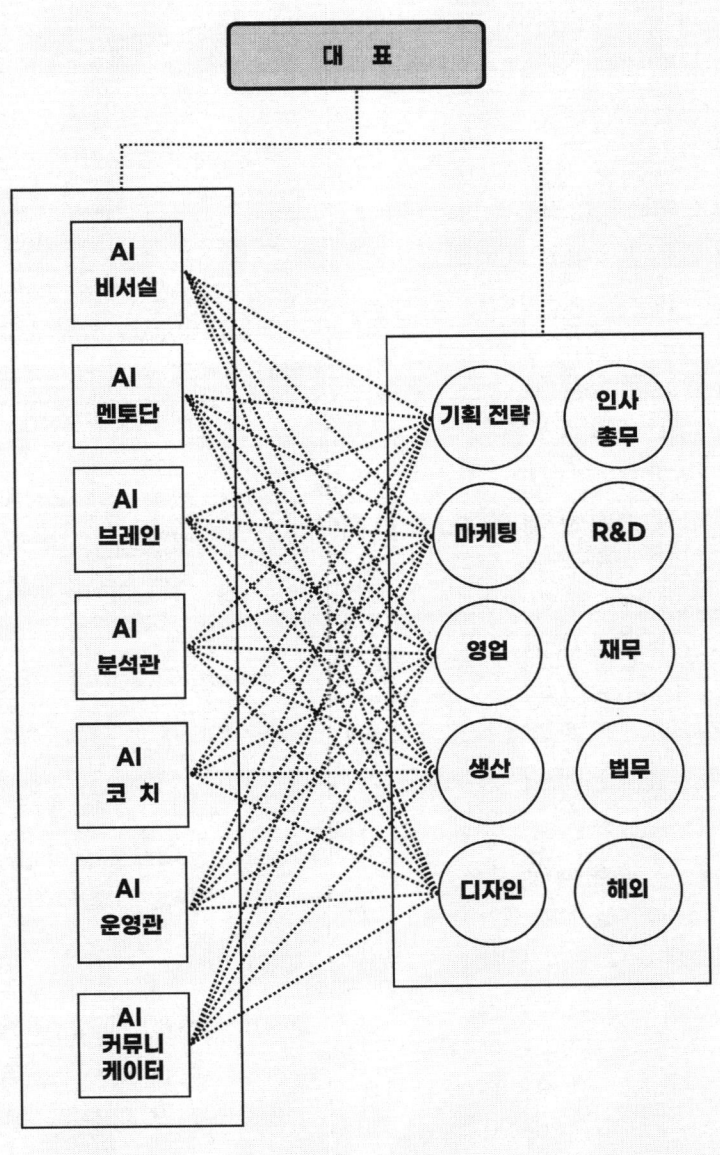

▣ 대표님의 'AI 7인조 팀'

AI 역할	주요 기능 예시	대표님의 업무 부담 직접 경감 효과
1. AI 비서실	일정 관리, 회의록 요약, 이메일 초안 작성, 문서 번역 및 교정, 간편한 정보 검색, 보고서 형식 정리 등	쏟아지는 행정 업무와 잡무로부터 대표님의 시간을 확보하여, 핵심 의사 결정에 집중할 수 있게함
2. AI 멘토단	경영 전략 조언, 실시간 시장 인사이트 제공, 경쟁사 심층 분석, 해외 트렌드 요약, 투자 아이디어 제시, 최신 기술 동향 브리핑 등	외부 컨설턴트 없이도 전문적인 전략적 통찰과 시장 정보를 제공받아, 외로운 의사결정을 보완함
3. AI 브레인	신제품/서비스 아이디어 발상, 마케팅/영업 기획 지원, 브레인스토밍 내용 확장 및 구조화, 복잡한 문제 해결 방안 제안 등	아이디어 고갈을 막고, 창의적인 기획 업무의 초기 단계에서 무한한 영감과 논리적 흐름을 제공함
4. AI 분석관	방대한 재무/영업/생산 데이터 정리 및 패턴 분석, 복잡한 숫자 해석, 시장 데이터 비교 분석, 보고서 내 수치 검토 및 핵심 지표 시각화 등	데이터 분석 전문 인력 없이도, 복잡한 숫자를 빠르고 정확하게 해석하여 데이터 기반 의사결정을 가능하게함
5. AI 코치	직원 교육 콘텐츠 작성 및 맞춤형 학습 자료 제공, 업무 피드백 초안 제공, 성과 관리 가이드라인 제시, 멘탈 관리 콘텐츠 생성 등	HR 담당자 없이도 직원들의 역량 강화를 위한 교육 및 피드백 준비를 지원하여, 인재 육성 부담을 덜어줌.
6. AI 운영관	일일/주간 업무 체크리스트 자동화, 진행 상황 모니터링 및 보고서 정리, 생산 공정 효율성 관리, 재고 현황 및 물류 최적화 요약 등	운영의 사각지대를 최소화하고, 반복적인 현장 관리 업무를 자동화하여 대표님의 운영 부담을 경감함.
7. AI 커뮤니케이터	부서 간 메시지 정리, 고객 응대 문구 및 시나리오 작성, 홍보/공지문 초안 작성, 언론 보도 자료 요약, 투자 유치 자료의 메시지 정제 등	내외부 커뮤니케이션의 일관성과 효율성을 높여, 메시지 전달에 드는 대표님의 시간과 노력을 줄여줌.

5.3.2. AI 7인조의 각 AI 역할별 실전 프롬프트 예시

■ 대표님의 HAInerge 팀 : AI 7인조의 각 AI 역할별 실전 프롬프트 예시

AI 7인조 팀은 ChatGPT나 Gemini에게 대표님의 의도를 얼마나 명확하고 구체적으로 전달하느냐가 중요한 관건 입니다. AI 7인조를 실제로 가동하기 위해서는 각 AI 역할에 맞는 구체적인 '명령(프롬프트)'을 능숙하게 활용하는 것이 중요합니다.

아래 제시된 프롬프트 예시들은 ChatGPT나 Gemini 같은 AI 도구에 바로 적용하여, 각 AI 팀원의 역량을 최대한 끌어낼 수 있도록 돕습니다.

1) AI 비서실 (AI Secretary) 프롬프트 예시

❶ "오늘 오전 10시 회의록(내용 복사-붙여넣기)에서 핵심 의사 결정 사항 3가지와 다음 주까지 담당자가 해야 할 일들을 요약해 줘."

❷ "해외 바이어에게 보내는 감사 이메일 초안을 작성해 줘. 톤은 정중하지만 친근하게, 마지막에 다음 미팅을 제안하는 내용을 포함해 줘."

❸ "이번 주 내 주요 미팅 일정(날짜, 시간, 참석자, 주제 복사-붙여넣기)을 요약하고, 각 미팅 전 내가 준비해야 할 핵심 사항을 정리해 줘."

❹ "제품 설명서(첨부 파일) 내용을 500자 이내의 간결한 회사 소개 자료로 바꿔줘."

❺ "내일 있을 프레젠테이션 자료(복사-붙여넣기)를 검토하고, 오타나 비문이 있다면 수정해 줘."

❻ "해외 시장 조사 보고서(영어, 첨부 파일)에서 [특정 제품] 관련 내용을 500자 이내로 국문 요약해 줘."

❼ "직원들에게 이번 주 금요일 재택근무 시행을 알리는 사내 공지문 초안을 작성해 줘. 주요 지침과 주의사항을 명확히 포함해 줘."

앞서 제시된 프롬프트 예시를 그대로 따라 쓰는 것을 넘어, 그 안에 담긴 '최적화 원리'를 이해하는 것이 중요합니다. 이 원리들을 체득하면, 어떤 상황에서든 단순 질문이 아닌 창의적인 최적의 프롬프트를 작성할 수 있는 능력을 자연스럽게 갖추게 됩니다. 프롬프트 최적화 원리에는 몇 가지 '핵심 요소'들을 포함하고 있습니다. 이 '최적화 핵심 요소'가 어떻게 프롬프트에 적용되어 있는지를 '프롬프트 예시 분석'을 통해 알게 되면 최적의 프롬프트로 최적의 답을 얻게 되실 것입니다. (➡ 부록 참조: 최적화 10단계 템플릿)

■ 1) AI 비서실 (AI Secretary) 프롬프트 예시 분석

- 역할

대표님의 행정 업무와 잡무를 효율적으로 처리하여, 대표님의 시간을 확보하고 핵심 의사결정에 집중할 수 있도록 돕습니다. AI 비서실은 문서 작성, 요약, 일정 관리 등 반복적이고 정형화된 업무를 담당합니다.

- 프롬프트 최적화 원리 적용

AI 비서실 프롬프트는 주로 명확한 지시(요약해 줘, 작성해 줘), 제약 조건/형식(길이, 개수, 포함 내용), 맥락/배경 정보(회의록 내용, 이메일 목적)를 구체적으로 제공하여 AI가 빠르고 정확하게 업무를 처리하도록 유도합니다. 마치 실제 비서에게 "이렇게 해주세요"라고 정확히 요청하는 것과 같습니다.

> ❶ 프롬프트 1: "오늘 오전 10시 회의록(내용 복사-붙여넣기)에서 핵심 의사 결정 사항 3가지와 다음 주까지 담당자가 해야 할 일들을 요약해 줘."

- 명확한 지시: "요약해 줘" - AI에게 '요약'이라는 특정 작업을 명확히 지시합니다.
- 제약 조건/형식: "핵심 의사 결정 사항 3가지", "다음 주까지 담당자가 해야 할 일들" - 요약의 범위와 포함되어야 할 구체적인 내용을 3가지로 제한하여 AI가 핵심에 집중하도록 안내합니다.
- 맥락/배경 정보: "오늘 오전 10시 회의록(내용 복사-붙여넣기)" - AI가 처리해야 할 원본 데이터(회의록 내용)를 직접 제공하여 정확성을 높입니다.
- 목적: 대표님이 회의록 전체를 읽지 않고도 핵심 내용과 할 일을 빠르게 파악하여 후속 조치를 취할 수 있도록 돕는 것이 목적입니다.

❷ 프롬프트 2: "해외 바이어에게 보내는 감사 이메일 초안을 작성해 줘. 톤은 정중하지만 친근하게, 마지막에 다음 미팅을 제안하는 내용을 포함해 줘."

- 명확한 지시: "작성해 줘" - '이메일 초안 작성'이라는 AI의 구체적인 행동을 지시합니다.
- 대상: "해외 바이어" - 이메일을 받는 사람을 명시하여 AI가 적절한 어휘와 표현을 선택하도록 합니다.
- 톤앤매너: "정중하지만 친근하게" - 이메일의 전반적인 분위기와 어조를 구체적으로 지정하여 AI가 감성적인 측면까지 고려하도록 합니다.
- 목적: "감사 이메일", "다음 미팅을 제안하는 내용 포함" - 이메일의 핵심적인 목적과 반드시 포함되어야 할 내용을 제시합니다.

❸ 프롬프트 3: "이번 주 내 주요 미팅 일정(날짜, 시간, 참석자, 주제 복사-붙여넣기)을 요약하고, 각 미팅 전 내가 준비해야 할 핵심 사항을 정리해 줘."

- 명확한 지시: "요약하고", "정리해 줘" - 두 가지의 구체적인 작업을 요청합니다.
- 맥락/배경 정보: "이번 주 내 주요 미팅 일정(날짜, 시간, 참석자, 주제 복사-붙여넣기)" - AI가 처리해야 할 원본 데이터(일정 정보)를 제공합니다.
- 목적: 대표님이 미팅 전에 필요한 준비 사항을 빠짐없이 확인하고 효율적으로 대비할 수 있도록 돕는 것이 목적입니다.

❹ 프롬프트 4: "제품 설명서(첨부 파일) 내용을 500자 이내의 간결한 회사 소개 자료로 바꿔줘."

- 명확한 지시: "바꿔줘" - '내용 전환'이라는 특정 작업을 지시합니다.
- 제약 조건/형식: "500자 이내", "간결한 회사 소개 자료" - 결과물의 길이와 형태, 목적을 명확히 제한합니다.
- 맥락/배경 정보: "제품 설명서(첨부 파일)" - AI가 참조해야 할 원본 문서의 출처와 내용을 제공합니다.

❺ **프롬프트 5: "내일 있을 프레젠테이션 자료(복사-붙여넣기)를 검토하고, 오타나 비문이 있다면 수정해 줘."**

- 명확한 지시: "검토하고", "수정해 줘" - AI에게 '교정 및 편집'이라는 작업을 지시합니다.
- 맥락/배경 정보: "내일 있을 프레젠테이션 자료(복사-붙여넣기)" - AI가 검토해야 할 구체적인 내용을 제공합니다.
- 목적: 발표 전 자료의 완성도를 높여 대표님의 프레젠테이션을 성공적으로 돕는 것이 목적입니다.

❻ **프롬프트 6: "해외 시장 조사 보고서(영어, 첨부 파일)에서 [특정 제품] 관련 내용을 500자 이내로 국문 요약해 줘."**

- 명확한 지시: "요약해 줘" - '요약' 작업을 지시합니다.
- 제약 조건/형식: "500자 이내", "국문 요약" - 결과물의 길이와 언어를 명확히 제한합니다.
- 맥락/배경 정보: "해외 시장 조사 보고서(영어, 첨부 파일)", "[특정 제품]" - AI가 참조해야 할 원본 문서와 요약할 내용을 명확히 제시합니다.
- 목적: 방대한 해외 자료를 대표님이 빠르게 핵심만 파악할 수 있도록 돕는 것이 목적입니다.

❼ **프롬프트 7: "직원들에게 이번 주 금요일 재택근무 시행을 알리는 사내공지문 초안을 작성해 줘. 주요 지침과 주의사항을 명확히 포함하고, 친근한 톤으로 작성해 줘."**

- 명확한 지시: "작성해 줘" - '공지문 초안 작성'을 지시합니다.
- 대상: "직원들" - 공지문을 읽는 대상자를 명시하여 AI가 적절한 어조와 내용을 선택하도록 합니다.
- 맥락/배경 정보: "이번 주 금요일 재택근무 시행" - 공지문의 핵심 내용을 제공합니다.
- 제약 조건/형식: "주요 지침과 주의사항을 명확히 포함" - 공지문에 반드시 포함되어야 할 내용을 명확히 합니다.
- 톤앤매너: "친근한 톤으로" - 공지문의 분위기를 설정하여 AI가 적절한 어조를 사용하도록 합니다.

2) AI 멘토단 (AI Mentor) 프롬프트 예시

❶ "우리 회사의 [주요 제품/서비스]가 진출할 만한 해외 시장 3곳을 추천하고, 각 시장의 잠재력과 진출 전략에 대한 초기 아이디어를 제안해 줘."

❷ "최근 [특정 산업]의 가장 큰 트렌드 5가지를 요약하고, 이 트렌드가 우리 회사(업종/제품)에 미칠 긍정적/부정적 영향을 분석해 줘."

❸ "경쟁사 [경쟁사명]의 최근 6개월간 마케팅 전략과 신제품 출시 동향을 분석해 줘. 이를 바탕으로 우리 회사가 벤치마킹할 점과 차별화할 점을 제시해 줘."

❹ "현재 우리 회사의 [재무 상황 요약, 예: 매출 증가율 둔화]를 개선하기 위한 3가지 전략적 방향을 제시해 줘. 각 방향에 대한 구체적인 실행 방안도 포함해 줘."

❺ "새로운 비즈니스 모델 [아이디어 설명]의 성공 가능성을 5가지 주요 관점(예: 시장성, 경쟁력, 수익성 등)에서 분석해 줘."

❻ "ESG 경영이 우리 회사(업종)에 왜 중요한지 설명하고, 중소기업으로서 실천할 수 있는 현실적인 ESG 경영 전략 3가지를 제안해 줘."

❼ "2025년 IT 산업에서 가장 주목해야 할 기술 3가지를 소개하고, 이 기술들이 우리 회사(업종/제품)에 어떻게 적용될 수 있을지 설명해 줘."

■ 2) AI 멘토단 (AI Mentor) 프롬프트 예시 분석

● 역할

복잡한 경영 환경 분석과 전략 수립에 필요한 깊이 있는 정보와 조언을 제공하여, 대표님의 의사결정을 보완합니다.

● 프롬프트 최적화 원리 적용

AI 멘토단 프롬프트는 주로 구체적인 역할 부여(전문가처럼), 맥락/배경 정보(현재 상황), 목적(전략 수립, 투자 결정), 제약 조건/형식(개수, 비교 분석)을 활용하여 AI가 심도 있는 분석과 조언을 하도록 유도합니다. 마치 신뢰하는 외부 컨설턴트에게 자문을 구하듯, AI에게 명확한 상황과 목표를 제시하는 것이 중요합니다.

> ❶ 프롬프트 1: "우리 회사의 [주요 제품/서비스]가 진출할 만한 해외 시장 3곳을 추천하고, 각 시장의 잠재력과 진출 전략에 대한 초기 아이디어를 제안해 줘. 해외 시장 전문가의 관점에서 분석해 줘."

- 명확한 지시: "추천하고", "제안해 줘" - AI에게 특정 시장을 식별하고 전략 아이디어를 생성하도록 지시합니다.
- 대상: (암묵적으로) 해외 시장 진출을 고려하는 대표님/기업.
- 제약 조건/형식: "해외 시장 3곳", "초기 아이디어" - 답변의 개수와 깊이의 수준을 제한합니다.
- 맥락/배경 정보: "우리 회사의 [주요 제품/서비스]" - AI가 추천하는 시장이 우리 회사 제품과 관련성 있도록 맥락을 제공합니다.
- 구체적인 역할 부여: "해외 시장 전문가의 관점에서 분석해 줘" - AI에게 전문적인 분석가의 역할을 부여하여 답변의 품질을 높입니다.
- 목적: 해외 시장 진출 전략 수립을 위한 초기 탐색 및 아이디어 확보.

❷ 프롬프트 2: "최근 [특정 산업]의 가장 큰 트렌드 5가지를 요약하고, 이 트렌드가 우리 회사(업종/제품)에 미칠 긍정적/부정적 영향을 분석해 줘."

- 명확한 지시: "요약하고", "분석해 줘" - 두 가지 핵심 작업을 명확히 요청합니다.
- 제약 조건/형식: "가장 큰 트렌드 5가지" - 요약할 트렌드의 개수를 제한합니다.
- 맥락/배경 정보: "[특정 산업]", "우리 회사(업종/제품)" - AI가 분석할 산업과 우리 회사의 상황을 구체적으로 제시합니다.
- 목적: 산업 변화에 대한 이해를 높이고, 우리 회사에 미칠 영향을 예측하여 전략 수립에 활용.

❸ 프롬프트 3: "경쟁사 [경쟁사명]의 최근 6개월간 마케팅 전략과 신제품 출시 동향을 분석해 줘. 이를 바탕으로 우리 회사가 벤치마킹할 점 2가지와 차별화할 점 2가지를 제시해 줘."

- 명확한 지시: "분석해 줘", "제시해 줘" - 경쟁사 분석과 우리 회사의 전략 도출이라는 구체적인 작업을 요청합니다.
- 제약 조건/형식: "최근 6개월간", "벤치마킹할 점 2가지", "차별화할 점 2가지" - 분석 기간과 답변의 개수를 명확히 합니다.
- 맥락/배경 정보: "경쟁사 [경쟁사명]" - AI가 분석할 대상을 명확히 합니다.
- 목적: 경쟁 우위 확보를 위한 전략 수립에 필요한 인사이트 도출.

❹ 프롬프트 4: "현재 우리 회사의 [재무 상황 요약, 예: 매출 증가율 둔화]를 개선하기 위한 3가지 전략적 방향을 제시해 줘. 각 방향에 대한 구체적인 실행 방안도 포함해 줘."

- 명확한 지시: "제시해 줘" - 전략적 방향과 실행 방안을 요청합니다.
- 제약 조건/형식: "3가지 전략적 방향", "구체적인 실행 방안 포함" - 답변의 개수와 포함될 내용을 명확히 합니다.
- 맥락/배경 정보: "현재 우리 회사의 [재무 상황 요약]" - AI가 해결해야 할 현재의 문제를 명확히 제시합니다.
- 목적: 재무 상황 개선을 위한 실질적인 전략 아이디어 확보.

❺ **프롬프트 5**: "새로운 비즈니스 모델 [아이디어 설명]의 성공 가능성을 5가지 주요 관점(예: 시장성, 경쟁력, 수익성 등)에서 분석해 줘. 투자자의 관점에서 리스크와 기회를 모두 언급해 줘."

- 명확한 지시: "분석해 줘", "언급해 줘" - 성공 가능성 분석과 리스크/기회 제시를 요청합니다.
- 제약 조건/형식: "5가지 주요 관점", "리스크와 기회 모두 언급" - 분석 기준과 포함 내용을 제한합니다.
- 맥락/배경 정보: "새로운 비즈니스 모델 [아이디어 설명]" - AI가 평가할 대상에 대한 정보를 제공합니다.
- 구체적인 역할 부여: "투자자의 관점에서" - AI가 특정 이해관계자의 시각으로 분석하도록 하여 답변의 깊이를 더합니다.
- 목적: 신규 사업 타당성 검토 및 투자 유치 자료 준비.

❻ **프롬프트 6**: "ESG 경영이 우리 회사(업종)에 왜 중요한지 설명하고, 중소기업으로서 실천할 수 있는 현실적인 ESG 경영 전략 3가지를 제안해 줘. 친환경 기업 컨설턴트처럼 조언해 줘."

- 명확한 지시: "설명하고", "제안해 줘" - ESG 중요성 설명과 전략 제시를 요청합니다.
- 대상: (암묵적으로) ESG 경영을 고려하는 중소기업 대표님.
- 제약 조건/형식: "현실적인 ESG 경영 전략 3가지" - 실용성과 개수를 제한합니다.
- 맥락/배경 정보: "우리 회사(업종)", "중소기업으로서" - 답변이 중소기업 상황에 맞도록 맥락을 제공합니다.
- 구체적인 역할 부여: "친환경 기업 컨설턴트처럼 조언해 줘" - AI에게 특정 전문가의 역할을 부여하여 실용적인 조언을 유도합니다.
- 목적: ESG 경영 도입을 위한 이해 증진 및 구체적인 실행 방안 모색.

❼ **프롬프트 7**: "2025년 IT 산업에서 가장 주목해야 할 기술 3가지를 소개하고, 이 기술들이 우리 회사(업종/제품)에 어떻게 적용될 수 있을지 구체적인 방안을 설명해 줘."

- 명확한 지시: "소개하고", "설명해 줘" - 기술 소개와 적용 방안 제시를 요청합니다.
- 제약 조건/형식: "가장 주목해야 할 기술 3가지", "구체적인 방안" - 개수와 상세 수준을 제한합니다.
- 맥락/배경 정보: "2025년 IT 산업", "우리 회사(업종/제품)" - AI가 분석할 시간과 우리 회사의 상황을 명확히 합니다.
- 목적: 미래 기술 동향 파악 및 신사업 기회 발굴.

3) AI 브레인 (AI Brain) 프롬프트 예시

❶ "우리 회사의 [제품/서비스명]을 홍보하기 위한 혁신적인 마케팅 캠페인 아이디어 5개를 제안해 줘. 특히 [특정 타겟층, 예: MZ세대]의 마음을 사로잡을 수 있는 아이디어 위주로."

❷ "현재 직면한 [특정 문제, 예: 고객 이탈률 증가]에 대한 창의적인 해결책 3가지를 제시해 줘. 비현실적이어도 좋으니 자유롭게 상상해 줘."

❸ "기존 제품 [제품명]을 활용한 새로운 서비스 아이디어 3개를 제안해 줘. 구독 모델이나 플랫폼 형태로 확장할 수 있는 방안이면 좋겠어."

❹ "내일 있을 신사업 아이디어 브레인스토밍 회의를 위한 발제 질문 5가지와 회의 진행 방식 초안을 만들어 줘."

❺ "우리 회사 기업 문화를 혁신하고 직원 만족도를 높일 수 있는 독특한 아이디어 3가지를 제안해 줘. 기존의 틀을 벗어난 발상 환영이야."

❻ "특정 키워드 [키워드, 예: 지속 가능한 소비]를 중심으로 한 블로그 콘텐츠 아이디어 10개를 제시해 줘. 제목과 간단한 내용 요약을 포함해 줘."

❼ "회사의 비전 [비전 내용]을 직원들에게 쉽고 재미있게 전달할 수 있는 사내 캠페인 아이디어 3가지를 제안해 줘. (예: 챌린지, 워크숍, 이벤트 등)"

■ 3) AI 브레인 (AI Brain) 프롬프트 예시 분석

● 역할

창의적인 아이디어 발상과 기획 업무를 지원하여, 대표님의 아이디어 고갈을 막고 기획의 초기 단계를 풍부하게 합니다.

● 프롬프트 최적화 원리 적용

AI 브레인 프롬프트는 주로 명확한 지시(제안해 줘, 만들어 줘), 제약 조건(개수, 타겟), 맥락(제품/서비스 특징, 문제 상황), 톤앤매너(혁신적, 비현실적, 유머러스)를 활용하여 AI가 다양한 아이디어를 생성하도록 유도합니다. 마치 창의적인 동료에게 새로운 시각을 요청하듯, AI에게 자유로운 발상을 주문하는 것이 중요합니다.

❶ 프롬프트 1: "우리 회사의 [제품/서비스명]을 홍보하기 위한 혁신적인 마케팅 캠페인 아이디어 5개를 제안해 줘. 특히 [특정 타겟층, 예: MZ세대]의 마음을 사로잡을 수 있는 아이디어 위주로."

- 명확한 지시: "제안해 줘" - AI에게 마케팅 캠페인 아이디어를 생성하도록 지시합니다.
- 제약 조건/형식: "아이디어 5개" - 생성할 아이디어의 개수를 명확히 합니다.
- 맥락/배경 정보: "우리 회사의 [제품/서비스명]" - AI가 아이디어를 생성할 대상 제품/서비스를 제공합니다.
- 대상: "[특정 타겟층, 예: MZ세대]" - 아이디어가 누구에게 어필해야 하는지 대상을 명시하여 AI가 타겟에 맞는 접근 방식을 고려하도록 합니다.
- 톤앤매너: "혁신적인" - 아이디어의 성격을 지정하여 AI가 보편적인 아이디어를 넘어 새로운 시각을 제시하도록 유도합니다.

❷ **프롬프트 2**: "현재 직면한 [특정 문제, 예: 고객 이탈률 증가]에 대한 창의적인 해결책 3가지를 제시해 줘. 비현실적이어도 좋으니 자유롭게 상상해 줘."

- 명확한 지시: "제시해 줘" - AI에게 문제 해결책을 생성하도록 지시합니다.
- 맥락/배경 정보: "현재 직면한 [특정 문제, 예: 고객 이탈률 증가]" - AI가 해결해야 할 구체적인 문제를 제공합니다.
- 제약 조건/형식: "해결책 3가지" - 생성할 아이디어의 개수를 제한합니다.
- 톤앤매너: "비현실적이어도 좋으니 자유롭게 상상해 줘" - AI의 창의성을 최대한 발휘하도록 독려하여, 틀에 갇히지 않은 다양한 시각의 아이디어를 얻을 수 있게 합니다.
- 목적: 기존 방식으로는 해결하기 어려운 문제에 대한 새로운 접근 방식 모색.

❸ **프롬프트 3**: "기존 제품 [제품명]을 활용한 새로운 서비스 아이디어 3개를 제안해 줘. 구독 모델이나 플랫폼 형태로 확장할 수 있는 방안이면 좋겠어."

- 명확한 지시: "제안해 줘" - AI에게 새로운 서비스 아이디어를 생성하도록 지시합니다.
- 맥락/배경 정보: "기존 제품 [제품명]" - 아이디어의 기반이 될 기존 제품을 명시합니다.
- 제약 조건/형식: "아이디어 3개", "구독 모델이나 플랫폼 형태로 확장할 수 있는 방안" - 아이디어의 개수와 구체적인 형태를 제한하여 원하는 방향의 결과물을 얻습니다.
- 목적: 기존 자산을 활용한 사업 확장 기회 탐색.

❹ **프롬프트 4**: "내일 있을 신사업 아이디어 브레인스토밍 회의를 위한 발제 질문 5가지와 회의 진행 방식 초안을 만들어 줘. 참가자들의 창의력을 최대로 이끌어낼 수 있는 형태로."

- 명확한 지시: "만들어 줘" - AI에게 질문과 진행 방식 초안 생성을 요청합니다.
- 맥락/배경 정보: "내일 있을 신사업 아이디어 브레인스토밍 회의" - 회의의 목적과 성격을 명확히 합니다.
- 제약 조건/형식: "발제 질문 5가지", "회의 진행 방식 초안" - 필요한 결과물의 개수와 형태를 지정합니다.
- 톤앤매너: "참가자들의 창의력을 최대로 이끌어낼 수 있는 형태로" - 회의의 목적에 맞는 분위기와 효과적인 방법을 AI가 고려하도록 합니다.
- 목적: 효과적인 아이디어 회의 준비 지원.

❺ **프롬프트 5**: "우리 회사 기업 문화를 혁신하고 직원 만족도를 높일 수 있는 독특한 아이디어 3가지를 제안해 줘. 기존의 틀을 벗어난 발상 환영이야."

- 명확한 지시: "제안해 줘" - AI에게 아이디어를 생성하도록 지시합니다.
- 맥락/배경 정보: "우리 회사 기업 문화를 혁신하고 직원 만족도를 높일 수 있는" - 아이디어의 목적과 방향을 제시합니다.
- 제약 조건/형식: "아이디어 3가지" - 아이디어의 개수를 제한합니다.
- 톤앤매너: "독특한", "기존의 틀을 벗어난 발상 환영이야" - AI의 창의성을 독려하여 평범하지 않은 아이디어를 얻도록 유도합니다.

❻ **프롬프트 6:** "특정 키워드 [키워드, 예: 지속 가능한 소비]를 중심으로 한 블로그 콘텐츠 아이디어 10개를 제시해 줘. 제목과 간단한 내용 요약을 포함해 줘."

- 명확한 지시: "제시해 줘" - AI에게 콘텐츠 아이디어를 생성하도록 지시합니다.
- 맥락/배경 정보: "특정 키워드 [키워드, 예: 지속 가능한 소비]를 중심으로 한" - 아이디어의 주제를 명확히 제시합니다.
- 제약 조건/형식: "블로그 콘텐츠 아이디어 10개", "제목과 간단한 내용 요약 포함" - 아이디어의 개수와 포함될 내용을 구체적으로 지정합니다.
- 목적: 콘텐츠 마케팅 전략 수립 및 아이디어 확보.

❼ **프롬프트 7:** "회사의 비전 [비전 내용]을 직원들에게 쉽고 재미있게 전달할 수 있는 사내 캠페인 아이디어 3가지를 제안해 줘. (예: 챌린지, 워크숍, 이벤트 등)"

- 명확한 지시: "제안해 줘" - AI에게 캠페인 아이디어를 생성하도록 지시합니다.
- 맥락/배경 정보: "회사의 비전 [비전 내용]" - 캠페인의 핵심 메시지가 될 회사의 비전을 제공합니다.
- 대상: "직원들에게" - 캠페인의 대상이 직원임을 명시합니다.
- 제약 조건/형식: "아이디어 3가지", "(예: 챌린지, 워크숍, 이벤트 등)" - 아이디어의 개수와 원하는 캠페인 형태의 예시를 제공하여 방향성을 제시합니다.
- 톤앤매너: "쉽고 재미있게 전달할 수 있는" - 캠페인의 전달 방식과 분위기를 지정합니다.

4) AI 분석관 (AI Analyst) 프롬프트 예시

❶ "첨부된 엑셀 파일([파일 이름], 고객 구매 기록)에서 가장 높은 매출을 기록한 고객층 3곳과, 그들의 구매 패턴을 분석해 줘."

❷ "지난 6개월간의 재고 데이터([데이터 복사-붙여넣기])를 분석하여, 품절이 자주 발생했거나 재고율이 과도하게 높았던 품목 5개를 찾아주고 원인을 추정해 줘."

❸ "우리 회사 웹사이트 유입 경로 데이터([데이터 복사-붙여넣기])를 분석하고, 가장 효과적인 유입 채널 3가지와 개선이 필요한 채널 2가지를 제시해 줘."

❹ "경쟁사 [경쟁사명]의 재무제표(공개된 정보 기준)를 분석하여, 우리 회사와 비교했을 때 강점과 약점이 무엇인지 주요 지표를 중심으로 설명해 줘."

❺ "지난달 고객 문의 100건(문의 내용 복사-붙여넣기)을 분석하여, 가장 빈번한 문의 유형 3가지와 각 유형별 고객 감성(긍정/부정)을 분석해 줘."

❻ "주간 매출 데이터([데이터 복사-붙여넣기])에서 특이 사항(갑작스러운 증감)이 있다면 찾아주고, 가능한 원인을 2가지씩 추정해 줘."

❼ "우리 회사의 지난 1년간 SNS 댓글 데이터([데이터 복사-붙여넣기])를 분석하여, 고객들이 가장 많이 언급하는 긍정적/부정적 키워드 각각 5가지를 추출해 줘."

■ 4) AI 분석관 (AI Analyst) 프롬프트 예시 분석

- 역할

방대한 재무/영업/생산 데이터를 빠르고 정확하게 분석하고 통찰을 제공하여, 대표님이 데이터 기반의 합리적인 결정을 내릴 수 있도록 돕습니다.

- 프롬프트 최적화 원리 적용

AI 분석관 프롬프트는 주로 명확한 지시(분석해 줘, 찾아줘, 비교해 줘), 맥락/배경 정보(데이터, 기간), 제약 조건/형식(개수, 주요 지표), 목적(원인 추정, 시각화)을 활용하여 AI가 정확하고 심층적인 분석 결과를 내놓도록 유도합니다. 마치 전문 애널리스트에게 복잡한 데이터를 넘기며 핵심적인 인사이트를 요청하는 것과 같습니다.

> ❶ 프롬프트 1: "첨부된 엑셀 파일([파일 이름], 고객 구매 기록)에서 가장 높은 매출을 기록한 고객층 3곳과, 그들의 구매 패턴을 분석해 줘."

- 명확한 지시: "분석해 줘" - AI에게 '데이터 분석'이라는 구체적인 작업을 지시합니다.
- 제약 조건/형식: "고객층 3곳" - 분석 결과의 개수를 제한하여 핵심 정보에 집중하도록 합니다.
- 맥락/배경 정보: "첨부된 엑셀 파일([파일 이름], 고객 구매 기록)" - AI가 분석해야 할 원본 데이터의 출처와 유형을 명확히 제공합니다.
- 목적: 매출 기여도가 높은 핵심 고객층을 파악하여 마케팅 및 영업 전략을 최적화하는 것이 목적입니다.

❷ **프롬프트 2**: "지난 6개월간의 재고 데이터([데이터 복사-붙여넣기])**를 분석하여, 품절이 자주 발생했거나 재고율이 과도하게 높았던 품목 5개를 찾아주고 가능한 원인을 추정해 줘."

- 명확한 지시: "분석해 줘", "찾아주고", "추정해 줘" - 세 가지 복합적인 분석 및 예측 작업을 요청합니다.
- 제약 조건/형식: "지난 6개월간", "품목 5개" - 분석 기간과 결과물의 개수를 제한합니다.
- 맥락/배경 정보: "재고 데이터([데이터 복사-붙여넣기])" - AI가 분석할 구체적인 데이터를 제공합니다.
- 목적: 재고 관리의 비효율성을 식별하고, 원인을 파악하여 재고 최적화 전략 수립에 기여하는 것이 목적입니다.

❸ **프롬프트 3**: "우리 회사 웹사이트 유입 경로 데이터([데이터 복사-붙여넣기])를 분석하고, 가장 효과적인 유입 채널 3가지와 개선이 필요한 채널 2가지를 제시해 줘."

- 명확한 지시: "분석하고", "제시해 줘" - 웹사이트 유입 데이터 분석 및 채널 개선 방안 제시를 요청합니다.
- 제약 조건/형식: "가장 효과적인 유입 채널 3가지", "개선이 필요한 채널 2가지" - 분석 결과의 개수를 제한합니다.
- 맥락/배경 정보: "우리 회사 웹사이트 유입 경로 데이터([데이터 복사-붙여넣기])" - AI가 분석할 원본 데이터를 제공합니다.
- 목적: 웹사이트 트래픽 유입 전략의 효율성을 평가하고 개선 방안을 모색하는 것이 목적입니다.

❹ **프롬프트 4**: "경쟁사 [경쟁사명]의 재무제표(공개된 정보 기준)**를 분석하여, 우리 회사와 비교했을 때 강점과 약점이 무엇인지 주요 지표를 중심으로 설명해 줘."

- 명확한 지시: "분석하여", "설명해 줘" - 재무제표 분석 및 비교 설명을 요청합니다.
- 맥락/배경 정보: "경쟁사 [경쟁사명]의 재무제표(공개된 정보 기준)", "우리 회사" - AI가 비교 분석할 대상과 기준을 명확히 합니다.
- 제약 조건/형식: "주요 지표를 중심으로" - 분석의 초점을 지정하여 불필요한 정보 확산을 방지합니다.
- 목적: 경쟁사 대비 자사의 재무적 강점과 약점을 파악하여 전략 수립에 활용하는 것이 목적입니다.

❺ **프롬프트 5**: "지난달 고객 문의 100건(문의 내용 복사-붙여넣기)을 분석하여, 가장 빈번한 문의 유형 3가지와 각 유형별 고객 감성(긍정/부정)을 분석해 줘."

- 명확한 지시: "분석하여", "찾아주고", "분석해 줘" - 문의 내용 분석, 유형 식별, 감성 분석을 요청합니다.
- 제약 조건/형식: "100건", "가장 빈번한 문의 유형 3가지", "각 유형별 고객 감성(긍정/부정)" - 분석 대상의 양과 결과물의 형태, 내용을 제한합니다.
- 맥락/배경 정보: "지난달 고객 문의 100건(문의 내용 복사-붙여넣기)" - AI가 분석할 원본 데이터를 제공합니다.
- 목적: 고객 서비스 개선 및 제품/서비스 보완을 위한 핵심 고객 니즈 파악.

❻ 프롬프트 6: "주간 매출 데이터([데이터 복사-붙여넣기])에서 특이 사항(갑작스러운 증감)이 있다면 찾아주고, 그에 대한 가능한 원인을 2가지씩 추정해 줘."

- 명확한 지시: "찾아주고", "추정해 줘" - 데이터 내 특이점 식별 및 원인 추정을 요청합니다.
- 맥락/배경 정보: "주간 매출 데이터([데이터 복사-붙여넣기])" - AI가 분석할 매출 데이터를 제공합니다.
- 제약 조건/형식: "가능한 원인을 2가지씩 추정" - 추정 원인의 개수를 제한합니다.
- 목적: 매출 변동의 원인을 빠르게 파악하여 즉각적인 대응 전략을 수립하는 데 활용합니다.

❼ 프롬프트 7: "우리 회사의 지난 1년간 SNS 댓글 데이터([데이터 복사-붙여넣기])를 분석하여, 고객들이 가장 많이 언급하는 긍정적/부정적 키워드 각각 5가지를 추출하고, 각 키워드가 시사하는 바를 설명해 줘."

- 명확한 지시: "분석하여", "추출하고", "설명해 줘" - 데이터 분석, 키워드 추출, 의미 설명을 요청합니다.
- 제약 조건/형식: "지난 1년간", "긍정적/부정적 키워드 각각 5가지" - 분석 기간과 결과물의 개수를 제한합니다.
- 맥락/배경 정보: "우리 회사의 지난 1년간 SNS 댓글 데이터([데이터 복사-붙여넣기])" - AI가 분석할 원본 데이터를 제공합니다.
- 목적: 소셜 미디어 상의 고객 반응을 분석하여 브랜드 이미지 관리 및 마케팅 전략 수립에 활용합니다.

5) AI 코치 (AI Coach) 프롬프트 예시

❶ "신입사원을 위한 '회사 문화 적응' 교육 자료 목차 초안을 작성해 줘. 긍정적이고 실용적인 내용으로 구성해 줘."

❷ "우리 회사의 [특정 직무, 예: 고객 서비스 담당자] 역량 강화를 위한 온라인 학습 콘텐츠 3가지를 추천하고, 각 콘텐츠의 장점을 설명해 줘."

❸ "팀원 [이름]의 주간 업무 보고서(내용 복사-붙여넣기)를 바탕으로, 긍정적인 피드백 2가지와 개선이 필요한 부분에 대한 건설적인 피드백 1가지 초안을 작성해 줘."

❹ "직원들의 업무 스트레스 관리를 위한 '마음챙김 팁' 5가지를 짧은 콘텐츠 형태로 만들어 줘."

❺ "성과 평가 시 사용할 수 있는 '목표 설정' 관련 교육 자료의 핵심 내용 5가지를 요약해 줘."

❻ "새로운 기술 [기술명]을 직원들에게 효과적으로 교육하기 위한 '워크숍 프로그램' 개요 초안을 만들어 줘."

❼ "리더십 역량 강화를 위한 '피드백 스킬 향상' 교육 커리큘럼 초안을 작성해 줘."

■ 5) AI 코치 (AI Coach) 프롬프트 예시 분석

● 역할

직원 교육 및 역량 강화를 위한 HR 관련 업무를 지원하여, 대표님의 인재 육성 부담을 덜어줍니다. AI 코치는 단순히 정보를 제공하는 것을 넘어, 맞춤형 학습 콘텐츠를 제안하고, 건설적인 피드백 초안을 마련하는 등 인재 개발의 조력자 역할을 수행합니다.

● 프롬프트 최적화 원리 적용

주로 명확한 지시(작성해 줘, 추천해 줘), 대상(신입사원, 특정 직무), 제약 조건/형식(개수, 분량, 톤), 목적(교육, 피드백)을 활용하여 AI가 개인화된 HR 콘텐츠를 생성하고, 인재 육성 프로세스를 지원하도록 유도합니다. AI에게 구체적인 상황과 대상을 제시함으로써, 단순한 일반론이 아닌 실질적인 도움이 되는 결과물을 얻을 수 있습니다.

❶ 프롬프트 1: "신입사원을 위한 '회사 문화 적응' 교육 자료 목차 초안을 작성해 줘. 긍정적이고 실용적인 내용으로 구성해 줘."

- 명확한 지시: "작성해 줘" - AI에게 '교육 자료 목차 초안 작성'이라는 구체적인 행동을 지시합니다.
- 대상: "신입사원" - 교육을 받을 대상자를 명시하여 AI가 그들의 눈높이에 맞는 내용을 구성하도록 안내합니다.
- 제약 조건/형식: "목차 초안" - 결과물의 형태를 지정합니다.
- 톤앤매너: "긍정적이고 실용적인 내용으로 구성" - 교육 자료의 분위기와 성격을 명확히 설정하여 AI가 그에 맞는 어조와 내용을 선택하도록 합니다.
- 목적: 신입사원의 성공적인 회사 문화 적응을 돕기 위한 교육 자료의 기본 틀 마련.

❷ **프롬프트 2**: "우리 회사의 [특정 직무, 예: 고객 서비스 담당자] 역량 강화를 위한 온라인 학습 콘텐츠 3가지를 추천하고, 각 콘텐츠의 장점을 설명해 줘."

- 명확한 지시: "추천하고", "설명해 줘" - AI에게 학습 콘텐츠를 제안하고 그 이유를 설명하도록 요청합니다.
- 대상: "우리 회사의 [특정 직무, 예: 고객 서비스 담당자]" - 학습 대상 직무를 구체적으로 명시하여 AI가 해당 직무에 필요한 역량에 맞는 콘텐츠를 찾도록 유도합니다.
- 제약 조건/형식: "온라인 학습 콘텐츠 3가지" - 콘텐츠의 형태와 개수를 제한합니다.
- 목적: 직무 역량 강화를 위한 효과적인 학습 자원 탐색.

❸ **프롬프트 3**: "팀원 [이름]의 주간 업무 보고서(내용 복사-붙여넣기)를 바탕으로, 긍정적인 피드백 2가지와 개선이 필요한 부분에 대한 건설적인 피드백 1가지 초안을 작성해 줘."

- 명확한 지시: "작성해 줘" - AI에게 '피드백 초안 작성'이라는 구체적인 행동을 지시합니다.
- 맥락/배경 정보: "팀원 [이름]의 주간 업무 보고서(내용 복사-붙여넣기)" - AI가 피드백의 근거로 삼을 원본 데이터(업무 보고서)를 제공합니다.
- 제약 조건/형식: "긍정적인 피드백 2가지", "건설적인 피드백 1가지 초안" - 피드백의 성격과 개수를 명확히 하여 균형 잡힌 피드백을 유도합니다.
- 목적: 리더가 직원에 대한 효율적이고 균형 잡힌 피드백을 준비하여 소통의 질을 높이는 것.

❹ **프롬프트 4**: "직원들의 업무 스트레스 관리를 위한 '마음챙김 팁' 5가지를 짧은 콘텐츠 형태로 만들어 줘."

- 명확한 지시: "만들어 줘" - AI에게 '마음챙김 팁 콘텐츠'를 생성하도록 요청합니다.
- 대상: "직원들" - 콘텐츠의 소비 대상이 직원임을 명시합니다.
- 제약 조건/형식: "'마음챙김 팁' 5가지", "짧은 콘텐츠 형태" - 콘텐츠의 내용과 분량을 제한합니다.
- 목적: 직원들의 정신 건강 및 업무 스트레스 관리를 위한 유용한 정보 제공.

❺ **프롬프트 5**: "성과 평가 시 사용할 수 있는 '목표 설정' 관련 교육 자료의 핵심 내용 5가지를 요약해 줘. 간결하고 이해하기 쉽게."

- 명확한 지시: "요약해 줘" - AI에게 '핵심 내용 요약'을 지시합니다.
- 맥락/배경 정보: "'목표 설정' 관련 교육 자료" - 요약할 콘텐츠의 주제를 명확히 합니다.
- 제약 조건/형식: "핵심 내용 5가지", "간결하고 이해하기 쉽게" - 요약의 개수와 전달 방식을 지정합니다.
- 목적: 성과 평가 담당자가 직원들에게 목표 설정을 교육하는데 필요한 핵심 자료를 효율적으로 준비하는 것.

❻ **프롬프트 6**: "새로운 기술 **[기술명]**을 직원들에게 효과적으로 교육하기 위한 '워크숍 프로그램' 개요 초안을 만들어 줘. 참여형 활동을 포함해 줘."

- 명확한 지시: "만들어 줘" - AI에게 '워크숍 프로그램 개요 초안' 생성을 요청합니다.
- 맥락/배경 정보: "새로운 기술 [기술명]" - 워크숍의 주제가 될 기술을 명시합니다.
- 대상: "직원들에게" - 교육 대상이 직원임을 명확히 합니다.
- 제약 조건/형식: "참여형 활동을 포함" - 워크숍의 진행 방식에 대한 요구사항을 제시합니다.
- 목적: 새로운 기술 도입에 대한 직원들의 이해를 높이고 실질적인 활용 능력을 향상시키는 것.

> ❼ 프롬프트 7: "리더십 역량 강화를 위한 '피드백 스킬 향상' 교육 커리큘럼 초안을 작성해 줘. 초급 리더 대상으로 3시간 분량으로 구성해 줘."

- 명확한 지시: "작성해 줘" - AI에게 '교육 커리큘럼 초안' 생성을 요청합니다.
- 목적: "리더십 역량 강화를 위한 '피드백 스킬 향상'" - 교육의 목표를 명확히 합니다.
- 대상: "초급 리더 대상" - 교육을 받을 대상의 수준을 명시하여 AI가 적절한 내용과 난이도를 고려하도록 합니다.
- 제약 조건/형식: "3시간 분량으로 구성" - 교육 시간이라는 명확한 제약 조건을 제시합니다.

6) AI 운영관 (AI Operations Manager) 프롬프트 예시

❶ "신제품 출시 전 반드시 점검해야 할 '생산 라인 최종 체크리스트' 초안을 만들어 줘. 품질 관리, 안전, 재고 확인 항목을 포함해 줘."

❷ "주간 재고 현황 보고서([데이터 복사-붙여넣기])를 요약하고, 다음 주에 특히 주의해야 할 품목 2가지와 그 이유를 설명해 줘."

❸ "생산 공정에서 발생할 수 있는 일반적인 비효율 5가지를 제시하고, 각각에 대한 AI 기반의 개선 아이디어를 제안해 줘."

❹ "물류 창고의 효율적인 공간 활용을 위한 3가지 원칙을 설명하고, AI가 이를 어떻게 도울 수 있는지 구체적인 방안을 제시해 줘."

❺ "협력업체와의 정기 회의 준비를 위한 '주간 주요 이슈 체크리스트' 초안을 만들어줘. (납기, 품질, 비용 등)."

❻ "특정 기간([날짜]) 동안 발생한 고객 불만 접수 내역([데이터 복사-붙여넣기])을 분석하여, 가장 빈번한 불만 유형과 그 원인(추정)을 정리해 줘."

❼ "우리 회사의 '지속 가능한 운영'을 위해 AI가 기여할 수 있는 아이디어 3가지를 제안해 줘. (예: 에너지 절약, 폐기물 관리 등)."

■ 6) AI 운영관 (AI Operations Manager) 프롬프트 예시 분석

- 역할

반복적인 운영 관리 업무를 자동화하고 효율성을 높여, 대표님의 운영 부담을 경감합니다. AI 운영관은 현장 데이터를 분석하고, 프로세스를 최적화하며, 잠재적 문제를 예측하는데 중점을 둡니다.

- 프롬프트 최적화 원리 적용

주로 명확한 지시(만들어 줘, 요약해 줘, 제안해 줘), 맥락/배경 정보(제품/공정/데이터), 제약 조건/형식(개수, 포함 항목), 목적(효율성 증대, 문제 해결, 최적화)을 활용하여 AI가 실용적인 운영 관리 방안을 제시하도록 유도합니다. AI에게 구체적인 상황과 목표를 제시함으로써, 현장에 바로 적용 가능한 결과물을 얻을 수 있습니다.

> ❶ 프롬프트 1: "신제품 출시 전 반드시 점검해야 할 '생산 라인 최종 체크리스트' 초안을 만들어 줘. 품질 관리, 안전, 재고 확인 항목을 필수적으로 포함해 줘."

- 명확한 지시: "만들어 줘" - '체크리스트 초안 작성'이라는 구체적인 행동을 지시합니다.
- 맥락/배경 정보: "신제품 출시 전", "생산 라인" - AI가 체크리스트를 만들 상황과 대상을 명확히 합니다.
- 제약 조건/형식: "품질 관리, 안전, 재고 확인 항목을 필수적으로 포함" - 체크리스트에 반드시 들어가야 할 핵심 항목들을 지정하여 내용의 정확성을 높입니다.
- 목적: 신제품 출시 전 발생할 수 있는 오류를 최소화하고, 프로세스의 누락을 방지하여 안정적인 생산을 돕는 것이 목적입니다.

❷ **프롬프트 2**: "주간 재고 현황 보고서([데이터 복사-붙여넣기])를 요약하고, 다음 주에 특히 주의해야 할 품목 2가지와 그 이유를 설명해 줘."

- 명확한 지시: "요약하고", "설명해 줘" - AI에게 '재고 현황 요약'과 '주의 품목 분석'이라는 두 가지 작업을 요청합니다.
- 맥락/배경 정보: "주간 재고 현황 보고서([데이터 복사-붙여넣기])" - AI가 분석할 원본 데이터를 제공합니다.
- 제약 조건/형식: "다음 주에 특히 주의해야 할 품목 2가지" - 결과물의 개수를 제한하여 핵심 정보에 집중하도록 합니다.
- 목적: 재고 관리의 효율성을 높이고, 잠재적인 품절 또는 과잉 재고 문제를 사전에 예방하는데 기여합니다.

❸ **프롬프트 3**: "우리 회사 생산 공정에서 발생할 수 있는 일반적인 비효율 5가지를 제시하고, 각각에 대한 AI 기반의 개선 아이디어를 구체적으로 제안해 줘."

- 명확한 지시: "제시하고", "제안해 줘" - AI에게 '비효율 식별'과 '개선 아이디어 생성'이라는 복합적인 작업을 요청합니다.
- 맥락/배경 정보: "우리 회사 생산 공정" - AI가 아이디어를 제안할 구체적인 영역을 명시합니다.
- 제약 조건/형식: "일반적인 비효율 5가지", "AI 기반의 개선 아이디어를 구체적으로" - 문제점의 개수와 아이디어의 성격을 제한합니다.
- 목적: 생산 공정의 효율성을 극대화하고, 불필요한 낭비를 줄이는 데 필요한 혁신적인 방안을 모색합니다.

❹ **프롬프트 4**: "물류 창고의 효율적인 공간 활용을 위한 3가지 원칙을 설명하고, AI가 이를 어떻게 도울 수 있는지 구체적인 방안을 제시해 줘."

- 명확한 지시: "설명하고", "제시해 줘" - '원칙 설명'과 'AI 활용 방안 제시'라는 두 가지 작업을 요청합니다.
- 맥락/배경 정보: "물류 창고의 효율적인 공간 활용" - AI가 아이디어를 제안할 구체적인 주제를 명시합니다.
- 제약 조건/형식: "3가지 원칙", "구체적인 방안" - 결과물의 개수와 상세 수준을 제한합니다.
- 목적: 물류 효율성을 높이고, 창고 관리의 최적화를 통해 운영 비용을 절감하는 방안을 모색합니다.

❺ **프롬프트 5**: "협력업체와의 정기 회의 준비를 위한 '주간 주요 이슈 체크리스트' 초안을 만들어 줘. (납기, 품질, 비용 효율성 관련 항목을 포함)."

- 명확한 지시: "만들어 줘" - AI에게 '체크리스트 초안 작성'을 지시합니다.
- 맥락/배경 정보: "협력업체와의 정기 회의 준비" - AI가 체크리스트를 만들 목적과 상황을 명확히 합니다.
- 제약 조건/형식: "주요 이슈 체크리스트", "(납기, 품질, 비용 효율성 관련 항목을 포함)" - 체크리스트의 핵심 내용과 포함되어야 할 구체적인 항목을 지정합니다.
- 목적: 협력업체 관리의 효율성을 높이고, 중요한 논의 사항을 누락하지 않도록 돕는 것이 목적입니다.

❻ **프롬프트 6:** "특정 기간([날짜]) 동안 발생한 고객 불만 접수 내역([데이터 복사-붙여넣기])을 분석하여, 가장 빈번한 불만 유형 3가지와 그 원인(추정)을 정리해 줘."

- 명확한 지시: "분석하여", "정리해 줘" - '데이터 분석'과 '결과 정리'라는 작업을 요청합니다.
- 맥락/배경 정보: "특정 기간([날짜]) 동안 발생한 고객 불만 접수 내역([데이터 복사-붙여넣기])" - AI가 분석할 원본 데이터와 기간을 제공합니다.
- 제약 조건/형식: "가장 빈번한 불만 유형 3가지" - 결과물의 개수를 제한합니다.
- 목적: 고객 불만 유형을 빠르게 파악하고, 근본적인 원인을 추정하여 서비스 개선 및 제품 보완 전략을 수립하는데 활용합니다.

❼ **프롬프트 7:** "우리 회사의 '지속 가능한 운영'을 위해 AI가 기여할 수 있는 아이디어 3가지를 제안해 줘. (예: 에너지 절약, 폐기물 관리 등) 각 아이디어별 예상 효과도 간략히 언급해 줘."

- 명확한 지시: "제안해 줘" - AI에게 '아이디어 생성'을 지시합니다.
- 맥락/배경 정보: "우리 회사의 '지속 가능한 운영'" - AI가 아이디어를 제안할 주제를 명확히 합니다.
- 제약 조건/형식: "아이디어 3가지", "(예: 에너지 절약, 폐기물 관리 등)", "각 아이디어별 예상 효과도 간략히 언급" - 아이디어의 개수와 포함될 내용을 구체적으로 제한합니다.
- 목적: ESG 경영 실천 및 친환경적인 기업 운영을 위한 AI 활용 방안을 모색합니다.

7) AI 커뮤니케이터 (AI Communicator) 프롬프트 예시

❶ "새로운 [제품/서비스] 출시를 알리는 보도자료 초안을 작성해 줘. 핵심 메시지는 [메시지]이고, 긍정적이고 혁신적인 톤으로 작성해 줘."

❷ "고객이 자주 묻는 질문 5가지(예: 배송, 반품, 제품 사용법)에 대한 친절하고 명확한 챗봇 답변 스크립트를 만들어 줘."

❸ "사내 게시판에 올릴 '이번 달 우수 직원' 선정 공지문 초안을 작성해 줘. 긍정적이고 축하하는 분위기로, [선정된 직원 이름]의 [업적]을 강조해 줘."

❹ "우리 회사의 [특정 강점]을 부각하는 짧은 인스타그램 광고 문구 3가지를 제안해줘. 관련 해시태그도 5개 포함해 줘."

❺ "투자 유치를 위한 IR 자료 초안에서 우리 회사의 비전과 성장 가능성을 강조하는 도입부 문구를 작성해 줘."

❻ "협력업체와의 갈등 상황([상황 설명])에서 관계를 원만하게 풀기 위한 이메일 초안을 작성해 줘. 비즈니스 원칙을 지키면서도 협력을 강조하는 톤으로."

❼ "내부 팀원들에게 주간 업무 목표([목표 리스트])를 상기시키고 동기 부여를 위한 격려 메시지 초안을 작성해 줘. 친근하고 유쾌한 톤으로."

■ 7) AI 커뮤니케이터 (AI Communicator) 프롬프트 예시 분석
• 역할

내외부 커뮤니케이션의 효율성과 품질을 높여, 메시지 전달에 드는 대표님의 시간과 노력을 줄여줍니다. AI 커뮤니케이터는 공지, 홍보, 고객 응대 등 다양한 채널에서 일관되고 효과적인 메시지를 생성하는데 집중합니다.

• 프롬프트 최적화 원리 적용

주로 명확한 지시(작성해 줘, 요약해 줘), 대상(고객, 직원, 언론), 톤앤매너(친절, 전문적, 긍정적), 제약 조건/형식(길이, 개수, 포함 항목)을 활용하여 AI가 목적에 맞는 커뮤니케이션 문구를 생성하도록 유도합니다. 마치 전문 카피라이터나 홍보 담당자에게 상황과 의도를 명확히 설명하듯 요청하는 것이 중요합니다.

❶ 프롬프트 1: "새로운 [제품/서비스] 출시를 알리는 보도자료 초안을 작성해 줘. 핵심 메시지는 [메시지]이고, 긍정적이고 혁신적인 톤으로 작성해 줘."

- 명확한 지시: "작성해 줘" - '보도자료 초안 작성'이라는 구체적인 행동을 지시합니다.
- 맥락/배경 정보: "새로운 [제품/서비스] 출시" - 보도자료의 주제와 핵심 사건을 명시합니다.
- 제약 조건/형식: "핵심 메시지는 [메시지]이고" - 보도자료가 전달해야 할 가장 중요한 내용을 명확히 합니다.
- 톤앤매너: "긍정적이고 혁신적인 톤으로" - 보도자료의 분위기와 어조를 설정하여 AI가 그에 맞게 작성하도록 유도합니다.
- 목적: 신제품/서비스 출시를 언론에 효과적으로 알리는 것이 목적입니다.

❷ **프롬프트 2**: "고객이 자주 묻는 질문 5가지(예: 배송, 반품, 제품 사용법)에 대한 친절하고 명확한 챗봇 답변 스크립트를 만들어 줘."

- 명확한 지시: "만들어 줘" - '챗봇 답변 스크립트 작성'을 지시합니다.
- 맥락/배경 정보: "고객이 자주 묻는 질문 5가지(예: 배송, 반품, 제품 사용법)" - AI가 답변을 생성해야 할 구체적인 질문 유형을 제공합니다.
- 제약 조건/형식: "친절하고 명확한" - 답변의 품질과 전달 방식을 지정합니다.
- 목적: 고객 서비스 자동화를 통해 고객 만족도를 높이고, 상담 직원의 부담을 줄이는 것이 목적입니다.

❸ **프롬프트 3**: "사내 게시판에 올릴 '이번 달 우수 직원' 선정 공지문 초안을 작성해 줘. 긍정적이고 축하하는 분위기로, [선정된 직원 이름]의 [업적]을 강조해 줘."

- 명확한 지시: "작성해 줘" - '공지문 초안 작성'을 지시합니다.
- 대상: "사내 게시판에 올릴", "직원들에게" - 공지문을 읽을 대상과 게재될 곳을 명시합니다.
- 맥락/배경 정보: "'이번 달 우수 직원' 선정", "[선정된 직원 이름]의 [업적]" - 공지문의 주제와 핵심 내용을 제공합니다.
- 톤앤매너: "긍정적이고 축하하는 분위기로" - 공지문의 어조를 설정하여 AI가 적절한 표현을 사용하도록 합니다.
- 목적: 우수 직원을 격려하고, 사내에 긍정적인 분위기를 조성하는 것이 목적입니다.

❹ **프롬프트 4**: "우리 회사의 [특정 강점, 예: 뛰어난 고객 서비스]를 부각하는 짧은 인스타그램 광고 문구 3가지를 제안해 줘. 관련 해시태그도 5개 포함해 줘."

- 명확한 지시: "제안해 줘" - '광고 문구 제안'을 지시합니다.
- 맥락/배경 정보: "우리 회사의 [특정 강점, 예: 뛰어난 고객 서비스]" - 광고 문구가 강조해야 할 핵심 내용을 제공합니다.
- 제약 조건/형식: "짧은", "인스타그램 광고 문구 3가지", "관련 해시태그 5개 포함" - 문구의 길이, 플랫폼 특성, 개수를 명확히 합니다.
- 목적: 소셜 미디어 마케팅을 통해 브랜드의 강점을 효과적으로 알리는 것이 목적입니다.

❺ **프롬프트 5**: "투자 유치를 위한 IR 자료 초안에서 우리 회사의 비전과 성장 가능성을 강조하는 도입부 문구를 작성해 줘. 잠재 투자자들을 설득할 수 있는 논리적인 구성으로."

- 명확한 지시: "작성해 줘" - 'IR 자료 도입부 문구 작성'을 지시합니다.
- 목적: "투자 유치를 위한 IR 자료" - 문구의 궁극적인 목적과 사용처를 명시합니다.
- 제약 조건/형식: "우리 회사의 비전과 성장 가능성을 강조하는", "논리적인 구성" - 문구가 포함해야 할 내용과 논리적 흐름을 지정합니다.
- 대상: "잠재 투자자들" - 문구를 읽을 대상을 명확히 하여 AI가 설득력 있는 어조와 논리를 구사하도록 합니다.

❻ **프롬프트 6:** "협력업체와의 갈등 상황([상황 설명])에서 관계를 원만하게 풀기 위한 이메일 초안을 작성해 줘. 비즈니스 원칙을 지키면서도 협력을 강조하는 톤으로."

- 명확한 지시: "작성해 줘" - '이메일 초안 작성'을 지시합니다.
- 맥락/배경 정보: "협력업체와의 갈등 상황([상황 설명])" - 이메일을 작성하게 된 구체적인 배경을 제공합니다.
- 목적: "관계를 원만하게 풀기 위한" - 이메일의 궁극적인 목적을 명시합니다.
- 톤앤매너: "비즈니스 원칙을 지키면서도 협력을 강조하는 톤으로" - 이메일의 어조와 강조점을 구체적으로 지정합니다.

❼ **프롬프트 7:** "내부 팀원들에게 주간 업무 목표([목표 리스트])를 상기시키고 동기 부여를 위한 격려 메시지 초안을 작성해 줘. 친근하고 유쾌한 톤으로, 팀워크를 강조해줘."

- 명확한 지시: "작성해 줘" - '격려 메시지 초안 작성'을 지시합니다.
- 대상: "내부 팀원들에게" - 메시지를 받을 대상을 명시합니다.
- 맥락/배경 정보: "주간 업무 목표([목표 리스트])" - 메시지의 핵심 내용이 될 목표를 제공합니다.
- 목적: "동기 부여를 위한 격려 메시지" - 메시지의 궁극적인 목적을 명확히 합니다.
- 톤앤매너: "친근하고 유쾌한 톤으로, 팀워크를 강조해 줘" - 메시지의 분위기와 강조할 포인트를 구체적으로 지정합니다.

5.4. 직원과 AI의 역할: '단독'과 '함께'로 만드는 최적의 협업 구조

"사람이 잘하는 일 vs AI가 잘하는 일 vs 함께 했을 때 잘하는 일"

앞서 우리는 대표님의 AI 7인조 팀을 통해 AI가 얼마나 다재다능한 '팀원'이 될 수 있는지 확인했습니다. 이제 이 원리를 대표님뿐 아니라 모든 직원에게 확대 적용하여, 직원과 AI가 함께 일하는 최적의 업무 분장 구조를 만들어야 합니다. 이 과정에서 가장 중요한 것은 '사람이 잘하는 일'과 'AI가 잘하는 일'이 명확히 다르다는 사실을 인지하고, 이 둘을 어떻게 '단독'으로 수행하게 할 것인지, 아니면 '함께' 협력하게 할 것인지를 전략적으로 나누는 것입니다.

"AI 시대, 업무 분장의 새로운 접근: '단독'과 '함께'"
과거에는 업무를 나눌 때 주로 사람과 사람 사이의 분업에 집중했습니다. 하지만 이제는 AI라는 새로운 협업 주체가 등장했기에, 업무 유형을 훨씬 더 세분화하고 AI의 강점을 최대한 활용하는 방식으로 접근해야 합니다.

1) AI '단독' 수행 영역: ChatGPT/Gemini가 스스로 처리하는 일
● 개념
- 인간의 직접적인 개입 없이도 ChatGPT나 Gemini 같은 AI 모델이 스스로 데이터를 처리하고, 텍스트를 생성하며, 정보를 요약하는 등 거의 완벽하게 처리할 수 있는 업무 영역입니다.
- 이들은 주어진 프롬프트(명령어)에 따라, 방대한 텍스트 데이터를 분석하고, 논리적으로 조합하여 결과물을 만들어내는 데 탁월합니다. 지치지 않고 24시간 내내 작업하며, 인간이 일일이 수작업으로 처리하기 어려운 대규모의 텍스트 기반 업무를 효율적으로 수행할 수 있습니다.

● 적용
- 이 영역의 업무는 AI에게 전적으로 위임하여 인간의 시간과 노력을 획기적으로 절약할 수 있습니다.
- AI는 복잡한 시스템 구축 없이, 그저 프롬프트만으로 '텍스트 기반의 실행자'로서 업무를 완료합니다. 이는 인간이 더 가치 있는 일에 집중할 수 있는 토대를 마련합니다.

"사람이 잘하는 일 vs AI가 잘하는 일 vs 함께 했을 때 잘하는 일"

앞서 우리는 대표님의 AI 7인조 팀을 통해 AI가 얼마나 다재다능한 '팀원'이 될 수 있는지 확인했습니다. 이제 이 원리를 대표님뿐 아니라 모든 직원에게 확대 적용하여, 직원과 AI가 함께 일하는 최적의 업무 분장 구조를 만들어야 합니다. 이 과정에서 가장 중요한 것은 '사람이 잘하는 일'과 'AI가 잘하는 일'이 명확히 다르다는 사실을 인지하고, 이 둘을 어떻게 '단독'으로 수행하게 할 것인지, 아니면 '함께' 협력하게 할 것인지를 전략적으로 나누는 것입니다.

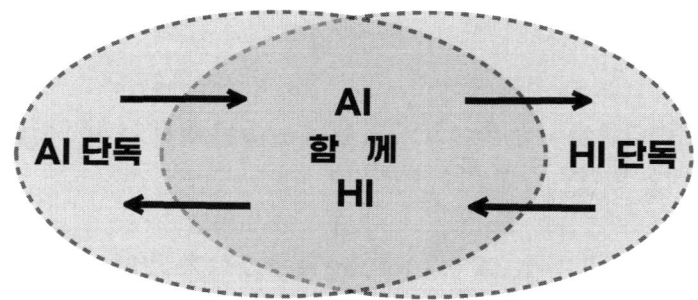

"AI 시대, 업무 분장의 새로운 접근: '단독'과 '함께'"

과거에는 업무를 나눌 때 주로 사람과 사람 사이의 분업에 집중했습니다. 마케팅은 마케팅팀, 영업은 영업팀처럼, 인간의 역량만을 기준으로 업무를 배분했죠. 하지만 이제는 AI라는 강력한 '새로운 협업 주체'가 등장했기에, 업무 유형을 훨씬 더 세분화하고 AI의 강점을 최대한 활용하는 방식으로 접근해야 합니다.

이는 단순히 AI에게 일을 시키는 것을 넘어, 인간의 본질적인 가치와 AI의 탁월한 효율성을 결합하여 조직 전체의 생산성을 극대화하는 새로운 업무 패러다임을 의미합니다. AI는 반복적이고 데이터 집약적인 작업을 처리함으로써, 인간이 창의적이고 전략적인 고부가가치 업무에 몰입할 수 있는 시간을 확보해 줍니다.

따라서 이제 우리는 AI가 혼자 잘하는 일, 인간이 혼자 잘하는 일, 그리고 둘이 함께할 때 가장 빛나는 일을 명확히 구분하여 최적의 시너지를 창출해야 합니다.

5.4.1. 'ChatGPT/Gemini' 단독 수행 영역

1) AI '단독' 수행 영역: ChatGPT/Gemini가 스스로 처리하는 일
● 개념
- 인간의 직접적인 개입 없이도 ChatGPT나 Gemini 같은 AI 모델이 스스로 데이터를 처리하고, 텍스트를 생성하며, 정보를 요약하는 등 거의 완벽하게 처리할 수 있는 업무 영역입니다.
- 이들은 주어진 프롬프트(명령어)에 따라, 방대한 텍스트 데이터를 분석하고, 논리적으로 조합하여 결과물을 만들어내는 데 탁월합니다. 지치지 않고 24시간 내내 작업하며, 인간이 일일이 수작업으로 처리하기 어려운 대규모의 텍스트 기반 업무를 효율적으로 수행할 수 있습니다.

● 적용
이 영역의 업무는 AI에게 전적으로 위임하여 인간의 시간과 노력을 획기적으로 절약할 수 있습니다.
AI는 복잡한 시스템 구축 없이, 그저 프롬프트만으로 '텍스트 기반의 실행자'로서 업무를 완료합니다. 이는 인간이 더 가치 있는 일에 집중할 수 있는 토대를 마련합니다.

[수행 역할 및 활용 프롬프트]
▶ 대량 텍스트 요약 및 핵심 추출
수십 페이지짜리 보고서, 수백 개의 고객 피드백, 긴 회의록 등을 AI에게 제공하면, 몇 초 만에 핵심 내용을 요약하고 주요 키워드를 추출해 줍니다.

- "다음 보고서(내용 복사-붙여넣기)를 가장 중요한 결정사항 3가지와 다음 단계 요약 위주로 500자 이내로 요약해 줘."

- "수백 건의 고객 피드백(내용 복사-붙여넣기)을 분석해서 가장 자주 언급된 문제점 5가지와 긍정적 반응 키워드 3가지를 추출해 줘."

- "이 긴 법률 문서(내용 복사-붙여넣기)에서 우리 회사와 관련된 핵심 조항만 발췌하고, 각 조항의 의미를 1줄로 요약해 줘."

▶ 정형화된 문서 및 보고서 초안 생성

- 특정 양식에 맞춰져 있거나 일상적으로 작성하는 보고서(예: 주간 업무 보고서, 월간 판매 보고서의 정형화된 섹션), 공지문, 이메일 답장 등의 초안을 AI가 빠르게 만들어 냅니다.

- "2024년 3분기 주간 업무 보고서 초안을 작성해 줘. 주요 성과 3가지와 다음 주 계획 2가지를 포함해 줘."

- "직원들에게 새로운 복지 제도(내용 복사-붙여넣기) 도입을 알리는 사내 공지문 초안을 만들어 줘. 친근하면서도 명확한 톤으로."

- "[고객사명]에게 보내는 미팅 후 감사 이메일 초안을 작성해 줘. 오늘 논의된 [핵심 논의 내용]을 언급하고, 다음 단계를 제안해 줘."

▶ 다국어 번역 및 현지화
문서나 메시지를 다른 언어로 번역하고, 해당 문화권의 뉘앙스에 맞게 어조나 표현을 조정(현지화)하는 작업을 AI가 수행합니다.

- "다음 영문 마케팅 문구(내용 복사-붙여넣기)를 한국어로 자연스럽게 번역해 줘. 한국 시장의 정서에 맞게 부드러운 톤으로."

- "우리 회사의 비전 선언문(내용 복사-붙여넣기)을 일본어와 중국어로 번역해 줘. 각 언어권에서 가장 설득력 있게 들릴 만한 표현을 사용해 줘."

- "해외 파트너에게 보낼 이메일 초안(내용 복사-붙여넣기)을 작성해 줘. 비즈니스 용어를 사용하되, 문화적 차이를 고려하여 존중하는 어조로 영어로 번역해 줘."

▶ 자료 조사 및 정보 요약
특정 주제에 대한 정보를 인터넷에서 검색하고, 그 내용을 요약하여 보고서 형식으로 정리하는 기본적인 자료 조사 업무를 수행합니다. (단, AI의 정보는 항상 교차 검증 필요)

- "2024년 국내 [특정 산업, 예: 친환경 식품 시장]의 주요 트렌드 3가지를 요약하고, 관련 뉴스 기사 링크 2개를 함께 제시해 줘."

- "최근 [특정 기술, 예: 블록체인]이 중소기업에 적용될 수 있는 성공 사례 3가지를 조사하고, 각 사례의 핵심 내용을 간략히 설명해 줘."

- "[특정 인물/회사]에 대한 간단한 프로필 정보와 최근 활동 동향을 요약해 줘. 투자자 미팅 전 참고할 자료로 활용할 거야."

▶ 고객 FAQ 답변 스크립트 생성
자주 묻는 질문에 대한 표준화된 답변 스크립트를 생성하여, 챗봇 또는 고객 상담 직원의 업무 효율을 높입니다.

- "우리 제품 [제품명]의 배송 지연에 대한 고객 문의가 많아. 고객에게 보낼 친절하면서도 명확한 답변 스크립트 3가지 버전을 만들어 줘. 예상 배송 기간 안내와 사과 문구를 포함해 줘."

- "웹사이트 FAQ 페이지에 올릴 '회원 가입 방법'과 '비밀번호 찾기'에 대한 답변 스크립트를 작성해 줘. 단계별로 쉽게 설명해 줘."

- "[특정 서비스, 예: 구독 해지] 관련 고객 문의에 대해, 고객의 감정을 이해하고 서비스 유지의 이점을 부드럽게 설명하는 상담 스크립트 초안을 작성해 줘."

▶ 콘텐츠 마케팅 문구 생성

제품 설명, SNS 게시물, 광고 문구, 블로그 초안 등 다양한 마케팅 콘텐츠의 텍스트 부분을 생성합니다.

- "새로운 [제품명]의 인스타그램 광고 문구 3개를 작성해 줘. 핵심 타겟은 20대 여성이고, 유머러스하고 트렌디한 톤으로."

- "우리 회사 블로그에 올릴 '재택근무 생산성 높이는 5가지 팁'에 대한 게시물 초안을 작성해 줘. 독자들이 공감할 만한 도입부와 구체적인 팁 위주로."

- "이메일 뉴스레터에 포함할 '이번 달 특별 할인 이벤트' 안내 문구 초안을 작성해 줘. 긴급성을 강조하고 CTA(Call-to-Action)를 명확하게 포함해 줘."

▶ 아이디어 목록 및 브레인스토밍 초기 단계

특정 주제에 대한 다양한 아이디어 목록을 생성하거나, 복잡한 문제에 대한 여러 해결책의 초기 아이디어를 제시하여 인간의 사고를 확장합니다.

- "우리 회사의 신제품 [제품명]을 위한 독창적인 마케팅 슬로건 10개를 제안해 줘. 20대 여성 타겟에게 어필할 수 있는 트렌디한 문구 위주로."

- "현재 직면한 [특정 문제, 예: 온라인 쇼핑몰 반품률 증가]에 대한 창의적인 해결책 아이디어 5가지를 제시해 줘. 현실성에 구애받지 않는 자유로운 발상 환영이야."

- "팀 브레인스토밍을 위한 '다음 분기 매출 증대 방안' 관련 발제 질문 7가지를 만들어 줘. 참가자들의 기발한 아이디어를 유도할 수 있는 질문 위주로."

5.4.2. '인간' 단독 수행 영역

2) 인간 '단독' 수행 영역: AI가 대체 불가능한 '인간 고유의 가치 창조자'

● 개념
- AI는 아무리 발전해도 인간 고유의 역량(MASTER 역량)을 완전히 대체할 수 없습니다. 이 영역은 바로 그 역량들이 필수적인 업무를 의미합니다.

- 여기에는 높은 수준의 창의성, 공감 능력, 비판적 사고, 윤리적 판단, 복잡한 인간관계 구축, 비전 제시, 미묘한 뉘앙스 파악, 그리고 문화적 이해 등이 포함됩니다. 이는 인간만이 가진 독특한 인지적, 감성적, 사회적 능력의 총체입니다.

- AI는 데이터를 기반으로 하지만, 인간은 가치와 의미, 그리고 비전을 창조합니다.

- 이것이 바로 AI 시대에 인간이 존재해야 하는 이유이자, 우리가 AI를 지시하고 통찰하는 주체가 되는 근본적인 기반입니다.

● 적용
- AI는 이 영역에서 방대한 정보나 다양한 아이디어를 보조적으로 제공할 수 있습니다. 예를 들어, AI는 특정 시장의 데이터를 분석하여 새로운 제품 아이디어 목록을 수천 가지 생성할 수 있습니다.

- 하지만 그중에서 '우리 회사의 철학에 맞는 가장 혁신적인 아이디어'를 최종적으로 선택하고, 이를 현실로 만들 전략을 구상하며, 팀원들을 설득하고 동기를 부여하는 일은 오직 인간만이 할 수 있습니다.

- 인간은 AI의 한계를 넘어서는 영역에서 단독으로 '판단'하고 '창조'하며 '실행'하는 역할을 수행합니다. 이는 단순한 업무 효율성을 넘어, 인간만이 만들 수 있는 본질적인 가치와 차별점을 창출하는 핵심 과정입니다.

- AI는 수많은 가능성을 제시하지만, 그중 '무엇이 옳은가', '무엇이 가치 있는가', '어떻게 감동을 줄 것인가'를 결정하는 것은 인간의 몫입니다. 이 영역은 AI가 줄 수 없는 '영혼'과 '방향'을 부여하는 곳입니다.

[수행 역할 및 활용 프롬프트]

▶ 회사의 장기 비전 및 전략 수립

AI는 시장 예측 데이터를 제공할 수 있지만, 회사의 핵심 가치와 미래 방향성을 담은 궁극적인 비전을 제시하고 전략을 수립하는 것은 대표님의 고유 영역입니다.

- "우리 회사의 핵심 가치 [핵심 가치 설명, 예: 고객 중심, 친환경 기술]를 바탕으로, 향후 5년간 AI가 예측하는 미래 시장(산업명)의 주요 변화 3가지에 맞춰 비전 선언문 초안을 작성해 줘."

- "내가 구상하고 있는 [장기 비전 아이디어, 예: 2030년 국내 친환경 제품 시장 1위 달성]을 달성하기 위한 가장 큰 장애물 3가지를 분석해 줘. 각 장애물을 극복하기 위한 AI 활용 전략을 포함해 줘."

- "현재 우리 회사의 역량([강점 요약])과 AI가 분석한 [특정 시장]의 기회 요인을 결합하여, 향후 5년을 위한 3가지 전략적 성장 방향을 제시해 줘. 각 방향에 대한 간략한 핵심 지표(KPI)도 포함해 줘."

▶ 중요한 계약의 최종 결정 및 협상

AI가 계약서 분석 및 리스크 평가를 도울 수 있지만, 상대방의 의도를 파악하고, 신뢰를 구축하며, 최종적으로 계약을 성사시키는 인간적인 협상력과 판단은 AI가 대체할 수 없습니다.

- "다음 계약서 초안(내용 복사-붙여넣기)을 우리 회사에 유리한 관점에서 검토해 줘. 특히 [특정 항목, 예: 손해배상 조항]에서 협상력을 높일 수 있는 문구 수정 제안 2가지를 해 줘."

- "상대방 기업 [기업명]과의 과거 거래 기록(내용 복사-붙여넣기)을 분석하고, 이번 계약 협상 시 우리가 주의해야 할 협상 스타일 3가지와 핵심 의도를 파악하는 질문 2가지를 제안해 줘."

- "내가 [특정 계약 건, 예: 대규모 공급 계약]을 최종 결정하기 전에 놓치고 있을 만한 잠재적 리스크 3가지를 법률적, 재무적, 운영적 관점에서 분석해 줘. 각 리스크에 대한 AI 기반의 대응 방안도 제시해 줘."

▶ 고객과의 심층적인 감성적 소통 및 관계 구축

AI 챗봇이 기본적인 문의를 처리해도, 고객의 깊은 불만이나 만족을 공감하고, 장기적인 신뢰 관계를 구축하며, 브랜드에 대한 애착을 형성하는 것은 인간 직원의 몫입니다.

- "AI 챗봇이 처리한 고객 불만 사항 5건(내용 복사-붙여넣기)을 분석하여, 고객의 숨겨진 감성(예: 실망감, 배신감)을 파악하고, 이 고객들에게 인간 상담원이 보낼 수 있는 가장 진정성 있는 사과 및 해결 이메일 초안을 작성해 줘."

- "우리 회사의 VIP 고객 [고객명]의 구매 이력과 문의 내용(내용 복사-붙여넣기)을 분석하여, 이 고객과의 장기적인 신뢰 관계 구축을 위한 맞춤형 소통 전략 3가지를 제안해 줘. 인간적인 유대감을 강조해 줘."

- "브랜드 충성도가 높은 고객들이 우리 회사에 대해 가장 감성적으로 느끼는 긍정적 요소 3가지를 찾아줘. 이 요소들을 활용하여 고객들에게 진심으로 감사하는 마음을 전달할 수 있는 SNS 메시지 초안을 작성해 줘."

▶ 팀원들의 동기 부여 및 리더십 발휘

AI가 성과 데이터를 분석하고 피드백 초안을 제공할 수 있지만, 팀원 개개인의 어려움을 이해하고, 비전을 공유하며, 감성적으로 지지하고 동기를 부여하는 리더십은 인간만이 할 수 있습니다.

- "팀원 [이름]의 지난 3개월간 성과 데이터(내용 복사-붙여넣기)를 분석하여, 칭찬할 만한 핵심 성과 2가지와 성장을 위한 건설적인 피드백 1가지 초안을 작성해 줘. 팀원의 강점을 강조하는 긍정적인 톤으로."

- "우리 팀원들이 현재 겪고 있는 가장 큰 업무상 어려움 3가지를 분석해 줘. (예: 번아웃, 기술 습득 어려움, 소통 부족). 각 어려움에 대한 리더로서 동기 부여를 위한 메시지 초안을 작성해 줘."

- "우리 팀의 다음 프로젝트 [프로젝트명] 성공을 위해, AI가 예측하는 팀원들의 잠재적 스트레스 요인 2가지를 제시해 줘. 이에 대비하여 리더가 취할 수 있는 예방적 리더십 행동 3가지를 제안해 줘."

▶ 새로운 제품이나 서비스의 독창적인 컨셉 기획

AI는 트렌드를 분석하고 아이디어를 조합할 수 있지만, 시장에 없던 완전히 새로운 경험과 가치를 담은 컨셉을 구상하는 창의성은 인간 고유의 영역입니다.

- "AI가 분석한 [특정 시장]의 미래 트렌드 3가지와 [소비자층, 예: 시니어 세대]의 숨겨진 니즈 2가지를 결합하여, 완전히 새로운 제품/서비스 컨셉 3가지를 제안해 줘. 각 컨셉별로 핵심 기능과 예상 시장 반응을 간략히 설명해 줘."

- "우리 회사의 핵심 기술 [기술명]을 활용하여, 현재 시장에 없는 독창적인 서비스 아이디어 3가지를 제시해 줘. 각 서비스가 '초기 사용자(얼리어답터)'의 마음을 사로잡을 만한 요소를 포함해 줘."

- "기존 제품 [제품명]을 리뉴얼한다고 가정하자. AI가 예측하는 미래 소비자들의 미학적 취향과 환경적 가치를 반영하여 새로운 디자인 컨셉 3가지를 제안해 줘. 각 컨셉별로 예상되는 고객 반응도 예측해 줘."

▶ 브랜드의 정체성을 담는 스토리텔링

AI가 정보를 바탕으로 스토리를 만들 수 있지만, 소비자의 마음을 움직이고 브랜드에 대한 깊은 유대감을 형성하는 진정성 있는 스토리와 감성적인 메시지는 인간만이 창조할 수 있습니다.

- "우리 회사의 핵심 가치 [가치 1, 가치 2]와 창업 스토리(내용 복사-붙여넣기)를 바탕으로, 고객의 마음을 움직일 수 있는 브랜드 스토리텔링 초안 3가지를 작성해 줘. 각각 다른 감성적 접근(예: 도전, 공감, 성장)을 활용해 줘."

- "새로운 제품 [제품명]이 가진 [특정 특징, 예: 친환경 소재]을 강조하는 마케팅 캠페인 슬로건 5개를 제안해 줘. 단순한 기능 설명이 아닌 감성적 연결을 유도하는 스토리가 담기면 좋겠어."

- "우리 회사의 비전 [비전 내용]을 직원들에게 더 깊이 각인시키기 위한 내부 브랜딩 스토리 초안을 작성해 줘. 직원들의 공감을 얻을 수 있는 에피소드를 포함하여 500자 이내로."

▶ 위기 상황에서의 윤리적 판단 및 커뮤니케이션
AI는 데이터를 분석하고 대응 방안을 제시할 수 있지만, 사회적 책임과 기업 윤리에 기반하여 복잡한 위기 상황에서 최종적인 판단을 내리고, 대중과 공감하며 소통하는 능력은 인간 리더의 고유한 역할입니다.

- "현재 우리 회사가 직면한 [위기 상황 상세 설명, 예: 제품 리콜 문제]에 대해, 사회적 책임과 기업 윤리 관점에서 우리가 반드시 고려해야 할 핵심 원칙 3가지를 제시해 줘."

- "[특정 위기 상황]에 대한 공식적인 고객 사과문 초안을 작성해 줘. 진정성과 책임감을 강조하고, 향후 재발 방지를 위한 구체적인 계획을 포함해 줘."

- "내부 직원들에게 [위기 상황]에 대한 올바른 인식과 대응을 요청하는 사내 메시지 초안을 작성해 줘. 직원들의 동요를 막고, 회사의 노력을 이해시키는데 중점을 두고 작성해 줘."

▶ 복합적인 문제에 대한 직관적이고 다면적인 해결책 제시
AI는 데이터를 기반으로 논리적인 해결책을 제시할 수 있지만, 여러 가지 복잡하게 얽힌 문제들 속에서 인간 고유의 직관과 다양한 경험을 바탕으로, 때로는 비논리적으로 보일지라도 가장 효과적이고 통합적인 해결책을 찾아내는 능력은 인간에게만 가능합니다.

- "우리 회사의 [현재 직면한 복합적인 문제, 예: 고객 불만 증가, 매출 둔화, 직원 이직률 상승]에 대해 AI가 분석한 데이터(내용 복사-붙여넣기)를 바탕으로, 인간의 직관과 경험을 뛰어넘는 창의적인 해결책 3가지를 제시해 줘. 각 해결책이 가진 잠재적 위험도 함께 언급해 줘."

- "내가 고민 중인 [딜레마 상황, 예: 신제품 출시 연기 vs. 불완전한 출시]에 대해 AI가 예측하는 최악의 시나리오 2가지와 최적의 시나리오 1가지를 설명해 줘. 그리고 이 시나리오들을 바탕으로 내가 최종 결정을 내릴 때 고려해야 할 핵심 요소 3가지를 제시해 줘."

- "우리 회사 내 [부서 A]의 갈등 문제와 [부서 B]의 낮은 성과 문제가 서로 연결되어 있다고 의심돼. AI가 각 문제의 데이터(관련 보고서/기록 복사-붙여넣기)를 분석하고, 이 두 문제가 어떤 방식으로 연관되어 있는지에 대한 통합적인 설명과 해결을 위한 다면적 접근 방안 2가지를 제안해 줘."

5.4.3. 'ChatGPT/Gemini + HI' 함께 수행 영역

3) '함께' 협력하는 영역 (인간 + AI): 시너지를 통한 '초월적 성과 창출자'
● 개념
- 인간의 지혜와 AI의 효율성이 만나, 각자의 강점을 극대화하며 최고의 시너지를 창출하는 업무 영역입니다.

- AI가 방대한 데이터를 처리하고 초안을 생성하며 '지식'과 '아이디어'의 씨앗을 뿌려주면, 인간은 이 씨앗을 바탕으로 깊이 있는 '판단'을 내리고, '창의적인 개선'을 더해, 최종적으로 인간적인 가치가 더해진 결과물을 완성합니다.

- AI는 인간의 사고 과정을 증강(Augmentation)하여 더욱 넓고 깊은 사고를 가능하게 하고, 인간은 AI의 결과물에 의미와 가치를 불어넣어 단순한 정보 이상의 무언가를 만들어냅니다.

- 이는 각자의 한계를 뛰어넘어 과거에는 상상하기 힘들었던 수준의 효율성과 창의성을 동시에 달성하는 새로운 협업 패러다임입니다. 이 협력 모델은 중소기업이 제한된 자원으로도 대기업과 어깨를 나란히 할 수 있는 강력한 동력이 됩니다.

● 적용
- 이 영역에서 인간과 AI는 서로의 강점을 보완하며, 고부가가치 업무에 집중할 수 있게 됩니다.

- AI는 반복적이고 시간 소모적인 작업을 처리하고, 인간은 그 절약된 시간을 활용해 전략 수립, 고객 관계 강화, 새로운 아이디어 구체화 등 핵심 역량에 집중합니다. 이는 단순히 업무 속도를 높이는 것을 넘어, 질적으로 향상된 결과물을 만들어내며, 직원들의 업무 만족도와 몰입도를 크게 향상시킵니다.

- AI가 '속도'와 '정확성'을 제공한다면, 인간은 '통찰'과 '감성', '전략'을 부여하는 진정한 파트너십이 이루어지는 곳입니다. 이러한 협업은 중소기업이 시장 변화에 더욱 민첩하게 대응하고, 차별화된 가치를 창출하는데 결정적인 역할을 합니다.

[수행 역할 및 활용 프롬프트]

▶ 아이디어 발상

AI가 방대한 데이터를 기반으로 수많은 아이디어를 제안합니다. 인간은 이 아이디어들을 비판적으로 평가하고, 자신의 창의성과 직관을 더해 가장 혁신적이거나 실현 가능한 아이디어를 선정하고 발전시킵니다.

- "AI가 분석한 [특정 시장, 예: 1인 가구 시장] 트렌드와 [우리 회사 제품/서비스, 예: 간편식]의 강점을 결합하여, 새로운 제품/서비스 아이디어 3가지를 제안해 줘. 각 아이디어별로 타겟 고객과 예상되는 니즈를 간략히 설명해 줘."

- "우리 회사의 [특정 문제, 예: 고객 서비스 응답 시간 지연] 해결을 위한 창의적인 아이디어 5가지를 제시해 줘. AI 기술(예: 챗봇, 자동 번역)을 활용하는 방안을 포함하되, 비현실적이어도 좋으니 자유롭게 상상해 줘."

- "다음 분기 마케팅 캠페인 슬로건 아이디어 10개를 제안해 줘. [브랜드 가치, 예: 지속 가능성]를 강조하고, [타겟 고객층, 예: Z세대]가 공감할 만한 톡톡 튀는 문구 위주로."

▶ 데이터 분석 및 통찰

AI가 복잡한 데이터를 순식간에 분석하여 패턴과 트렌드를 보여줍니다. 인간은 그 분석 결과에 숨겨진 의미를 파악하고, 왜 그런 현상이 나타났는지 통찰력을 발휘하여 전략적 의사결정을 내립니다.

- "지난 6개월간의 영업 데이터(내용 복사-붙여넣기)를 분석하여, 계약 성공률이 가장 높은 요인 3가지와 가장 낮은 요인 2가지를 추출해 줘. 이 분석을 바탕으로 영업 전략을 개선할 수 있는 구체적인 통찰을 제시해 줘."

- "우리 회사 웹사이트의 방문자 유입 경로와 페이지 이탈률 데이터(내용 복사-붙여넣기)를 통합 분석하여, 사용자 경험 개선을 위한 핵심 지점 2가지를 지적하고, 개선 시 예상되는 효과를 설명해 줘."

- "[특정 제품]의 고객 리뷰(내용 복사-붙여넣기)와 판매량 데이터(내용 복사-붙여넣기)를 교차 분석하여, 고객 만족도가 판매량에 미치는 영향에 대한 통찰을 도출해 줘. 주요 긍정/부정 키워드를 함께 언급해 줘."

▶ 교육 콘텐츠 제작

AI가 특정 주제에 대한 교육 자료의 기본 뼈대나 핵심 내용을 제공합니다. 인간은 이를 바탕으로 실제 교육 대상의 눈높이에 맞는 예시, 스토리텔링, 그리고 상호작용 요소를 추가하여 교육의 효과를 극대화합니다.

- "신입사원을 위한 'AI 활용 업무 기본 가이드' 교육 자료 목차 초안을 작성해 줘. 각 목차별로 포함되어야 할 핵심 내용(2줄 이내)과 적절한 활동(예: 실습, 토론)을 제안해 줘."

- "팀장들을 위한 '비대면 상황에서의 팀원 동기 부여' 교육 콘텐츠의 핵심 이론 3가지를 요약하고, 각 이론을 실제 상황에 적용할 수 있는 구체적인 시나리오 1가지씩 제시해 줘."

- "우리 회사 제품 [제품명]의 고객 서비스 담당자를 위한 심화 교육 자료 초안을 만들어 줘. 주요 기능 설명, 고객 불만 유형별 응대법, 자주 발생하는 문제 해결 팁을 포함하고, 실제 대화 예시도 넣어줘."

▶ 고객 맞춤형 마케팅 메시지 생성

AI가 고객 구매 이력, 검색 패턴, 소셜 미디어 활동 등을 분석하여 각 고객에게 최적화된 마케팅 메시지 초안을 생성합니다. 마케터는 AI가 제시한 초안에 인간적인 공감과 감성적 요소를 추가하고, 최종적인 캠페인 전략에 통합하여 고객의 마음을 사로잡는 효과를 극대화합니다.

- "[특정 고객층, 예: 30대 여성 직장인]에게 우리 회사의 [제품/서비스명, 예: 프리미엄 커피 구독 서비스]를 추천하는 개인화된 이메일 마케팅 메시지 초안 2가지 버전을 작성해 줘. 각각 '여유로운 아침'과 **'업무 중 활력'이라는 다른 컨셉을 강조해 줘."

- "최근 우리 회사 웹사이트에서 [특정 카테고리, 예: 친환경 주방용품]를 탐색했지만 구매하지 않은 고객들에게 보낼 리마케팅 광고 문구 3개를 제안해 줘. 재구매를 유도하는 할인 혜택을 포함하고, 친근하면서도 설득력 있는 톤으로."

- "고객 [고객명]의 구매 이력(내용 복사-붙여넣기)과 선호 브랜드(내용 복사-붙여넣기)를 분석하여, 이 고객에게 다음으로 추천할 만한 [제품/서비스] 2가지를 제시하고, 왜 이 고객에게 맞춤형인지 설명하는 소셜 미디어 메시지 초안을 작성해 줘."

▶ R&D 연구 방향 설정

AI가 최신 과학 논문, 특허 정보, 시장 동향을 분석하여 유망한 연구 분야나 기술적 돌파구를 제안합니다. 연구원은 AI의 분석을 바탕으로 창의적인 아이디어를 더하고, 실험 가설을 수립하며, 실제 연구 방향을 구체화하여 혁신적인 기술 개발을 시도합니다.

- "최신 [기술 분야, 예: 인공지능 기반 의료 진단 기술] 논문 동향(내용 복사-붙여넣기)을 분석하여, 우리 연구팀이 향후 2년간 집중해야 할 연구 방향 3가지를 제안해 줘. 각 방향별 예상되는 성과를 간략히 설명해 줘."

- "우리 회사의 [핵심 기술, 예: 고효율 배터리 소재]를 활용하여, 새로운 시장(예: 드론 산업)에 적용할 수 있는 제품 아이디어 3가지를 제시해 줘. 각 아이디어별로 기술적 실현 가능성에 대한 초기 검토를 포함해 줘."

- "경쟁사 [경쟁사명]의 최근 특허 출원 동향(정보 제공)을 분석하고, 우리 연구팀이 기술 개발 시 회피하거나, 혹은 집중적으로 연구해야 할 특정 기술 영역 2가지를 제안해 줘."

▶ 법률 문서 검토 및 초안 작성

AI가 방대한 법률 문서를 검토하여 핵심 조항을 추출하고, 잠재적 위험 요소를 식별하며, 계약서 초안을 작성합니다. 변호사나 법무 담당자는 AI가 제공한 초안과 분석을 바탕으로 법률적 판단을 내리고, 미묘한 법적 뉘앙스를 조정하며, 고객의 특수한 상황에 맞는 맞춤형 조항을 추가하여 최종 계약을 완성합니다.

- "새로운 고객과의 서비스 계약서 초안(내용 복사-붙여넣기)을 검토하고, 우리 회사에 잠재적인 법적 리스크를 초래할 수 있는 조항 3가지를 찾아 설명해 줘. 각 조항에 대한 수정 제안도 포함해 줘."

- "[특정 규제, 예: 개인정보보호법 개정안]이 우리 회사(업종)에 미칠 영향에 대해 경영진에게 보고할 500자 이내의 요약 보고서 초안을 작성해 줘. 주요 변경 사항과 우리 회사의 대응 방안을 포함해 줘."

- "외부 업체와 공동 연구 개발 협약(MOU) 초안을 작성해 줘. 지식재산권 소유 및 활용, 비밀 유지, 분쟁 해결에 대한 핵심 조항을 포함하고, 중소기업 입장에서 유리한 방향으로 제안해 줘."

▶ 채용 프로세스 최적화

AI가 수많은 이력서를 분석하여 직무 적합성이 높은 후보자를 선별하고, 기본적인 질문에 대한 AI 면접을 진행하여 1차 데이터를 수집합니다. 채용 담당자는 AI가 선별한 후보군을 대상으로 심층 면접을 진행하고, 지원자의 잠재력, 조직 문화 적합성, 그리고 인간적인 면모를 평가하여 최종 채용 결정을 내립니다.

- "[특정 직무, 예: 주니어 웹 개발자] 채용 공고문 초안을 작성해 줘. 필수 기술 스택, 우대 사항, 그리고 우리 회사의 개발 문화(자율성, 협업)를 강조하고, 지원자가 매력을 느낄 만한 문구로 작성해 줘."

- "수십 건의 이력서(내용 복사-붙여넣기)를 분석하여, [특정 직무, 예: 마케터]에 가장 적합한 후보자 5명을 선별해 줘. 각 후보자의 핵심 강점과 해당 직무와의 연관성을 간략히 설명해 줘."

- "신규 채용 면접을 위한 '행동 기반 질문(Behavioral Questions)' 5가지를 만들어 줘. [특정 역량, 예: 문제 해결 능력]을 평가하는데 초점을 맞추고, 각 질문에 대한 바람직한 답변 예시도 함께 제시해 줘."

5.5. 우리 팀 AI 파트너는 누구? - 부서별 HAInerge 역할 배치 전략

"AI와 함께 일하는 새로운 역할: HAInerge 전문가"

앞서 '사람과 AI의 역할 분장'을 통해 AI가 단독으로 잘하는 일과 인간과 '함께' 할 때 시너지를 내는 일이 무엇인지 명확히 나누었습니다. 이제 이러한 분장 원칙을 바탕으로, AI를 우리 조직의 각 부서에 어떻게 배치하여 HAInerge 팀을 현실화할지 구체적인 전략을 제시하겠습니다.

핵심은 AI를 단순히 기술(스킬)이나 전산 시스템으로 보는 것이 아니라, 각 부서의 업무 특성에 맞춰 가장 큰 도움을 줄 수 있는 '파트너'나 '역할'로 정의하여 배치하는 것입니다. 마치 팀에 새로운 직원을 충원하듯, 각 부서의 고유한 요구와 비효율을 해결해 줄 AI 역할을 찾아 연결하는 것입니다.

직원들 또한 각자의 직무에 따른 업무를 진행할 때, 기존의 스킬만으로 일하는 것이 아니라 AI를 파트너로 삼아 한정된 직무와 업무를 넘어 다양하고 포괄적인 직무와 업무를 수행하는 'HAInerge 전문가'로서 역할을 수행해야 합니다.

"HAInerge 역할 배치 전략: 'AI 팀원'의 맞춤형 배치 방안 (실행 가이드)"

중소기업의 각 부서는 고유한 업무 특성과 반복적인 문제점을 가지고 있습니다. 여기에 AI의 강점을 연결하여, AI가 그 부서의 생산성과 효율성을 극대화하는 핵심 역할을 수행하도록 배치해야 합니다.

이제 HAInerge 팀을 우리 조직에 실질적으로 배치하고 활용할 구체적인 계획을 세울 차례입니다. 이는 AI가 단순히 아이디어를 넘어, 당신의 업무를 직접 변화시키는 실체가 되는 과정입니다.

직원들 또한 각자의 직무에만 머무는 것이 아니라, AI를 파트너로 삼아 한정된 직무와 업무를 넘어 다양하고 포괄적인 역할을 수행하는 'HAInerge 전문가'로서 일해야 합니다. 이러한 새로운 역할 배치는 중소기업이 가진 강점인 빠른 의사결정과 유연한 조직 구조를 AI와 결합하여, 대기업 못지않은 민첩성과 효율성을 확보하게 합니다.

다음은 AI를 우리 조직의 각 부서에 성공적으로 배치하기 위한 체계적인 실행 방안입니다.

▣ 'AI 팀원'의 맞춤형 배치 방안 실행 가이드
1. AI와 함께하는 '이상적인 조직 설계': 청사진 그리기
우리 회사의 목표와 현황을 AI에 상세히 설명하고, AI가 가진 방대한 비즈니스 데이터를 바탕으로 가장 이상적이고 효율적인 업무 구조와 AI 역할을 제안받는 단계입니다.

① AI에게 목표와 현황 설명
- 회사 목표(예: 시장 점유율 확대), 주요 부서(인력 규모, 주력 업무), 대표님 업무 부담 등을 ChatGPT나 Gemini에 구체적으로 입력합니다.

② AI에게 이상적인 HAInerge 조직 설계 요청
- 이 정보를 바탕으로 "이 목표 달성 및 업무 부담 완화를 위한 가장 이상적인 HAInerge 조직 구조(사람과 AI의 역할 분장 포함)를 제안해 주세요. 각 부서별로 AI와 인간이 무엇에 집중할지 구체적으로 설명해 주세요. HAInerge 7인조 역할(비서실, 멘토단 등)을 활용해 예시를 들어주세요."라고 질문합니다.

2. AI가 제시한 '이상'과 우리의 '현실' 비교 및 비효율 발견하기
AI가 제안한 이상적인 조직 설계와 우리 회사의 현재 업무 방식을 비교 분석하여, 숨겨진 비효율과 AI 도입 기회를 명확히 찾아냅니다.

① AI 제안과 현재 업무 '대조'하기
- AI가 제안한 이상적인 업무 리스트를 출력하여, 현재 각 부서/구성원이 실제로 수행하는 업무와 비교합니다.

② '격차 분석' 및 '비효율 지점' 식별
- 대조를 통해 AI가 제시했지만 현재 하지 못하는 필수 업무, 인간이 비효율적으로 반복 수행하는 업무, AI 역할 분담에 따른 역할 불균형 등을 찾아냅니다.

3. 발견된 비효율에 HAInerge 역할 '최적 매칭' 및 구체화
AI의 도움으로 발견한 비효율 업무와 HAInerge 팀의 강점을 연결하여, AI를 우리 조직에 실질적으로 배치하고 활용할 구체적인 계획을 세웁니다.

① HAInerge 7인조 팀과의 '전략적 매칭'
- AI가 분석한 비효율 업무 리스트를 바탕으로, 각 업무를 HAInerge 7인조 팀 중 어떤 역할이 가장 효과적인지 AI에 직접 물어 제안받습니다. (예: "제가 찾은 비효율 업무 리스트([리스트])를 HAInerge 7인조 역할에 따라 분류하고, 각 역할이 어떻게 처리할지 프롬프트 아이디어 2가지씩 제안해 줘.").

4. 'AI 파트너' 역할 명명 및 공유
AI 역할에 생명을 불어넣고, 팀원들이 AI를 더욱 친근하고 명확한 '파트너'로 인식하도록 만드는 단계입니다. AI가 수행할 역할에 각 부서의 특성을 반영한 친근하고 직관적인 이름을 부여합니다. (예: 마케팅팀의 '콘텐츠 아이디어 메이커 AI').

① 부서별 AI 역할 이름 짓기
- 각 부서에서 AI가 주로 수행할 역할에 대해 논의하고 이름을 정합니다.

② 공식적인 소개 세션
- 팀 회의나 사내 공지를 통해 각 부서의 '새로운 AI 파트너'를 공식적으로 소개하고, 역할과 사용법을 명확히 설명합니다.

③ 역할 정의서 공유
- AI가 수행할 주요 업무와 범위, 그리고 AI에게 업무를 맡길 때 필요한 간단한 가이드라인을 문서화하여 공유합니다.

5. 가볍게 시도할 '파일럿 업무' 최종 선정
AI 분석 결과를 바탕으로, AI 도입의 첫 단추를 꿰맬 '파일럿 업무'를 신중하게 선정합니다. 핵심은 '가장 큰 개선 효과를 가져오면서도, 가장 간단하게 시작할 수 있는' 업무를 고르는 것입니다. 이는 'Apply' 단계로 이어지는 실질적인 첫걸음이 됩니다.

개인이나 팀의 '작은 고통'을 AI로 해결하고, 그 즉각적인 '작은 성공'을 체감하는 것이 중요합니다. 이는 HAInerge 팀 정착의 시작점이자, AI가 우리 회사의 새로운 심장이 될 수 있음을 증명하는 첫 번째 미션입니다.

① '가장 아픈 업무'를 AI에게 직접 시켜보기
- 당신(대표님)이나 HAInerge 팀원들이 가장 고통스러운 업무 하나를 선택하고, AI (ChatGPT, Gemini에게 직접 시켜봅니다.

② AI 도움 후 '달라진 점' 바로 체감하기
- AI가 만든 결과물을 보고, 업무가 얼마나 쉬워지고 빨라졌는지 직접 느껴봅니다. (예: 업무 시간 단축, 아이디어 질 향상, 업무 부담 감소)

③ '작은 성공 스토리' 동료들과 공유하기
- AI 덕분에 얻은 '작은 성공 경험'을 사내 메신저나 팀 회의에서 짧게 공유하여 긍정적인 파급 효과를 만듭니다.

5.5.1. AI와 함께하는 '이상적인 조직 설계

1) AI와 함께하는 '이상적인 조직 설계' (HAInerge 팀의 청사진 그리기)
　가장 먼저 ChatGPT나 Gemini에게 우리 회사의 현재 상황과 목표를 제시하고, AI가 생각하는 가장 이상적이고 효율적인 업무 분장 및 AI 역할 배치를 제안받습니다.
　이는 AI가 가진 수많은 비즈니스 최적화 모델과 성공 사례 데이터를 활용하는 단계입니다.

[실행 방법]
❶ AI에게 우리 회사의 목표와 현황 상세히 설명하기
AI가 정확한 청사진을 그리려면, 우리 회사의 현재 모습과 미래 목표를 최대한 구체적으로 설명해야 합니다. 마치 유능한 컨설턴트에게 우리 회사를 소개하듯 말이죠.

- 프롬프트 예시) "우리 회사는 소규모 반려동물 용품 스타트업입니다. 올해 목표는 '프리미엄 수제 간식 시장 점유율 15% 달성 및 신규 온라인 채널 2곳 입점'입니다. 현재 우리 회사의 주요 부서는 마케팅팀(3명, SNS/온라인 광고 주력), 생산팀(3명, 수제 간식 생산 및 재고 관리), 고객지원팀(1명, 온라인 문의 및 배송 관리)입니다. 저는 대표로서 사업 전략 수립, 영업 파트너십 구축, 총무 업무까지 겸임하고 있어 업무 부담이 매우 큽니다."

❷ AI에게 '이상적인 HAInerge 조직 설계' 요청하기
이제 AI에게 설명한 내용을 바탕으로, 우리 회사에 가장 적합한 HAInerge 조직 구조를 제안해 달라고 요청합니다. 사람과 AI가 어떻게 역할을 나누어 최적의 시너지를 낼 수 있을지 구체적인 그림을 그려달라고 하는 것입니다.

- 프롬프트 예시) "위 정보를 바탕으로, 목표 달성과 대표의 업무 부담 완화를 위해 HAInerge 조직 구조(사람과 AI의 역할 분장 포함)를 제안해 주세요. 각 부서별로 챗GPT 또는 제미나이에게 어떤 역할을 맡기고, 인간은 어떤 업무에 집중해야 할지 구체적으로 설명해 주세요. 특히 HAInerge 7인조의 역할(AI 비서실, AI 멘토단, AI 브레인, AI 분석관, AI 코치, AI 운영관, AI 커뮤니케이터)을 활용하여 예시를 들어 주세요."

앞서 AI 7인조 팀은 대표님의 부담을 줄이고 회사 전체의 핵심 역량을 강화하는데 크게 기여할 것을 살펴 보았습니다. 이제 각 부서도 이 AI 팀과 융합적으로 협력하여 더욱 효율적으로 일하고, 더 중요한 업무에 집중할 수 있게 됩니다. AI는 단순히 주어진 일을 처리하는 도구가 아닌, 우리 모두의 든든한 팀원이 될 것입니다.

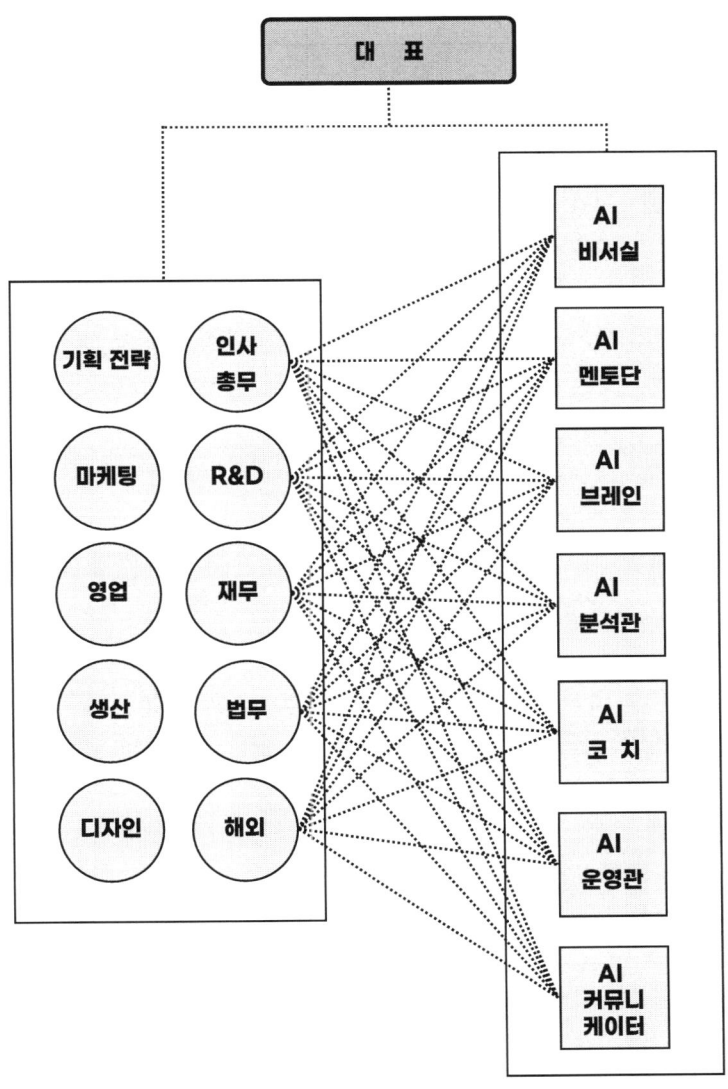

5.5.2. AI가 제시한 '이상'과 '현실' 비교 및 비효율 발견하기

2) AI가 제시한 '이상'과 우리의 '현실' 비교 및 비효율 발견하기

이제 ChatGPT나 Gemini가 제안한 이상적인 HAInerge 조직 설계 초안을 바탕으로, 우리 회사의 현재 업무 방식(현실)과 AI의 제안(이상)을 비교 분석합니다.

이 과정은 마치 AI가 비춰주는 거울을 통해 우리 조직의 숨겨진 비효율을 발견하는 것과 같습니다. 이 과정을 통해 현재 우리 조직의 진정한 비효율 지점과 AI 도입을 통한 개선 기회를 명확하게 찾아낼 수 있습니다.

[실행 방법]

❶ **ChatGPT나 Gemini의 제안과 현재 업무 '대조'하기**
- ChatGPT나 Gemini가 제안한 각 부서/구성원별 이상적인 역할과 업무 리스트를 출력하여, 현재 각 부서/구성원이 실제로 수행하고 있는 업무와 세심하게 비교합니다.
- 이때, "ChatGPT 또는 Gemini는 이 업무를 이렇게 효율적으로 처리하라고 제안했는데, 우리는 지금 어떤 방식으로 하고 있고, 무엇이 비효율적인가?"라는 질문을 던져 차이를 발견합니다.

프롬프트 예시)
- AI 제안 (마케팅팀): "AI 브레인이 월간 소셜 미디어 콘텐츠 아이디어 50개 생성 후, AI 커뮤니케이터가 주간 SNS 게시물 10개 초안 자동 생성."

- 우리 회사 현실 (마케팅팀): "마케터 2명이 주간 3개의 아이디어를 수동으로 발상하고, 주간 SNS 게시물 5개를 처음부터 수동으로 작성. 아이디어 고갈과 시간 부족으로 콘텐츠 생산량이 부족."

- 발견된 차이: '아이디어 발상 및 콘텐츠 초안 생성'에서 AI 활용 격차가 크며, 이것이 곧 인력 부족과 콘텐츠 생산량 부족의 원인이 됨

❷ AI가 제안하는 '이상적인 업무 리스트' 확보 (예시)

다음 AI(ChatGPT 또는 Gemini)가 제시할 수 있는 '이상적인 HAInerge 조직 설계 초안'으로 대표님의 회사 목표 달성을 위한 'AI가 포함된 최적의 업무 흐름'과 '이상적인 역할 정의'를 담고 있습니다.

※ 참고: 아래 부서 옆의 숫자는 HAInerge 시스템 도입 후 해당 부서에 재배치될 '인간 역할의 수'를 의미합니다. 이는 물리적인 직원의 수(인원수)가 아닙니다. 새로운 AI시대의 기업은 AI와 협력하여 한 명의 직원이 여러 부서의 업무를 포괄적으로 수행할 수 있게 됨에 따라, 회사의 목표 달성을 위해 필요한 '역할' 단위로 인력을 유연하게 재배치한 것입니다.
과거의 한정된 인력으로 고정된 '직무' 개념을 넘어선 HAInerge 팀의 새로운 인력 운영 철학을 반영합니다. HAInerge AI 팀원들은 이 역할 수에 포함되지 않으며, 인적 리소스의 확장자로 작동합니다.

▣ 경영/전략 (대표님 중심)
- 인간 역할: 장기 비전 수립, 핵심 파트너십 결정, 주요 법적/윤리적 판단
- AI 멘토단: 월간 시장 트렌드 보고서 자동 생성, 경쟁사 신제품 분석 요약, 투자 기회 탐색
- AI 분석관: 주간 판매 데이터 분석 및 재무 현황 요약, 비용 효율화 지점 분석
- AI 비서실: 대표님 일정 관리, 중요 이메일 초안 작성, 법률 자문 요청서 초안

▣ 마케팅팀 (2명)
- 인간 역할: 콘텐츠 기획 총괄, 브랜드 스토리텔링, 감성 기반 고객 소통, 신규 채널 전략 수립
- AI 브레인: 신제품 캠페인 아이디어 5가지, 블로그 주제 10개 발상
- AI 커뮤니케이터: 인스타그램 문구 및 해시태그 추천, 온라인 광고 카피 A/B 테스트 버전 생성
- AI 분석관: 마케팅 캠페인 성과 데이터(클릭률, 전환율) 분석 및 보고서 요약

▣ 영업팀 (3명)
- 인간 역할: 고객 관계 구축 및 심층 상담, 핵심 고객 관리, 수주 클로징
- AI 커뮤니케이터: 고객 맞춤형 제안서 초안 작성, 응대 스크립트 생성, 이메일 초안
- AI 비서실: 영업 일정 관리, 고객 미팅 보고서 요약, 계약서 초안 정리
- AI 분석관: 잠재 고객 발굴 기준 분석, 고객 이탈 예측, 판매 데이터 추이 분석

▣ 생산팀 (3명)
- 인간 역할: 생산 품질 최종 검수, 숙련된 생산 기술 전수, 공급망 파트너 관리
- AI 운영관: 일일 생산량 점검 체크리스트 자동 생성, 재고 부족/과잉 예상 품목 리스트업
- AI 분석관: 생산 공정 데이터(생산 시간, 불량률) 분석 및 비효율 지점 식별
- AI 비서실: 생산 보고서 초안 작성, 자재 발주 관련 이메일 초안

▣ 연구개발/제품기획팀 (2명)
- 인간 역할: 혁신적인 제품 컨셉 구체화, 핵심 기술 개발 방향 결정, 연구 결과 최종 검증
- AI 브레인: 최신 기술 동향 분석, 시장 니즈 기반 신제품 아이디어 제안, 특허 정보 요약
- AI 분석관: R&D 데이터 분석, 실험 결과 해석, 경쟁 기술 분석
- AI 기술 스카우터 (가칭): 글로벌 기술 논문 및 특허 모니터링, 신기술 적용 가능성 보고
- AI 비서실: 연구 보고서 요약, 기술 문서 초안 작성

▣ 디자인팀 (2명)
- 인간 역할: 브랜드 아이덴티티 구축, 사용자 경험(UX/UI) 설계, 최종 디자인 결정 및 감성 표현
- AI 브레인: 최신 디자인 트렌드 분석, 디자인 컨셉 아이디어 스케치(텍스트 기반), 로고/색상 팔레트 아이디어 제안
- AI 분석관: 사용자 반응 데이터(웹/앱 사용성, 디자인 선호도) 분석, A/B 테스트 결과 해석
- AI 커뮤니케이터: 디자인 제안서 초안 작성, 시각 자료 설명 문구 생성
- AI 비서실: 디자인 프로젝트 일정 관리, 자료 정리, 레퍼런스 이미지 검색 결과 요약

▣ 고객지원팀 (1명)
- 인간 역할: 복잡한 고객 불만 심층 상담, VIP 고객 관계 관리, CS 정책 개선 제안
- AI 커뮤니케이터: FAQ 자동 응답 스크립트 작성, 단순 문의 고객 답변 초안, 고객 리뷰 감성 분석 요약
- AI 비서실: 고객 문의 기록 요약, 배송 상태 문의 자동 응대 스크립트

▣ 법무/계약팀 (1명)
- 인간 역할: 중요한 계약 최종 검토 및 협상, 법률 자문 및 해석, 소송 대응 전략 수립
- AI 분석관: 방대한 법률 문서 및 판례 분석, 특정 조항/규제 변화 식별
- AI 비서실: 계약서 초안 정리, 법률 서식 관리 지원
- AI 법률 검토 보조관 (가칭): 계약서 핵심 조항 추출, 잠재적 리스크 문구 식별, 관련 판례 요약

▣ 인사/총무팀 (2명)
- 인간 역할: 인재 채용 최종 결정, 직원 동기 부여 및 리더십 발휘, 조직 문화 조성
- AI 코치: 직원 교육 콘텐츠 작성, 맞춤형 학습 자료 추천, 성과 피드백 초안 제공
- AI 비서실: 채용 공고문 작성, 이력서 1차 분류, 사내 공지문 초안 작성
- AI 운영관 (총무 업무 보조): 비품 재고 관리, 시설 점검 체크리스트 자동화

▣ 재무팀 (2명)
- 인간 역할: 재무 전략 수립, 주요 투자 결정, 리스크 관리, 세무 최종 검토
- AI 분석관: 복잡한 재무 데이터 분석, 보고서 수치 정리, 예산 사용 현황 분석
- AI 비서실: 재무 보고서 초안 작성, 세금 관련 문서 정리
- AI 비용 최적화 고문 (가칭): 회사 전체 비용 데이터 심층 분석, 불필요한 지출 식별, 효율적인 예산 집행을 위한 절감 방안 제안과 요약.

◾ **IT/시스템 관리 부서 (1명)**
- 역할: 사내 IT 인프라 관리, 기술 지원, 정보 보안을 담당. 중소기업에서는 외부 업체와의 소통이 중요하며, 내부적으로는 기본적인 문제 해결 능력이 필요
- 인간 역할: IT 인프라 전략 수립, 복합 시스템 장애 해결, 외부 IT 벤더 관리
- AI 운영관: 시스템 로그 모니터링, 자동 알림 설정, 백업 현황 보고
- AI 비서실: 기술 문서/사용자 매뉴얼 초안, IT 비품 재고 관리
- (가칭) AI 기술 지원 보조관: (역할: 일반 직원 IT 문의 1차 응대 스크립트, 오류 메시지 분석 및 해결법 제시)

◾ **해외 사업/수출 부서 (2명)**
- 역할: 해외 시장 조사, 수출 전략 수립, 해외 파트너 발굴 및 관리, 국제 무역 업무 담당
- 인간 역할: 해외 파트너십 구축, 수출 전략 수립, 국제 무역 협상
- AI 멘토단: 해외 시장 규제 분석, 국가별 트렌드 요약, 잠재 파트너 발굴
- AI 커뮤니케이터: 다국어 비즈니스 이메일 초안, 해외 고객 FAQ 번역 및 스크립트
- AI 비서실: 수출입 서류 초안 정리, 해외 출장 일정 관리

◾ **총괄/기획조정실 (2명)**
- 역할: 전사적인 프로젝트 총괄, 부서 간 업무 조율, 경영진 의사결정 보조 및 보고 체계 관리 (경영/전략 부서가 세분화된 경우)
- 인간 역할: 전사적 프로젝트 총괄, 부서 간 업무 조율, 경영진 의사결정 보조
- AI 비서실: CEO/임원 일정 중복 확인, 전체 회의록 정리, 보고서 취합 및 형식 검토
- AI 운영관: 전사적 업무 프로세스 효율 분석, 개선 제안 초안
- AI 분석관: 핵심 지표 통합 분석, 전사 경영 현황 요약

◾ **HAInerge 팀원 역할 (대표 업무 부담 경감)**
- AI 비서실: 회의록 요약, 일정 정리, 총무 문서 초안 (예: 비품 구매)
- AI 멘토단: 파트너사 분석 및 협상 아이디어 제안
- AI 운영관: 월별 재고 요약 및 효율화 방안 제안

❸ '격차 분석' 및 '비효율 지점' 식별

앞서 '❶ ChatGPT나 Gemini의 제안과 현재 업무 대조하기'와 '❷ AI가 제안하는 이상적인 업무 리스트 확보' 과정을 통해, AI가 제시한 '이상적인 HAInerge 조직 설계 초안'과 우리 회사의 '현재 업무 방식(현실)' 사이에 어떤 차이가 있는지 직접 확인하셨을 겁니다.

이제 이 대조를 통해 발견된 차이점들을 더 깊이 파고들어, AI가 개입해야 할 구체적인 '비효율 지점'을 명확히 식별할 차례입니다.

이 과정은 마치 AI라는 정밀 진단기가 우리 회사의 업무 혈관을 꼼꼼히 스캔하여, 어디가 막혀 있고 어디에서 비효율이 발생하는지 정확히 짚어주는 것과 같습니다. 단순히 '힘들다'고 느끼는 것을 넘어, AI가 분석한 데이터를 바탕으로 '무엇이 어떻게 비효율적인가'를 구체적으로 이해하게 됩니다.

[AI가 찾아주는 세 가지 핵심 비효율 지점]
AI가 제시한 이상적인 업무 흐름과 우리 회사의 현실을 비교하면 주로 다음과 같은 세 가지 유형의 '격차'와 '비효율 지점'을 발견할 수 있습니다.

① **AI가 제시했지만 현재 하지 못하는 필수 업무**
회사의 목표 달성이나 경쟁력 강화를 위해 AI가 '이것은 해야 한다'고 제안했지만, 현재 우리 회사에서는 인력, 시간, 예산, 기술 부족 등의 한계로 인해 전혀 수행하지 못하고 있는 업무들을 식별하는 것입니다. 이는 우리가 잠재적인 성장 기회를 놓치고 있거나, 중요한 리스크에 대비하지 못하고 있을 가능성을 시사합니다.

예시)
- 경영/전략팀: AI 멘토단이 제안한 '실시간 경쟁사 마케팅 전략 변화 감지 및 보고서 자동 생성'은 현재 인력 부족과 전문 분석 툴 부재로 전혀 수행하지 못하고 있습니다. 이로 인해 중요한 시장 변화에 대한 대응이 늦어지고 있습니다.

- 연구개발/제품기획팀: AI 브레인이 '글로벌 특허 동향을 분석하여 신기술 적용 가능성을 주간 단위로 브리핑해야 한다'고 제안했지만, 현재는 수개월에 한 번씩만 단편적인 정보 탐색이 가능합니다. 이로 인해 신기술 개발 기회를 놓치고 있습니다.
- 영업팀: AI 분석관이 '잠재 고객의 산업별 특성과 구매 주기를 AI가 분석하여 영업 기회를 예측해야 한다'고 제안했지만, 현재는 과거 영업 담당자의 경험과 직관에만 의존하고 있어 새로운 고객 발굴이 비효율적입니다.행할 수 있습니다.

② 현재 인간이 비효율적으로 반복 수행하는 업무

AI가 훨씬 더 빠르고 정확하게 처리할 수 있음에도 불구하고, 현재 인간이 수작업으로 반복적으로 수행하고 있어 시간 소모가 크고 오류 발생 가능성이 높은 업무들을 찾아내는 것입니다. 이는 EAP 도입을 통해 AI가 가장 먼저 대체하거나 효율화할 수 있는 핵심 지점입니다.

예시)
- 영업팀: 고객 문의 메일에 대한 표준 답변을 매번 수동으로 작성하고 있어, 담당자마다 답변의 일관성이 부족하고 응대 시간이 오래 걸립니다. AI 커뮤니케이터가 이를 자동화할 수 있습니다.

- 인사/총무팀: 매월 직원들의 출퇴근 기록을 수기로 집계하고 정산하는데 하루 이상이 소요되며, 작은 실수에도 급여 오류가 발생할 수 있습니다. AI 운영관이 이 과정을 자동화할 수 있습니다.

- 재무팀: 월말 결산 시, 각 부서에서 취합된 영수증과 지출 내역을 수기로 분류하고 엑셀에 입력하는 데 많은 시간이 소모되며, 입력 오류가 자주 발생합니다. AI 분석관이 이 데이터 정리 및 분류 작업을 효율화할 수 있습니다.

③ AI가 제안한 역할 분담에 따른 '역할 불균형'

AI가 제시한 이상적인 역할 분담에 비해, 현재 인간 직원이 너무 많은 반복 업무를 맡고 있어 본연의 핵심 역량(MASTER 역량)을 발휘하지 못하는 지점을 파악하는 것입니다. 이는 AI의 도움을 통해 인간이 더 고부가가치 업무에 집중해야 함에도 불구하고, 여전히 '잡무'에 매달리고 있는 상황을 의미합니다.

예시)
- 인사/총무팀: HR 담당자가 채용 공고문 작성과 이력서 1차 분류, 간단한 사내 공지문 작성 등 반복적인 행정 업무에 많은 시간을 소모하여, 직원들의 성과 관리나 교육 프로그램 기획, 조직 문화 조성 같은 중요한 업무에 집중하지 못하고 있습니다. AI 비서실이 이러한 업무를 대신할 수 있습니다.

- 마케팅팀: 마케터가 소셜 미디어 게시물 아이디어를 매번 처음부터 구상하고, 문구를 작성하는 데 시간을 많이 쏟아, 실제 캠페인 성과 분석이나 새로운 전략 수립 같은 창의적이고 분석적인 업무에 집중하지 못합니다. AI 브레인과 AI 커뮤니케이터가 이 부분을 보완할 수 있습니다.

- 고객지원팀: 상담 직원이 단순 반복적인 고객 문의(예: 배송 조회, 환불 정책)에 대부분의 시간을 할애하여, 심층적인 고객 불만 해결이나 VIP 고객과의 관계 구축 같은 고부가가치 고객 서비스에 시간을 투자하지 못합니다. AI 커뮤니케이터가 초기 응대를 자동화할 수 있습니다.

● 기대 효과: AI, 우리 조직의 '경영 진단 컨설턴트'

이처럼 AI가 제시한 '이상'을 기준으로 삼아 우리 조직의 '현실'을 객관적으로 진단함으로써, 가장 시급하고 AI가 개입했을 때 가장 큰 효과를 볼 수 있는 비효율 지점들을 명확히 찾아낼 수 있습니다.

이 과정은 AI 도입과 활용을 위한 가장 중요한 문제 정의 단계이며, 왜 AI가 필요한지에 대한 내부적인 공감대를 형성하는데 결정적입니다.

AI는 단순히 문제를 해결하는 도구를 넘어, 문제 자체를 발견하고 진단하는 '경영 진단 컨설턴트' 역할까지 수행하며 우리 조직의 숨겨진 잠재력을 일깨워 줄 것입니다.

5.5.3. 발견된 비효율에 HAInerge 역할 '최적 매칭' 및 구체화

"실행 방법: AI와 함께하는 최적의 역할 분담 전략"

앞서 AI의 도움으로 발견한 우리 회사의 비효율적인 업무들을 이제 HAInerge 팀의 강점과 연결할 차례입니다.

이 단계는 AI가 단순히 아이디어를 넘어, 당신의 업무를 직접 변화시키는 실체로 만드는 과정입니다. AI를 우리 조직에 실질적으로 배치하고 활용할 구체적인 계획을 세우는 핵심 단계입니다. 이 과정은 AI의 방대한 지식과 분석 역량을 활용하여, 우리 회사의 고유한 비효율에 가장 잘 맞는 AI 역할을 찾아 연결하는 전략적인 과정입니다.

❶ 실행 방법: HAInerge 7인조 팀과의 '전략적 매칭'

이 단계는 AI에게 우리 회사의 비효율 업무 리스트를 제시하고, HAInerge 7인조 AI 팀원 중 어떤 역할이 각 업무를 가장 효과적으로 수행할 수 있을지 제안받는 과정입니다. AI의 전문성을 빌려 최적의 역할을 배정하는 전략적 판단입니다.

① 우리가 발견한 '비효율 업무 리스트' 준비하기 (AI에게 제공할 재료)

- 무엇을?

앞서 'AI와 함께하는 비효율 분석' 단계에서 찾아낸, 우리 회사에서 AI가 도울 수 있는 비효율 업무 리스트를 준비합니다.

이 리스트는 AI에게 입력할 수 있도록 간단한 텍스트 형태로 정리하는 것이 좋습니다.

- 어떻게?

"주간 보고서 데이터 수동 취합 및 요약", "고객 문의 이메일 반복 답변 작성", "신제품 마케팅 아이디어 발상 시 초기 아이디어 부족", "월별 재고 현황 수기 작성" 등 구체적인 업무 명칭을 나열하세요.

가능하다면 각 업무가 현재 얼마나 많은 시간을 소모하는지 간략히 덧붙여도 좋습니다.

② AI에게 '역할 매칭' 및 '활용 방안' 요청하기 (AI에게 지시할 핵심 프롬프트)

● 무엇을?

준비된 비효율 업무 리스트를 ChatGPT나 Gemini에 입력하고, AI에게 해당 업무들을 HAInerge 7인조 팀의 역할에 따라 분류하고, 각 역할이 그 업무들을 어떻게 도울 수 있는지 구체적인 프롬프트 아이디어까지 요청합니다.

● 어떻게?

아래와 같은 핵심 프롬프트를 복사하여 AI에 입력하고, [여기에 당신이 찾아낸 비효율 업무 리스트를 복사-붙여넣기] 부분에 준비된 리스트를 넣어주세요.

프롬프트 예시)
"저는 중소기업 대표입니다. 제가 찾아낸 다음 '비효율 업무 리스트'를 HAInerge 7인조 팀의 역할에 따라 분류해 주세요. 각 HAInerge 역할(AI 비서실, AI 멘토단, AI 브레인, AI 분석관, AI 코치, AI 운영관, AI 커뮤니케이터)이 해당 업무들을 어떻게 처리할지, 구체적인 프롬프트 아이디어를 2가지씩 제안해 주세요."
[여기에 당신이 찾아낸 비효율 업무 리스트를 복사-붙여넣기]
   예시)
   - 주간 마케팅 보고서 데이터 수동 취합 및 요약
   - 고객 문의 이메일 반복 답변 작성
   - 신제품 아이디어 발상 시 초기 아이디어 부족
   - 월별 재고 현황 수기 작성

● 기대 효과

AI는 당신이 제시한 비효율 업무들을 HAInerge 7인조 팀의 각 역할에 매칭하고, 그 역할을 수행할 때 사용할 수 있는 구체적인 프롬프트 아이디어까지 제시해 줄 것입니다. 이는 객관적이고 방대한 데이터를 기반으로 한 최적의 AI 배치안을 얻는 과정으로, 사람의 주관적인 판단이나 경험의 한계를 넘어설 수 있게 합니다.

③ AI의 '최적 배치안' 검토 및 '우리 회사 맞춤형' 확정하기 (AI 제안을 현실로 가져오기)
● 무엇을?
AI가 제시한 HAInerge 역할별 업무 분류와 프롬프트 아이디어를 검토하고, 우리 회사의 실제 상황과 인력 구성을 고려하여 최종적인 AI 역할 배치를 확정합니다.

● 어떻게?
 - AI의 제안을 출력
    AI의 답변을 복사하여 구글 문서나 MS 워드 같은 문서 프로그램에 붙여넣고 저장합니다. (이것이 당신의 'HAInerge 역할 배치 초안' 문서가 됩니다.)

 - 내부 논의 및 조정
    이 초안을 가지고 각 부서의 'AI 에이스(챔피언)' 또는 팀 리더들과 함께 논의합니다. "이 업무는 정말 AI가 맡는 게 좋을까?", "우리 팀의 이 인력이 AI와 협력하면 어떤 새로운 역할을 할 수 있을까?" 등을 토론하며 AI의 제안을 우리 회사에 가장 잘 맞게 조정합니다.

 - 실제 HAInerge 역할 확정
    논의를 통해 각 부서별로 어떤 AI 역할(예: 마케팅팀의 AI 브레인, 영업팀의 AI 커뮤니케이터)이 어떤 핵심 비효율 업무를 담당하게 될지 최종 확정하고 문서화합니다.

 - 프롬프트 라이브러리 구축 시작: AI가 제안한 프롬프트 아이디어를 바탕으로, 각 HAInerge 역할이 수행할 업무를 위한 '맞춤형 명령어 템플릿'을 제작하기 시작합니다. (이는 3단계 'Strengthen'의 주요 활동으로 이어집니다.)

● 기대 효과
AI의 분석력을 활용하여 우리 회사에 가장 적합하고 효과적인 AI 역할 배치 계획을 수립할 수 있습니다. 이는 AI 도입이 막연한 시도가 아닌, 명확한 목표와 역할 분담을 가진 전략적 실행으로 이어지게 합니다. 직원들도 AI가 자신들의 업무 부담을 덜어주는 실제적인 파트너임을 인식하게 되어, AI 활용에 대한 저항을 줄이고 적극적인 참여를 이끌어 낼 수 있습니다.

5.5.4. 'AI 파트너' 역할 명명 및 공유: HAInerge 팀의 얼굴 만들기

"실행 방법: AI 파트너를 팀의 일원으로 만드는 실천 전략"

앞선 단계를 통해 AI가 우리 회사의 어떤 비효율을 해결하고 어떤 역할을 맡을지 명확히 파악하셨을 것입니다. 이제 이 AI 역할에 생명을 불어넣고, 팀원들이 AI를 더욱 친근하고 명확한 '파트너'로 인식하도록 만드는 단계입니다. 마치 새로운 직원이 우리 팀에 합류했을 때 환영하고 역할을 소개해 주듯이 말이죠.

❶ 실행 방법: AI 파트너를 팀의 일원으로 만드는 실천 전략
AI가 우리 회사의 어떤 비효율을 해결하고 어떤 역할을 맡을지 명확히 파악했습니다. 이제 이 AI 역할에 생명을 불어넣고, 팀원들이 AI를 더욱 친근하고 명확한 '파트너'로 인식하도록 만드는 단계에서 마치 새로운 직원이 우리 팀에 합류했을 때 '이름'을 부르며 환영하고 역할을 소개해 주듯 이름을 부여 하는 것입니다.

- 부서별 AI 역할 이름 짓기: 우리 팀의 AI 동료를 소개합니다!

AI에게 단순히 '챗봇'이라는 일반적인 명칭을 붙이는 대신, 각 부서의 특성과 AI가 수행할 핵심 업무를 반영한 친근하고 직관적인 이름을 부여하세요. 이렇게 이름을 지어주면 직원들이 AI를 딱딱한 기술이 아닌, 함께 일하는 동료처럼 느끼게 되어 AI 활용에 대한 심리적 장벽이 크게 낮아집니다.

- 무엇을?

앞서 AI가 제안한 이상적인 업무 리스트와 우리가 확정한 AI의 역할을 참고하여, 각 부서에서 AI가 주로 수행할 역할에 대해 내부적으로 논의하고 이름을 정합니다.

- 어떻게?
    - 마케팅팀의 AI 브레인 → '아이디어 데이커 AI': 마케팅팀의 창의적인 아이디어 발상을 돕는 AI 역할을 강조
    - 영업팀의 AI 커뮤니케이터 → '스마트 제안 도우미 AI': 고객에게 맞춤형 제안서를 만드는 영업 지원 AI 역할을 강조
    - 인사팀의 AI 코치 → '온보딩 도우미 AI': 신입 사원 교육과 적응을 돕는 AI 역할을 강조

- 재무팀의 AI 분석관 → '숫자 비서 AI': 복잡한 재무 데이터를 쉽고 빠르게 분석해주는 AI 역할을 강조
  - 개념 부여: AI 이름 뒤에 그 AI의 핵심 기능을 붙여주는 것이 좋습니다. (예: '비서 AI', '분석 AI', '코치 AI').

● 기대 효과
직원들이 AI를 인격화된 동료처럼 받아들이고, AI에게 업무를 지시하는 것을 더욱 자연스럽게 느끼게 됩니다. 이는 AI 활용을 위한 첫 걸음이자, 심리적 장벽을 허무는데 매우 효과적입니다.

❷ **공식적인 소개 세션: AI 파트너의 온보딩 행사**
새로운 직원이 오면 환영회를 하듯, 우리 회사의 새로운 AI 파트너도 공식적으로 소개하는 자리를 마련해야 합니다. 이는 AI 도입이 단순히 기술 도입이 아닌, 조직 구성원의 확대임을 알리는 중요한 절차입니다.

● 무엇을?
각 부서의 '새로운 AI 파트너'를 전 직원 또는 해당 부서원들에게 공식적으로 소개하는 자리를 갖습니다.

● 어떻게?
  - 팀 회의 또는 사내 공지 활용
    주간 팀 회의 시간의 일부를 할애하거나, 사내 공지 게시판(또는 메신저)을 통해 새로운 AI 파트너를 소개하는 글을 올립니다.
  - AI의 역할과 사용법 설명
    이 AI 파트너가 어떤 업무를 돕게 될지, 어떤 방식으로 소통해야 하는지(어떤 프롬프트를 써야 하는지, 어떤 데이터를 줘야 하는지), 그리고 AI가 어떤 한계를 가지는지(예: 민감 정보 입력 금지) 등을 명확히 설명합니다.
  - 기대 효과 시사
    AI가 이 부서의 업무 효율을 어떻게 높이고, 직원들의 어떤 어려움을 해결해 줄 것인지 구체적인 기대를 언급하여 긍정적인 인식을 심어줍니다.

❸ 역할 정의서 공유: AI와 인간의 '업무 가이드라인'
AI가 수행할 주요 업무와 범위를 명확히 문서화하여 공유하는 것은 HAInerge 팀의 협업 효율성을 높이는데 필수적입니다. 이는 AI와 인간 사이의 '업무 가이드라인'을 만드는 과정입니다.

● 무엇을?
AI가 수행할 주요 업무 범위, AI에게 업무를 맡길 때 필요한 간단한 가이드라인(예: 어떤 정보를 제공해야 하는지, 어떤 결과물을 기대하는지), AI의 한계점과 주의사항 등을 명확히 담은 문서입니다.

● 어떻게?
복잡한 보고서가 아닌, A4 한두 장 분량의 간결한 'AI 역할 정의서'를 만듭니다. 한번에 끝내지 않고 지속적인 업그레이드를 통하여 계속 발전 시켜 나갑니다.

  (주요 포함 내용)
   - AI 파트너 이름: (예: 콘텐츠 아이디어 메이커 AI)
   - 핵심 역할: (예: 마케팅 콘텐츠 아이디어 발상 및 초안 생성)
   - AI가 잘하는 업무(예시): (예: 블로그 글 제목 10개 제안, SNS 문구 3개 작성)
   - AI에게 요청할 때 필요한 정보: (예: 제품 특징, 타겟 고객층, 강조할 메시지)
   - AI가 못하는/주의할 점: (예: 최종 검수 필수, 감성적인 스토리텔링은 인간 보완 필요)
   - 활용 프롬프트 예시: 자주 쓰는 핵심 프롬프트를 함께 제시합니다.

● 기대 효과
AI 활용의 명확성을 높여 직원들이 'AI에게 뭘 시킬 수 있지?'라는 고민 없이 바로 업무에 적용할 수 있도록 돕습니다. 또한, AI 활용의 일관성을 유지하고, AI 활용에 대한 조직 전체의 학습 속도를 가속화하는데 기여합니다.

■ 'AI 역할 정의서' 작성을 위한 프롬프트 예시

AI 파트너를 위한 간결한 'AI 역할 정의서'를 만드는 것은 팀원들이 AI를 명확하게 이해하고 활용하는데 큰 도움이 됩니다. AI에게 다음과 같이 요청하여 이 정의서의 초안을 쉽게 만들 수 있습니다.

[AI에게 'AI 역할 정의서' 초안 작성을 요청하는 프롬프트]

❶ 기본 역할 정의서 초안 요청

  "우리 회사의 새로운 AI 파트너 '콘텐츠 아이디어 메이커 AI'를 위한 'AI 역할 정의서' 초안을 작성해 줘. 이 AI는 마케팅 부서에서 콘텐츠 아이디어 발상 및 초안 생성을 돕는 역할을 해. 다음 내용을 포함해서 A4 한두 장 분량으로 간결하게 작성해 줘:
  - AI 파트너 이름   - 핵심 역할   - AI가 잘하는 업무(예시 3가지)
  - AI에게 요청할 때 필요한 정보(예시 3가지)
  - AI가 못하는/주의할 점(예시 2가지)"

❷ 특정 역할별 상세 내용 요청

  "나는 영업팀의 '스마트 제안 도우미 AI'의 역할 정의서를 만들고 싶어. 이 AI는 고객 맞춤형 제안서 초안 작성을 돕는 역할이야. 이 AI에게 요청할 때 필요한 정보는 '고객사명, 고객사의 예상 니즈, 우리 제품/서비스의 핵심 가치' 등이야. AI가 못하는/주의할 점은 '인간적인 관계 구축, 최종 계약 성사' 등이야. 이 정보를 바탕으로 역할 정의서의 'AI가 잘하는 업무' 항목과 '활용 프롬프트 예시' 항목을 구체적으로 작성해 줘."

■ AI 역할 정의서: HAInerge 팀의 가상 온보딩

AI 파트너의 'AI 역할 정의서'를 가상으로 만들어서 예시로 설명을 드립니다. 대표님의 회사에 필요한 AI 파트너를 설정하고 AI 역할 정의서를 만들어 보세요.

[AI에게 'AI 역할 정의서' 초안 작성을 요청하는 프롬프트 (가상 예시)]

지금부터 가상의 반려동물 간식 스타트업 '멍냥푸드'를 배경으로, ChatGPT나 Gemini에게 직접 요청하여 'AI 역할 정의서' 초안을 만들어 보겠습니다.

1) 가상 예시 1: 마케팅 부서 '콘텐츠 아이디어 메이커 AI' 역할 정의서 초안 요청
(ChatGPT/Gemini에게 입력하는 프롬프트)

● AI에게 'AI 역할 정의서' 초안 작성을 요청하는 프롬프트
❶ 기본 역할 정의서 초안 요청

"우리 회사의 새로운 AI 파트너 '콘텐츠 아이디어 메이커 AI'를 위한 'AI 역할 정의서' 초안을 작성해 줘. 이 AI는 마케팅 부서에서 반려동물 간식 제품의 콘텐츠 아이디어 발상 및 초안 생성을 돕는 역할을 해.
다음 내용을 포함해서 A4 한두 장 분량으로 간결하게 작성해 줘:
  - AI 파트너 이름   - 핵심 역할   - AI가 잘하는 업무(예시 3가지)
  - AI에게 요청할 때 필요한 정보(예시 3가지)
  - AI가 못하는/주의할 점(예시 2가지)"

❷ AI가 생성한 '콘텐츠 아이디어 메이커 AI' 역할 정의서 초안 예시
(AI 역할 정의서 초안: 콘텐츠 아이디어 메이커 AI)
- AI 파트너 이름: 콘텐츠 아이디어 메이커 AI
- 핵심 역할: 마케팅 부서의 반려동물 간식 제품 관련 콘텐츠 아이디어 발상 및 초안 생성 지원

- AI가 잘하는 업무(예시)
  - 신제품 출시 관련 인스타그램/블로그 게시물 아이디어 제안: 특정 제품의 특징과 타겟 고객층에 맞는 다양한 아이디어(5가지 이상)를 제시합니다.

  - 캠페인 슬로건/광고 문구 초안 작성: 특정 프로모션이나 이벤트에 사용할 창의적이고 감성적인 문구 초안을 빠르게 생성합니다.

  - 시장 트렌드 기반 콘텐츠 주제 발상: 최신 반려동물 시장 트렌드나 소비자 관심사를 분석하여 블로그 글, 유튜브 콘텐츠 등의 주제를 제안합니다.

- AI에게 요청할 때 필요한 정보(예시)
  - 제품 정보: 제품명, 주요 특징, 차별점, 가격대 등

  - 타겟 고객 정보: 연령대, 관심사, 반려동물 종류 등 구체적인 고객 페르소나

  - 목적 및 채널: 콘텐츠의 목적(예: 인지도 향상, 구매 유도), 사용될 채널(예: 인스타그램, 블로그, 유튜브)

  - 원하는 톤앤매너: 친근하게, 전문적으로, 유머러스하게 등

- AI가 못하는/주의할 점(예시)
  - 최종 검수 필수: AI가 생성한 모든 콘텐츠는 반드시 인간 마케터가 사실 확인, 윤리적 검토, 브랜드 이미지 부합 여부 등을 최종 검수해야 합니다.

  - 인간적 감성 및 경험 반영: AI는 데이터 기반 아이디어를 내지만, 반려동물과의 교감이나 실제 보호자의 깊은 감성, 현장 경험에서 우러나오는 스토리는 인간 마케터가 직접 추가하고 다듬어야 합니다.

2) 가상 예시 2: 영업팀 '스마트 제안 도우미 AI' 역할 정의서 상세 내용 요청
(ChatGPT/Gemini에게 입력하는 프롬프트)

● AI에게 'AI 역할 정의서' 초안 작성을 요청하는 프롬프트
❶ 기본 역할 정의서 초안 요청
"나는 영업팀의 '스마트 제안 도우미 AI'의 역할 정의서를 만들고 싶어. 이 AI는 고객 맞춤형 제안서 초안 작성을 돕는 역할이야. 다음 내용을 포함해서 A4 한두 장 분량으로 간결하게 작성해 줘:
- AI 파트너 이름   - 핵심 역할   - AI가 잘하는 업무(예시 3가지)
- AI에게 요청할 때 필요한 정보(예시 3가지)
- AI가 못하는/주의할 점(예시 2가지)""

❷ AI가 생성한 '스마트 제안 도우미 AI' 역할 정의서 상세 내용 초안 예시
(AI 역할 정의서 초안: 스마트 제안 도우미 AI)
- AI 파트너 이름: 스마트 제안 도우미 AI
- 핵심 역할: 영업팀의 고객 맞춤형 제안서 초안 작성 및 영업 활동 지원

- AI가 잘하는 업무(예시)
  - 고객사 맞춤형 제안서 초안 생성: 고객사명, 산업, 예상 니즈를 기반으로 우리 제품/서비스의 가치를 강조하는 제안서 핵심 내용 및 구조 초안을 빠르게 작성합니다.

  - 제품/서비스별 핵심 가치 요약 및 설명: 복잡한 제품/서비스 기능들을 고객사의 관점에서 이해하기 쉽고 설득력 있는 문구로 요약하여 제안서에 삽입할 수 있도록 돕습니다.

  - 경쟁사 분석 반영 문구 제안: 고객사가 고려할 만한 경쟁사 정보를 제공하면, 우리 제품/서비스의 차별점을 부각하는 내용 또는 경쟁사의 약점을 우회적으로 언급하는 문구를 제안서에 반영합니다.

- AI에게 요청할 때 필요한 정보(예시)
  - 고객사 정보: 고객사명, 산업, 주요 사업 분야, 예상되는 문제점 또는 니즈

  - 우리 제품/서비스 정보: 제품명, 핵심 기능, 가격대, 성공 사례, 핵심 가치

  - 제안서 목적: 신규 계약, 재계약, 특정 문제 해결 등

  - 원하는 분량 및 톤: 10페이지 분량, 간결한 문체, 설득력 있는 톤 등

- AI가 못하는/주의할 점(예시)
  - 인간적인 관계 구축: AI는 데이터를 기반으로 하지만, 고객과의 심층적인 신뢰 구축, 비언어적 소통, 감성적인 유대감 형성 등은 영업 담당자의 고유한 역할입니다.

  - 최종 계약 성사: AI는 제안서 작성을 돕지만, 최종적인 협상과 계약성사는 영업 담당자의 숙련된 역량과 판단에 달려 있습니다.

5.5.5. 가볍게 시도할 '파일럿 업무' : HAInerge 팀의 첫 번째 미션!

"AI 실전 도입의 첫 단추 '파일럿 업무' 실행 방안"

 지금까지 가내 HAInerge 팀을 만드는 방안을 함께 나누었습니다. 이제 이 팀을 중심으로 '파일럿 업무'를 통하여 테스트를 해보는 단계 입니다.

 AI 도입의 첫 단추를 꿰맬 '파일럿 업무'는 거창할 필요 없습니다. HAInerge 팀원(인간과 AI 파트너)이 함께 개인이나 팀이 매일 겪는 '작은 고통'을 AI로 해결하고, 그 즉각적인 '작은 성공'을 체감하는 것이 핵심입니다.

 이는 HAInerge 팀 정착의 성공적인 시작점이자, AI가 우리 회사의 새로운 심장이 될 수 있음을 증명하는 첫 번째 미션이 될 것입니다.

● **실행 방안: '가장 아픈 곳'부터 AI로 해결하고, 그 효과를 증명하라! (초간편 버전)**
파일럿 업무 선정은 복잡한 분석이나 회의에 시간을 들이지 않고, '누구에게 가장 시급한 문제인가?'에 초점을 맞춰 매우 간결하게 진행합니다.

❶ **'가장 귀찮은 업무' 한 가지 선택하기**
- 대표님이나 직원들이 매일/매주/매달 하는 일 중 가장 귀찮거나, 시간이 오래 걸리거나, 스트레스받는 업무 딱 한 가지를 정합니다. 이 업무는 AI(ChatGPT, Gemini)가 텍스트 요약, 초안 작성, 아이디어 발상 등으로 바로 도울 수 있는 것이어야 합니다.
- 프롬프트 예시) "매주 월요일 회의록 요약", "새로운 고객 제안서 초안 작성", "SNS 게시물 아이디어 내기".

❷ **AI에게 '그 업무' 바로 시켜보기**
- 선택한 업무의 내용을 챗GPT나 제미나이에 복사-붙여넣기하고, AI에게 명확하고 간결하게 요청합니다. 복잡한 프롬프트 고민 없이, 일단 시켜봅니다.
- 프롬프트 예시)
   - "지난주 회의록(내용 복사-붙여넣기) 요약하고 핵심 할 일 정리해 줘."
   - "잠재 고객 [고객사명] 제안서 초안 작성해 줘."
   - "신제품 인스타그램 아이디어 5개 제안해 줘."

❸ AI 도움 후 '달라진 점' 바로 체감하기
- AI가 만든 결과물을 확인하고, AI 덕분에 업무가 얼마나 쉬워지고 빨라졌는지 직접 느껴봅니다. '2시간 걸리던 일이 10분 만에 끝났네!', '아이디어가 꽉 막혔었는데 바로 나오네!' 하고 그 변화를 바로 체감하는 것이 중요합니다.

❹ 'AI 덕분에' 스토리 동료들과 공유하기
- AI 덕분에 얻은 '작은 성공 경험'을 사내 메신저나 팀 회의에서 짧게 공유합니다.
 (예: "AI 덕분에 회의록 요약 5분컷! 완전 대박이에요!")
- 대표님은 이러한 '작은 성공 스토리'에 귀 기울이고, 이를 만든 HAInerge 팀원들을 적극적으로 칭찬하고 격려합니다.

◼ AI가 만든 '작은 성공', 우리 회사 이야기 (가상 적용 사례)

● 사례 1 : 마케팅팀의 주간 소셜 미디어 콘텐츠 아이디어 고갈 해결

❶ 문제점
'멍냥푸드' 마케팅팀의 김대리는 매주 월요일 아침마다 소셜 미디어(인스타그램, 블로그)에 올릴 콘텐츠 아이디어를 짜는 데 큰 어려움을 겪었습니다. 매번 새로운 아이디어를 내는 것은 고통스러웠고, 트렌드를 놓치거나 진부한 내용이 많아 생산성이 떨어졌습니다. 이 업무는 김대리의 주간 업무 시작을 늘 답답하게 만들었습니다.

❷ HAInerge 팀의 미션 수행
① '가장 아픈 업무' 선택: 김대리는 자신의 가장 큰 고통점인 "매주 월요일 소셜 미디어 콘텐츠 아이디어 발상"을 AI 파일럿 업무로 정했습니다. AI가 아이디어를 잘 낼 수 있다는 설명을 들었기 때문입니다.

② AI에게 '그 업무' 바로 시켜보기
김대리는 망설이지 않고 ChatGPT에게 이렇게 요청했습니다.
- 프롬프트: "우리 회사 '멍냥푸드'의 신제품 '바삭바삭 영양볼' 인스타그램 게시물 아이디어 5개를 제안해 줘. 20대 여성 반려동물 보호자 타겟이고, 유머러스하고 트렌디한 톤으로."

③ AI 도움 후 '달라진 점' 바로 체감하기
ChatGPT는 단 몇 초 만에 5가지의 기발하고 재미있는 아이디어를 제시했습니다. '바삭바삭 ASMR 챌린지', '간식 먹고 댕냥이 표정 콘테스트' 등 김대리가 평소라면 떠올리기 어려웠을 신선한 아이디어가 가득했습니다. 김대리는 "맙소사! 2시간 넘게 고민해도 안 나오던 아이디어가 1분 만에 나오다니!" 하고 놀라움을 금치 못했습니다. 아이디어 고갈 스트레스가 순식간에 사라지는 것을 체감했습니다.

④ 'AI 덕분에' 스토리 동료들과 공유하기
김대리는 곧바로 팀 메신저에 이렇게 공유했습니다.

김대리: "여러분! 대박이에요! 월요일마다 저를 괴롭히던 인스타그램 아이디어, AI 덕분에 1분 만에 5개 뚝딱 나왔어요! 이제 월요병 끝!" (실제로 AI가 만든 아이디어 목록을 공유) 마케팅팀장은 이 소식을 듣고 주간 회의 때 김대리에게 AI 활용 경험을 짧게 발표하도록 했습니다. 발표를 들은 팀원들도 "그렇게 쉬운 거였어?", "내 업무에도 AI 시켜봐야겠다!"며 즉각적인 반응을 보였습니다.

● 사례 2 : 영업팀의 고객 문의 메일 답변 시간 단축

❶ 문제점
'스마트 설비'를 판매하는 A중소기업의 영업팀 박대리는 매일 수십 통의 고객 문의 메일에 답변해야 했습니다. 특히 제품 기능, 가격, 배송 등 반복적인 질문이 많았는데도, 매번 새로 내용을 확인하고 메일을 작성하는 데 많은 시간을 썼습니다. 일관된 답변을 유지하기도 어려웠고, 고객 응대가 지연되어 영업 기회를 놓치기도 했습니다.

❷ HAInerge 팀의 미션 수행
① '가장 아픈 업무' 선택: 박대리는 자신의 가장 큰 업무 부담인 "반복적인 고객 문의 메일 답변 작성"을 AI 파일럿 업무로 선정했습니다.

② AI에게 '그 업무' 바로 시켜보기
박대리는 가장 자주 받는 '제품 기능 문의'에 대한 답변 초안을 ChatGPT에게 요청했습니다.
- 프롬프트: "우리 회사 '스마트 공장 솔루션'의 '자동화 모듈' 기능에 대한 고객 문의가 왔습니다. 이 고객에게 이메일로 답변할 초안을 작성해 주세요. 핵심 기능 3가지와 고객이 얻을 수 있는 이점 2가지를 명확히 설명하고, 추가 문의를 유도하는 친근한 톤으로 해주세요."

③ AI 도움 후 '달라진 점' 바로 체감하기
ChatGPT는 박대리가 몇 번이나 써왔던 내용보다 훨씬 더 간결하고 명확한 답변 초안을 순식간에 제시했습니다. 박대리는 AI가 제시한 초안에 고객사의 이름을 넣어 보내기만 하면 되었습니다. "와, 이거 하나 쓰는데 15분은 걸렸는데, AI 덕분에 1분도 안 걸리네? 하루에 몇 통씩 쓰는데 엄청나게 시간 절약되겠다!" 박대리는 즉각적인 효율성 증가를 체감했습니다.

④ 'AI 덕분에' 스토리 동료들과 공유하기
박대리는 점심시간에 동료들에게 휴대폰을 보여주며 자랑했습니다.

박대리: "여러분! 이제 고객 문의 메일 작성 시간 끝! AI가 이렇게 뚝딱 써주네요. 내용도 훨씬 깔끔하고 빠르고! 저녁 있는 삶이 가능할 것 같아요!" 영업팀장은 박대리의 사례를 접하고, 팀 전체에 주요 문의 유형별 AI 답변 스크립트를 만들어 공유하자고 제안했습니다.

● 사례 3 : 인사팀의 채용 공고문 작성 및 이력서 1차 분류 효율화

❶ 문제점
인사팀 이과장은 상시적으로 채용 공고를 작성하고, 들어오는 이력서를 1차적으로 분류하는데 많은 시간을 할애했습니다. 특히 여러 직무에 대한 공고문을 매번 새로 쓰고, 수많은 이력서 중에서 기본 요건을 갖춘 지원자를 선별하는 작업이 반복적이고 지루했으며, 이는 핵심 HR 업무(인재 개발, 조직 문화)에 집중할 시간을 빼앗았습니다.

❷ HAInerge 팀의 미션 수행
① '가장 아픈 업무' 선택: 이과장은 "채용 공고문 작성 및 이력서 1차 분류"를 AI 파일럿 업무로 선정했습니다.

② AI에게 '그 업무' 바로 시켜보기
이과장은 먼저 새로운 마케터 채용 공고문 초안을 ChatGPT에게 요청했습니다. 그리고 나서는 가상의 이력서들을 AI에게 제공하며 1차 분류를 시도했습니다.

- 프롬프트 (공고문): "신입 마케터 채용 공고문 초안을 작성해 줘. AI 활용 능력과 문제 해결 능력을 강조하고, 우리 회사만의 장점 3가지(예: 자유로운 분위기, 빠른 성장 기회)를 포함해 줘."

- 프롬프트 (이력서 분류): "다음 이력서 내용(복사-붙여넣기)을 보고 '신입 마케터' 직무에 대한 필수 역량(예: SNS 마케팅 경험, 콘텐츠 작성 능력)을 갖추었는지 판단해 줘. 합격/불합격 여부와 그 이유를 간략히 제시해 줘." (실제 이력서 내용 일부 복사-붙여넣기)

③ AI 도움 후 '달라진 점' 바로 체감하기

ChatGPT는 공고문 초안을 몇 초 만에 완성해 이과장을 놀라게 했습니다. 이과장은 여기에 몇 가지만 수정하여 바로 게시할 수 있었습니다. 이력서 분류는 AI가 제시한 기준에 따라 합격/불합격 여부와 간략한 이유를 제시해 주어, 수십 건의 이력서를 일일이 읽는 부담을 획기적으로 줄여주었습니다. "와, 이렇게 빠르고 체계적으로 공고문을 만들고 이력서를 볼 수 있다니! 이제 남는 시간에 직원들 교육 프로그램을 더 신경 쓸 수 있겠어!" 이과장은 업무 효율 향상과 함께 핵심 업무에 집중할 시간을 얻게 된 것에 크게 만족했습니다.

④ 'AI 덕분에' 스토리 동료들과 공유하기
이과장은 사내 총무팀원들에게 AI 활용 경험을 공유하며 AI 활용을 독려했습니다.

이과장: "여러분! 이제 채용 공고 스트레스 끝! AI가 공고문 초안을 뚝딱 만들어주고, 이력서 1차 분류까지 도와줘요. AI 덕분에 우리 팀의 업무 부담이 확 줄었어요. 다른 총무 업무에도 적용해봐요!" 인사팀장은 이 사례를 통해 AI가 HR 업무의 질을 높일 수 있음을 인지하고, AI를 활용한 채용 시스템 개선 방안을 적극적으로 모색하기 시작했습니다.

5.6. 부서별 HAInerge 역할 배치: 우리 팀의 AI 파트너는 누구?

"사례를 통하여 실전처럼 - 우리 팀 파트너 배치하기"

우리는 앞서 대표님과 각 부서의 HAInergy 팀을 어떻게 구축할지 논의하며, 사람과 AI의 역할 분담을 명확히 했습니다. 이를 통해 AI가 단독으로 잘하는 일과 인간과 '함께' 할 때 시너지를 내는 일이 무엇인지 명확히 나누었죠.

이러한 분담 원칙을 바탕으로, AI를 우리 조직의 각 부서에 어떻게 배치하여 HAInergy 팀을 현실화할지 구체적인 전략을 익혔습니다.

핵심은 AI를 단순히 시대의 흐름에 따른 기술이 아닌, 각 부서의 업무 특성에 맞춰 가장 큰 도움을 줄 수 있는 '파트너' 또는 '역할'로 정의하여 배치하는 것입니다. 마치 팀에 새로운 직원을 충원하듯, 각 부서의 고유한 요구사항과 비효율을 해결해 줄 AI 역할을 찾아 연결하는 것이죠.

즉, 각 부서 옆에 AI 파트너 한 명씩을 두는 것이라고 생각하시면 이해하기 쉽습니다. 이제 구체적인 사례를 통해 우리 부서에 어떤 AI 파트너를 배치할지 알아보겠습니다.

AI는 물리적인 자리에 앉아있진 않지만, 마치 그곳에 실제로 존재하는 'AI 동료'처럼 각 부서의 업무를 수행하며 팀의 역량을 강화합니다.

다음에서 보여 드리는 사례는 중소기업의 다양한 부서를 기준으로, AI 7인조의 역할들이 어떻게 배치될 수 있는지 보여주는 조직 구성 예시와 프롬프트 활용 예시입니다. 이 예시를 통해 대표님 회사가 어떤 모습으로 효율적인 협업을 이뤄낼지 상상해 보세요. AI가 각 부서에 스며들어 업무 부담을 줄이고, 직원들이 핵심 업무에 더욱 집중할 수 있도록 도울 것입니다.

5.6.1. AI 배치 예시 조직도: 우리 회사에 HAInergy 팀원 배치하기

1. 대표이사: 사장님
HAInerge 팀의 총괄 리더이자, AI 7인조 팀(AI 비서실, AI 멘토단, AI 브레인, AI 분석관, AI 코치, AI 운영관, AI 커뮤니케이터)의 직접적인 사용자이자 방향 제시자

2. 경영/전략 부서
▶ 역할: 경영/전략 부서의 AI는 대표님과 함께 회사의 큰 그림을 그리고, 미래를 예측하며, 중요한 의사결정을 지원하는데 중점을 둡니다.

▶ 핵심 담당 AI
[AI 멘토단]
전략 조언, 시장 분석, 경쟁사 심층 분석, 잠재적 위기 요소에 대한 전략적 조언 제공

- "우리 회사의 [주요 제품/서비스]가 향후 3년간 직면할 시장 변화와 기회 요인 3가지를 분석해 줘. 이 변화에 대응하기 위한 전략적 방향을 제시해 줘."

- "신사업 [아이디어 설명]의 잠재적 시장 규모와 주요 경쟁사를 분석해 줘. 이 사업 진출을 위한 초기 시장 진입 전략 3가지를 제안해 줘."

- "코로나19 이후 [특정 산업]의 소비자 행동 변화 5가지를 요약하고, 이를 바탕으로 우리 회사의 마케팅 전략에 어떤 변화를 줘야 할지 조언해 줘."

[AI 분석관]
경영 지표 분석, 미래 예측 시뮬레이션, 합리적인 의사결정 지원

- "지난 분기 재무 보고서(내용 복사-붙여넣기)를 바탕으로, 매출 대비 영업 이익률 추이를 분석하고, 개선이 필요한 주요 비용 항목 2가지를 지목해 줘."

- "우리 회사의 지난 5년간 매출 데이터(복사-붙여넣기)를 기반으로, 다음 연도 매출을 예측하고, 예측의 정확도를 높이기 위해 추가적으로 필요한 데이터는 무엇인지 알려줘."

- "월별 고객 이탈률 데이터(복사-붙여넣기)를 분석하고, 이탈률이 급증했던 시기가 있다면 찾아줘. 그리고 가능한 원인 2가지를 추정해 줘."

[(AI 비서실)]
중요한 보고서와 계획안 초안 작성 지원, 전략회의 준비

- "다음 주 월요일 오전 9시 전략 회의(주제: 신규 사업 진출 검토)를 위한 회의록 양식 초안과, 회의 전 참석자들이 검토해야 할 시장 데이터 요약본(500자 이내)을 준비해 줘."

- "주요 경쟁사 [경쟁사명]의 최근 3년간 연간 보고서(링크 또는 내용 제공)에서 핵심 전략과 주요 성과를 1페이지 요약본으로 정리해 줘."

- "새로운 투자 제안서 작성에 필요한 목차 초안을 제안해 줘. 투자 목표, 기대 효과, 재무 계획 섹션을 포함해 줘."

3. 마케팅 부서
▶ 역할: 마케팅 부서의 AI는 창의적인 아이디어 발상과 효과적인 커뮤니케이션 콘텐츠 제작을 지원하여, 고객의 마음을 사로잡는데 기여합니다.

▶ **핵심 담당 AI**
[AI 브레인]
혁신적 캠페인 아이디어, 신제품명, 슬로건 발상, 브레인스토밍 내용 확장

"새로운 [제품명]의 런칭 캠페인을 위한 독특하고 바이럴 가능한 아이디어 5개를 제안해 줘. 타겟은 20대 여성이며, 예산은 100만 원 이하로 설정해야 해."

"우리 회사 브랜드 [브랜드명]의 핵심 가치 [가치 설명]를 소비자에게 효과적으로 전달할 수 있는 스토리텔링 아이디어 3가지를 제안해 줘. 짧은 영상 콘텐츠 기획에 활용할 거야."

- "경쟁사와 차별화되는 [특정 제품/서비스]의 USP(Unique Selling Proposition)를 강조하는 광고 문구 아이디어 10개를 제시해 줘. 헤드라인과 서브 카피를 포함해 줘."

[AI 커뮤니케이터]
매력적인 마케팅 문구, 소셜 미디어 콘텐츠 초안, 이메일 뉴스레터 생성, SNS 문구 생성

- "우리 회사의 [특정 강점/이벤트]를 부각하는 인스타그램 피드 문구 3개를 작성해 줘. 친근하면서도 전문적인 톤으로, 관련 해시태그 7개를 포함해 줘."

- "새로운 [이벤트명]에 대한 고객 대상 이메일 뉴스레터 초안을 작성해 줘. 흥미를 유발하고 참여를 유도하는 톤으로, 마감일과 참여 방법을 명확히 안내해 줘."

- "유튜브 쇼츠 콘텐츠 '직장인 다이어트 꿀팁 5가지'의 스크립트 초안을 만들어 줘. 재미있고 간결하게, 시청자의 공감을 얻을 수 있도록."

[(AI 비서실)]
마케팅 관련 보고서나 자료 정리 등 행정 업무 지원

- "경쟁사 [경쟁사명]의 최근 3개월간 온라인 광고 데이터(내용 복사-붙여넣기)를 분석하고, 핵심 광고 메시지 3가지와 주요 노출 채널을 요약해 줘."

- "지난 마케팅 캠페인 [캠페인명]의 성과 보고서(첨부 파일)에서 캠페인 목표 달성 여부, 주요 성과 지표(KPI), 그리고 개선점 2가지를 요약해 줘."

- "우리 회사의 타겟 고객 페르소나를 3가지 유형으로 정리해 줘. 각 페르소나의 특징, 니즈, 선호하는 마케팅 채널을 포함해 줘."

4. 영업 부서
▶ 역할: 영업 부서의 AI는 고객과의 소통 효율을 높이고, 영업 활동에 필요한 문서 작업을 지원하여 수주율을 높이는데 기여하며, 고객과의 최접점에서 매출을 창출합니다.

▶ **핵심 담당 AI**
[AI 커뮤니케이터]
고객 맞춤형 제안서 초안, 제품별 상세 설명 스크립트, FAQ 응대 시나리오 작성

- "잠재 고객 [고객사명]에게 보낼 [제품/서비스명] 제안서 초안을 작성해 줘. 고객사의 예상 니즈 [니즈 설명]를 강조하고, 우리 제품이 제공할 수 있는 핵심 가치 3가지를 포함해 줘."

- "기존 고객 [고객사명]에게 새로운 [추가 제품/서비스]를 소개하는 이메일 초안을 작성해 줘. 고객과의 관계를 강조하고, 특별 프로모션 내용을 명확히 전달해 줘."

- "첫 미팅을 앞둔 잠재 고객 [고객사명]의 산업 특성(업종)과 예상 관심사를 바탕으로, 3분 분량의 엘리베이터 피치 스크립트 초안을 작성해 줘."

[AI 비서실]
영업 일정 관리, 고객 미팅 관련 문서 작업(회의록 요약, 보고서 형식 정리) 지원

- "오늘 오전 진행된 [고객사명]과의 미팅 회의록(내용 복사-붙여넣기)을 요약하고, 다음 액션 아이템 2가지와 담당자를 명확히 알려줘."

- "주간 영업팀 회의록(내용 복사-붙여넣기)에서 이번 주에 발생한 주요 이슈 3가지와 해결 방안 논의 내용을 요약해 줘."

- "영업 미팅 전 준비해야 할 체크리스트 초안을 작성해 줘. 고객사 정보 확인, 제안 내용 숙지, 예상 질문 리스트업을 포함해 줘."

[AI 커뮤니케이터 활용] (고객 응대 스크립트)

- "신규 고객이 [특정 문제, 예: 제품 설치 방법]에 대해 문의했을 때, 친절하고 명확하게 답변할 수 있는 챗봇 스크립트 3가지 버전을 만들어 줘."

- "제품 구매 후 고객에게 발송하는 '감사 및 제품 사용 가이드' 안내 문자 메시지 초안을 작성해 줘. 친근한 톤으로 200자 이내로."

- "우리 제품/서비스에 대한 부정적인 리뷰(내용 복사-붙여넣기)에 대해, 고객의 불만에 공감하면서도 해결 의지를 보여주는 답변 초안을 작성해 줘."

5. 생산/운영 부서
▶ 역할: 생산/운영 부서의 AI는 공정 효율성을 높이고, 재고를 관리하며, 잠재적 문제를 예측하여 안정적인 운영을 돕는 제품 생산과 서비스 운영의 효율성을 책임집니다.

▶ **핵심 담당 AI**
[AI 운영관]
생산 공정 체크리스트 자동화, 실시간 재고 현황 모니터링, 물류 흐름 최적화 기여

- "신제품 출시 전 반드시 점검해야 할 '생산 라인 최종 체크리스트' 초안을 만들어 줘. 품질 관리, 안전, 재고 확인 항목을 필수적으로 포함해 줘."

- "주간 생산 계획에 따른 원자재 입고 및 출고 현황을 모니터링하기 위한 '일일 운영 점검 리스트'를 작성해 줘."

- "생산 설비 [설비명]의 일일 점검 보고서 양식을 만들어 줘. 점검 항목, 담당자 서명, 특이사항 기록란을 포함해 줘."

[AI 분석관]
생산 품질 데이터 분석, 잠재적 문제 예측, 비효율 공정 식별 및 개선점 제시, 재고 현황 분석

- "주간 재고 현황 보고서(내용 복사-붙여넣기)를 요약하고, 다음 주에 특히 주의해야 할 품목 2가지와 그 이유를 설명해 줘."

- "지난 3개월간 특정 품목 [품목명]의 재고 변동 데이터를 분석하여, 재고량 최적화를 위한 2가지 방안을 제안해 줘."

- "생산량 데이터와 판매량 데이터(내용 복사-붙여넣기)를 비교하여, 과잉 생산 또는 품절 위험이 있는 제품 3가지를 찾아줘."

[AI 비서실]
생산/운영 관련 보고서나 문서 초안 작성 지원

- "지난달 생산량 보고서(내용 복사-붙여넣기)의 주요 내용을 요약하고, 생산 효율성 개선을 위한 간략한 제안 2가지를 포함한 월간 운영 보고서 초안을 작성해 줘."

- "협력업체 [협력업체명]에게 보낼 다음 분기 발주 요청서 초안을 작성해 줘. 필요 품목과 수량을 명확히 기재해 줘."

- "생산 공정 개선 아이디어 회의록(내용 복사-붙여넣기)에서 핵심 논의 사항 5가지와 다음 단계 액션 플랜을 정리해 줘."

6. 연구개발/제품기획 부서

▶ 역할: 연구개발/제품기획 부서의 AI는 최신 기술 트렌드를 탐색하고, 새로운 제품 아이디어를 발상하며, 연구 데이터를 분석하는데 기여하여 새로운 제품과 기술을 연구합니다.

▶ **핵심 담당 AI**

[AI 브레인]
최신 기술 동향, 특허 정보, 시장 니즈를 분석하여 혁신적인 신제품 아이디어 제안

- "[특정 기술, 예: 증강현실(AR)]을 활용한 [우리 회사 업종, 예: 교육 콘텐츠] 분야의 신제품 아이디어 3가지를 제안해 줘. 타겟은 초등학생으로 설정해 줘."

- "친환경 소재를 활용한 [제품 카테고리, 예: 생활용품]의 새로운 제품 컨셉 아이디어 5개를 제시해 줘. 각 아이디어별로 예상 소비자 반응도 포함해 줘."

- "고객 피드백(내용 복사-붙여넣기)에서 가장 많이 언급된 불만사항을 해결할 수 있는 기존 제품 [제품명]의 개선 아이디어 3가지를 제안해 줘."

[AI 분석관]
R&D 데이터 분석, 연구 방향 타당성 검토, 실험 결과 해석, 연구 데이터 분석

- "실험 데이터(내용 복사-붙여넣기)를 분석하여, 유의미한 결과값을 가진 변수 3가지를 찾아주고, 다음 실험에서 개선해야 할 부분을 제안해 줘."

- "특정 연구 주제 [주제]에 대한 최근 5년간의 주요 학술 논문 트렌드를 분석하고, 가장 많이 인용된 연구 방법론 2가지를 요약해 줘."

- "경쟁사 [경쟁사명]의 공개된 특허 정보(링크 또는 요약)를 분석하여, 우리 회사의 제품 개발 방향에 시사하는 바가 무엇인지 설명해 줘."

[(가칭) AI 기술 스카우터]
전 세계 최신 기술 논문/특허 모니터링, 핵심 내용 요약, 신기술 적용 아이디어 제안

- "최근 6개월간 [특정 기술 분야, 예: 차세대 배터리 기술]과 관련된 주요 학술 논문 및 특허 동향을 요약하고, 우리 회사에 적용 가능성이 있는 기술 2가지를 추천해 줘."

- "미국 실리콘밸리에서 가장 주목받는 AI 스타트업 3곳의 비즈니스 모델과 핵심 기술을 간략히 설명해 줘. 우리 회사와 협력할 가능성이 있는지 검토할 거야."

- "2025년 [특정 산업, 예: 헬스케어] 분야의 기술 혁신을 주도할 것으로 예상되는 기술 5가지를 소개하고, 각 기술의 특징과 잠재적 영향력을 요약해 줘."

7. 고객 서비스 부서
▶ 역할: 고객 서비스 부서의 AI는 고객 문의 응대 및 지원을 통해 고객 만족도를 높이는 데 중점을 둡니다.

▶ **핵심 담당 AI**
[AI 커뮤니케이터]
FAQ 자동 응대, 챗봇 스크립트 작성, 문의 유형별 맞춤형 답변 초안 제공, 고객 응대 스크립트

- "배송 지연에 대한 고객 문의(내용 복사-붙여넣기)에 대해, 공손하고 해결 지향적인 챗봇 답변 스크립트 2가지 버전을 만들어 줘."

- "환불 절차를 문의하는 고객에게 보내는 문자 메시지 초안을 작성해 줘. 필요한 서류와 절차를 명확히 안내하고, 고객의 불편함에 공감하는 톤으로."

- "제품 사용 중 오류(내용 복사-붙여넣기) 발생 시, 고객에게 단계별로 문제 해결 방법을 안내하는 친절한 챗봇 스크립트를 작성해 줘."

[AI 분석관]
고객 피드백 및 문의 내역 심층 분석, 불만 유형/개선점/잠재적 요구사항 파악, 서비스 개선점 파악

- "고객 불만 데이터(내용 복사-붙여넣기)를 분석하여, 서비스 개선을 위해 가장 시급하게 해결해야 할 문제 유형 2가지와 가능한 원인을 추정해 줘."

- "지난 한 달간 접수된 고객 문의 100건을 AI가 처리한 결과(내용 복사-붙여넣기)를 분석하여, AI 챗봇이 가장 많이 실패한 답변 유형 3가지와 그 이유를 추정해 줘."

- "고객 서비스 문의 채널별(전화, 이메일, 챗봇) 응대 시간 데이터를 분석하여, 가장 비효율적인 채널 1곳과 개선 방안 2가지를 제안해 줘."

[(가칭) AI 감성 분석가]
고객 리뷰, SNS 댓글, 상담 녹취록 등 텍스트 데이터 분석, 고객 감성 추이 파악, 불만 키워드 식별, 고객 피드백 감성 파악

- "지난주 접수된 고객 리뷰 50건(내용 복사-붙여넣기)을 분석하여, 고객들이 가장 많이 표현한 긍정적/부정적 감성 키워드를 각각 3개씩 추출해 줘."

- "우리 제품에 대한 온라인 게시글(내용 복사-붙여넣기)에서 고객의 주요 감성(기쁨, 분노, 슬픔, 놀람)을 분석하고, 각 감성별로 어떤 키워드들이 자주 등장하는지 요약해 줘."

- "특정 캠페인 [캠페인명] 관련 고객 반응(내용 복사-붙여넣기)을 분석하여, 캠페인에 대한 고객들의 전반적인 감성 추이(긍정/부정)를 보여주고, 핵심적인 피드백을 5가지 정리해 줘."

8. 법무/계약 부서

▶ 역할: 법무/계약 부서의 AI는 방대한 법률 문서를 검토하고, 계약서 작성 및 관리의 효율성을 높이는데 기여합니다.

▶ **핵심 담당 AI**

[AI 분석관]

방대한 법률 문서 검토 및 요약, 특정 조항/규제 변화 신속 식별

- "첨부된 [특정 법률 문서] 내용을 500자 이내로 요약해 줘. 특히 우리 회사가 준수해야 할 핵심 규정 3가지를 명시해 줘."

- "[특정 법안]의 주요 내용을 1000자 이내로 설명하고, 이 법안이 우리 회사(업종)에 미칠 잠재적 영향 2가지를 분석해 줘."

- "최근 판례 동향 보고서(내용 복사-붙여넣기)에서 우리 회사와 관련된 [특정 쟁점]에 대한 주요 판례 3가지를 추출하고, 각 판례의 핵심 요지를 정리해 줘."

[AI 비서실]

계약서 초안 정리, 법률 서식 관리 지원

- "새로운 공급 계약서 초안을 작성해 줘. 계약 기간, 당사자 정보, 제품 공급 조건, 대금 지불 조건 섹션을 포함해 줘."

- "기존 계약서(첨부 파일)에서 [특정 조항, 예: 계약 해지 조건]과 관련된 내용을 추출하여 요약해 줘."

- "법률 자문 요청 이메일 초안을 작성해 줘. 요청 사유 [사유 설명]와 필요한 답변 [구체적인 질문]을 명확히 포함해 줘."

[(가칭) AI 법률 검토 보조관]
계약서 핵심 조항 추출, 잠재적 리스크 문구 식별, 관련 판례 검색 및 요약

- "새로운 공급 계약서 초안(내용 복사-붙여넣기)을 검토하고, 우리 회사에 잠재적인 리스크를 초래할 수 있는 조항 2가지와 그 이유를 설명해 줘."

- "첨부된 NDA(비밀유지협약서) 초안에서 핵심적인 비밀 유지 의무, 예외 조항, 계약 기간 및 해지 조건을 추출하여 리스트 형태로 정리해 줘."

- "기존 계약서(첨부 파일)와 새로운 계약서(내용 복사-붙여넣기)를 비교하여, 주요 변경 사항 5가지와 우리 회사에 유리/불리한 조항을 분석해 줘."

9. 인사/총무 부서
▶ 역할: 인사/총무 부서의 AI는 인재 채용부터 직원 교육, 그리고 사무실 운영의 효율성을 높이는데 기여합니다. 인재 채용부터 직원 관리, 사내 복지, 그리고 사무실 운영을 담당합니다.

▶ **핵심 담당 AI**
[AI 코치]
직무별 맞춤형 교육 자료 생성, 온라인 학습 콘텐츠 추천, 성과 피드백 초안 제공

- "신입사원을 위한 '회사 문화 적응' 교육 자료 목차 초안을 작성해 줘. 긍정적이고 실용적인 내용으로 구성해 줘."

- "직원들의 업무 스트레스 관리를 위한 '마음챙김 팁' 5가지를 짧은 콘텐츠 형태로 만들어 줘."

- "리더십 역량 강화를 위한 '피드백 스킬 향상' 교육 커리큘럼 초안을 작성해 줘. 초급 리더 대상으로 3시간 분량으로 구성해 줘."

[AI 비서실]
채용 공고문 작성, 이력서 1차 분류, 사내 공지문 초안 작성 지원

- "마케팅팀 신입 채용을 위한 공고문 초안을 작성해 줘. AI 활용 능력과 문제 해결 능력을 강조하고, 우리 회사만의 장점 3가지를 포함해 줘."

- "직원들에게 이번 주 금요일 재택근무 시행을 알리는 사내 공지문 초안을 작성해 줘. 주요 지침과 주의사항을 명확히 포함해 줘."

- "입사 지원서에서 핵심 인재를 선별하기 위한 1차 스크리닝 기준 5가지를 제시해 줘. (예: 경력, 특정 기술, 어학 능력 등)."

[AI 운영관 (총무 업무 보조)]
비품 구매 요청서 초안, 시설 점검 체크리스트 자동화 등 총무 업무 효율화

- "사무실 비품 재고 목록(내용 복사-붙여넣기)을 분석하여, 다음 달에 재고가 부족할 것으로 예상되는 품목 5가지를 찾아주고, 자동 발주 시스템을 위한 기준을 제안해 줘."

- "새로운 사무실 이전 시 고려해야 할 주요 체크리스트 초안을 작성해 줘. 공간 배치, 시설 점검, 통신망 구축 항목을 포함해 줘."

- "사내 복지 프로그램 만족도 설문조사 결과(내용 복사-붙여넣기)를 분석하여, 직원들이 가장 만족하는 복지 2가지와 개선이 필요한 복지 1가지를 요약해 줘."

10. 부서명: 재무 부서

▶ 역할: 재무 부서의 AI는 복잡한 재무 데이터를 분석하고, 보고서를 작성하며, 비용 효율성을 높이는데 기여합니다.

▶ **핵심 담당 AI**

[AI 분석관]

복잡한 재무 데이터 빠르게 해석, 월별/분기별 보고서 수치 정리, 예산 사용 현황 분석, 재무 보고서 요약

- "지난 분기 손익계산서(내용 복사-붙여넣기)를 분석하여, 주요 수익원과 비용 항목의 변화를 중심으로 5줄 요약 보고서를 작성해 줘."

- "월별 매출 데이터(내용 복사-붙여넣기)를 분석하여, 전월 대비 매출이 급감한 제품 3가지를 찾아주고, 가능한 원인 2가지씩 추정해 줘."

- "경쟁사 [경쟁사명]의 재무 상태(공개된 정보 기준)를 분석하여, 우리 회사와 비교했을 때 재무 건전성 측면에서 강점과 약점이 무엇인지 설명해 줘."

[AI 비서실]

재무 관련 문서(예: 세금 관련 서류, 계약서) 초안 작성 지원

- "월간 현금 흐름 보고서의 초안을 작성해 줘. 주요 수입원 [A, B]와 주요 지출 항목 [X, Y]을 명확히 표시해 줘."

- "세무사에게 보낼 세금 신고 관련 문의 이메일 초안을 작성해 줘. 궁금한 점 [질문 내용]을 구체적으로 포함하고, 필요한 자료 목록도 요청해 줘."

- "새로운 투자처 [투자처 정보]에 대한 간단한 내부 검토 보고서 초안을 작성해 줘. 예상 수익률, 리스크 요인 2가지, 그리고 투자 필요성을 포함해 줘."

[(가칭) AI 비용 최적화 고문]
회사 전체 비용 데이터 심층 분석, 불필요한 지출 식별, 효율적인 예산 집행을 위한 절감 방안 제안

- "지난 1년간의 판관비 데이터(내용 복사-붙여넣기)를 분석하여, 가장 비효율적으로 지출되고 있는 항목 3가지를 지목하고, 각각에 대한 구체적인 비용 절감 방안을 제안해 줘."

- "회사 전체 예산(총액)을 기준으로, 각 부서별로 [특정 비율, 예: 5%]의 비용을 절감해야 한다면, 어떤 항목에서 줄일 수 있을지 부서별로 2가지씩 아이디어를 제시해 줘."

- "클라우드 서비스 이용 비용(내용 복사-붙여넣기)을 최적화하기 위한 3가지 전략을 제안해 줘. 장기적인 관점에서 불필요한 지출을 줄이는 방안이면 좋겠어."

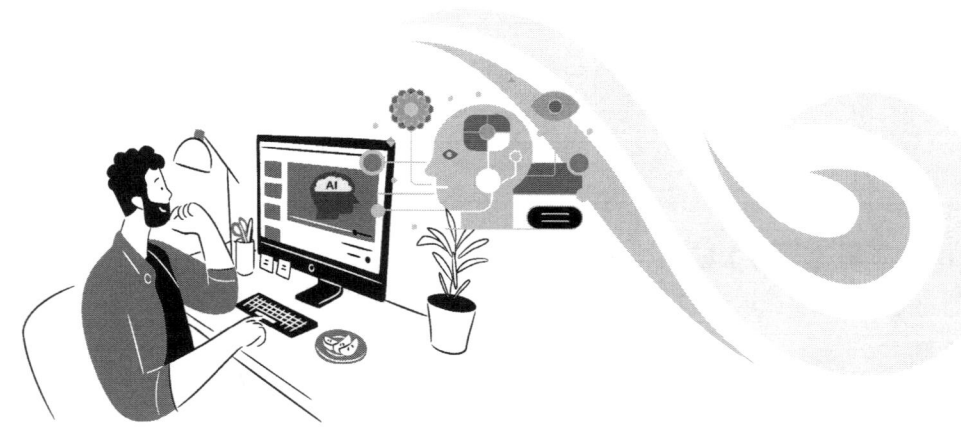

제 6 장

회사 전체가 AI로 연결되는 구조, EAP 시스템

6.1. EAP란 무엇인가?
6.2. EAP 사전 준비
6.2.1. AI 도구 계정 만들기: 마치 새로운 이메일 계정 만들 듯 쉽게!
6.2.2. 디지털 문서함 만들기: 우리 회사의 '디지털 문서 창고' 준비!
6.2.3. 우리 팀 AI 에이스 찾기: 'AI 활용 전도사'를 만들자!
6.3. EAP 시스템 핵심 구성 요소: 선순환 3가지 핵심 축
6.3.1. AI 커뮤니케이터: 우리 회사의 '똑똑한 소통 대변인'
6.3.2. AI 리포트 허브: 'AI 문서함' 'AI 데이터 창고'
6.3.3. AI 통찰 보고서: AI가 만들고, 함께 전략을 짜는 미래의 나침반
6.4. EAP 시스템 실제 적용 흐름: AI가 만드는 업무의 '선순환'

Think New! Work New!

제 6 장
회사 전체가 AI로 연결되는 구조, EAP 시스템

"새로운 AI시대, 'ERP' 대신 'EAP(Enterprise AI Planning)'!"

제 5장에서 우리는 HAInerge 팀을 조직하고, 사람과 AI가 각 부서에서 어떻게 협력하는지 구체적인 역할과 방법을 논의했습니다. 이제 각 부서에서 AI 역할이 성공적으로 자리를 잡고 개별적인 성과를 내기 시작했다면, 다음 단계는 이 모든 흐름을 하나의 유기적인 시스템으로 통합하는 것입니다.

이 장에서는 바로 그 통합의 핵심인 EAP(Enterprise AI Planning) 시스템을 소개합니다. 기존 ERP(Enterprise Resource Planning) 시스템이 회계, 재고, 인사 등 기업의 자원 정보를 관리했다면, EAP는 AI를 활용하여 기업의 전략 수립, 실행, 커뮤니케이션, 그리고 학습 과정까지 유기적으로 연결합니다.

EAP는 AI가 조직 전체에 흩어진 정보를 정리하고, 연결하며, 의미 있는 흐름을 만들도록 설계된 지능형 운영 구조입니다. 놀랍게도 중소기업도 복잡하고 값비싼 시스템 구축 없이, ChatGPT와 Gemini 같은 범용 AI 모델만으로도 이러한 EAP를 충분히 구축하고 운영할 수 있습니다.

이 장을 통해 AI가 업무의 흐름을 만들고 사람은 핵심을 판단하며 실행하는 전사적 운영 체계를 함께 구축해 봅시다!

6.1. EAP란 무엇인가?

"EAP = 사람과 AI가 함께 계획하고 실행하는 전사적 AI 운영 시스템"

EAP (Enterprise AI Planning)는 AI 시대에 맞춰 새롭게 정의되는 전사적 AI 운영 시스템입니다.

기존의 ERP(Enterprise Resource Planning) 시스템이 기업의 회계, 재고, 인사 등 정형화된 자원 정보를 관리하는데 초점을 맞췄다면, EAP는 AI를 활용하여 기업의 전략 수립, 실행, 커뮤니케이션, 그리고 학습 과정까지 유기적으로 연결하고 통합하는데 초점이 맞춰져 있습니다.

이는 단순히 각 부서에서 개별적으로 AI를 활용하는 것을 넘어섭니다.
EAP는 AI가 조직 전체에 흩어진 정보를 정리하고, 연결하며, 의미 있는 흐름을 만들도록 설계된 지능형 운영 구조입니다.

즉, 마케팅팀의 AI가 만든 고객 트렌드 보고서가 영업팀의 AI에게 자동으로 전달되어 맞춤형 제안서 초안을 만들고, 이 모든 과정이 사장님의 AI 통찰 보고서로 요약되는 것처럼, 개별 AI 기능들이 하나의 큰 그림 안에서 정보를 주고받고, 다음 단계를 자동으로 촉진하며, 궁극적으로 기업의 전략과 실행을 통합하는 지능형 시스템인 것입니다.

중소기업에게 EAP는 특히 중요합니다. 대기업처럼 막대한 예산을 들여 복잡한 시스템을 구축할 필요가 없습니다. ChatGPT나 Gemini 같은 범용 AI 모델만으로도 이러한 EAP를 충분히 구축하고 운영하는 것이 가능합니다.

이는 AI가 가진 '대화형 인터페이스(상호 소통=상호 작용)'와 '데이터 처리 및 생성 능력'을 최대한 활용하는 방식이기 때문입니다.

"기존 ERP vs EAP 상세 비교: 시대의 변화를 읽는 시스템의 진화"

AI 시대의 도래는 기업의 운영 시스템에도 근본적인 변화를 요구합니다. 전통적인 ERP와 AI 기반의 EAP를 비교하면 이러한 변화의 핵심을 명확히 이해할 수 있습니다.

항목	ERP (과거 지향적 시스템)	EAP (AI 기반 미래 지향적 시스템)
중심 기능	회계, 재고, 인사, 생산 등 기업의 정형화된 '자원' 정보를 관리하고 통제하는데 주력. 과거 데이터를 기록하고 분류하는 역할.	전략 실행, 복잡한 문서 자동화, 실시간 커뮤니케이션 정리, 미래 예측 및 통찰 제공에 중점. AI를 통해 기업의 두뇌 활동과 실행을 '계획'하고 '실행'하는 역할.
기술 기반	주로 수작업 입력 중심의 DB (데이터베이스) 시스템. 정해진 규칙과 절차에 따라 정보를 저장하고 검색. 데이터는 주로 정형화된 형태.	AI 생성형 기술(Generative AI)인 ChaGPT, Gemini를 핵심 엔진으로 활용. '대화 중심의 AI 인터페이스'를 통해 정보를 처리하고 새로운 콘텐츠를 생성하며, 예측 기반의 지능형 기능을 수행.
사용자 경험	시스템 중심, 복잡한 메뉴 구조, 어렵고 전문적인 용어 사용. 시스템을 익히기 위한 별도의 교육 필요. 데이터 입력이 주된 사용 방식.	대화 중심, 자연어로 명령 가능하여 쉽고 직관적인 상호작용 제공. AI와 대화하듯 업무를 지시하고 결과를 얻음. 사용자 경험이 훨씬 간소하고 효율적.
도입 비용 / 속도	고비용의 구축 및 유지보수, 느린 도입 및 정착 속도. 초기 구축에 많은 시간이 소요될 수 있으며, 대규모 투자가 필요.	기존 범용 AI 모델 활용 시 저비용 (대부분 구독형), 즉시 도입 및 빠른 체감 가능. 별도의 인프라 구축 없이 웹 브라우저나 앱을 통해 바로 시작 가능.
핵심 가치	기업 내 자원(인력, 재고, 자금)의 관리 및 통제, 과거 데이터의 기록 및 보고를 통한 안정성 확보.	전략 실행의 민첩성 및 효율성 극대화, 미래 예측을 통한 가치 창출 및 경쟁 우위 확보. 단순 관리를 넘어선 혁신과 성장을 지향.

6.2. EAP 사전 준비

"EAP 시작 전, 꼭 준비 해야 할 것"

EAP는 AI를 기업 운영의 핵심 동력으로 삼는 혁신적인 접근 방식입니다. 이름은 거창해 보이지만, 사실 중소기업도 큰 투자나 복잡한 지식 없이 충분히 시작할 수 있습니다.

성공적인 EAP 안착을 위해서는 몇 가지 기본적인 준비와 마음가짐이 필요합니다. 아래 필수 준비 사항을 알아보고, 기업이 EAP를 어떻게 준비 할것인지 확인하고, 필요한 부분을 미리 갖춰 놓으십시오.

1. AI 도구 계정 만들기: 마치 새로운 이메일 계정 만들 듯 쉽게!
  [접속: 아래의 주소를 입력하거나, 검색사이트에서 '챗GPT와 제미나이' 검색
  - Chat GPT   https://chatgpt.com/
  - Gemini   https://gemini.google.com/app?hl=ko

  [가입시 개인 또는 팀 이용 선택]
  ▣ 방법 1: 개인별 이용 방법
  ▣ 방법 2: 팀워크스페이스/그룹 이용 방법

  [대표님을 위한 팁]
  초기에는 직원들이 개인 계정으로 AI를 자유롭게 경험하게 하세요. AI 활용에 익숙해지고, 팀 내에서 AI를 통한 공동의 업무 효율 향상이나 지식 공유의 필요성이 커질 때, 팀워크스페이스나 공용 유료 계정 도입을 고려하는 것이 가장 효과적입니다.

2. 디지털 문서함 만들기: 우리 회사의 '디지털 문서 창고' 준비!

  ▣ 방법 1: 클라우드 기반 공유 드라이브 활용
  ▣ 방법 2: 사내 PC 기반 공유 폴더 활용 (로컬 네트워크 환경)

3. 우리 팀의 AI 에이스 찾기: 'AI 활용 전도사'를 만들자!

6.2.1. AI 도구 계정 만들기: 마치 새로운 이메일 계정 만들 듯 쉽게!

■ AI 도구 계정 만들기

"계정 사용 방식: 개인별 / 팀별"
　AI 계정은 크게 개인별로 사용하는 방법과 팀이 함께 사용하는 방법이 있습니다. 각 방식의 장단점을 이해하고 우리 회사에 맞는 전략을 세우는 것이 중요합니다.

▣ 방법 1: 개인별 이용 방법
각 직원이 자신의 이메일 주소로 ChatGPT나 Gemini 계정을 개별적으로 만들어 사용합니다. 대부분의 AI 서비스는 개인별 무료 버전을 제공하며, 유료 플랜도 개인이 구독할 수 있습니다.

▶ 장점
- 높은 자유도: 대화 기록이 개인별로 관리되므로 사적인 업무나 학습, 아이디어 발상 등에 자유롭게 활용할 수 있습니다.

- 개인화된 학습: AI가 개인의 대화 패턴과 선호도를 학습하여 점점 더 맞춤형 답변을 제공합니다.

- MASTER 역량 강화: 직원 개개인이 AI와 직접 소통하며 MASTER 인재로서의 AI 활용 역량을 빠르게 향상시킬 수 있습니다.

▶ 단점
- 유료 플랜 사용 시 비용이 개별적으로 발생할 수 있고, 다른 팀원이 어떤 AI 활용 노하우를 쌓았는지 즉시 알기 어렵습니다. (지식 공유의 어려움)

▶ 활용 예시
- 개인별 이용은 직원 각자가 자신의 계정을 통해 AI를 자유롭게 활용하며, 개인화된 학습과 창의적인 업무 처리에 유리합니다. 다만, 지식이나 활용 노하우가 팀 내에 공유되기 어렵다는 단점이 있습니다.

■ **방법 2: 팀워크스페이스/그룹 이용 방법**
AI 플랫폼이 제공하는 팀 또는 기업용 플랜(예: ChatGPT Team/Enter-prise, Gemini for Google Workspace)을 구독하여, 여러 팀원이 하나의 팀 계정 또는 연결된 개별 계정을 통해 AI를 함께 사용하는 방식입니다. 소규모의 경우, 하나의 유료 계정을 공유하여 사용할 수도 있습니다.

▶ 장점
- 중앙 집중식 관리: 비용 관리가 용이하고, 전체의 AI 활용 현황을 파악하기 쉽습니다.

- 지식 공유 및 협업: 팀원 간 AI 대화 기록이나 생성된 결과물을 공유할 수 있어, 팀 전체의 AI 활용 노하우가 축적되고 학습 속도가 빨라집니다.

- 일관성 유지: 특정 프로젝트나 업무에 대한 AI 활용 시 일관된 톤앤매너나 정보 기준을 유지하기 용이합니다.

- API 연동 가능성: 일부 팀워크스페이스는 API 연동을 지원하여 내부 시스템과의 간단한 자동화가 가능해집니다.

▶ 단점
- 대화 기록이 공유되므로 개인적인 프라이버시 문제가 발생할 수 있고, 여러 명이 동시에 접속할 때 사용 혼선이 있을 수 있습니다.

▶ 활용 예시
- 공유된 지식 기반: 마케팅팀의 '콘텐츠 아이디어 메이커 AI'(AI 브레인)를 위한 팀워크스페이스를 만들어, 팀원들이 생성한 모든 콘텐츠 아이디어를 공유하고 재활용합니다.

- 중앙 AI 비서 역할: 'AI 비서실' 전용 팀워크스페이스 계정을 만들어, 모든 직원이 이곳에 보고서 요약이나 공지문 초안 요청을 하고 결과를 공유받습니다.

- 프로젝트별 AI 활용: 특정 프로젝트 팀이 자신들만의 팀워크스페이스를 만들어, 프로젝트 관련 모든 정보와 AI 대화를 한곳에 모아 관리합니다.

6.2.2. 디지털 문서함 만들기: 우리 회사의 '디지털 문서 창고' 준비!

■ **디지털 문서함 만들기: 우리 회사의 '디지털 문서 창고' 준비!**
● 이게 왜 중요할까요?
EAP는 AI가 우리 회사의 모든 '정보'를 이해하고 연결하며 일하는 시스템입니다. AI에게 우리 회사의 '뇌'와 같은 역할을 기대하려면, 그 뇌가 학습하고 처리할 정보들이 한곳에 잘 정리되어 있어야 합니다.
마치 모든 서류를 한 사무실 캐비닛에 모아두어야 필요한 서류를 쉽게 찾듯이 말입니다. AI가 문서를 '인식'하고 '분류'할 수 있는 통일된 공간이 필요합니다.

● 무엇을 준비할까요? (가장 쉬운 두 가지 방법 중 회사 상황에 맞춰 선택)

■ **방법 1: 클라우드 기반 공유 드라이브 활용**
클라우드 기반 공유 드라이브는 인터넷에 연결된 가상의 저장 공간을 활용하여 문서를 보관하고 공유하는 방식입니다. 마치 회사 직원 모두가 언제 어디서든 접속할 수 있는 거대한 '디지털 캐비닛'을 두는 것과 같습니다.

[개념 상세 설명]
- 클라우드 드라이브는 물리적인 하드디스크가 아닌, 인터넷상의 서버에 데이터를 저장합니다. 당신의 스마트폰이나 컴퓨터에 사진이 자동으로 저장되는 것과 비슷하죠.
- 회사의 모든 문서(보고서, 기획서, 계약서, 사진, 영상 등)를 이 클라우드 공간에 저장하고, 필요한 팀원들과 공유 권한을 설정하여 함께 사용합니다.
- 이렇게 하면 각 직원의 개별 PC에 파일이 흩어져 있는 것이 아니라, 모든 정보가 한곳에 모여 관리됩니다.

[주요 서비스 예시 (당장 시작 가능한 무료/저렴한 옵션)]
- 구글 드라이브 (Google Workspace 사용 시): 이미 구글 계정이나 지메일을 사용하고 있다면 가장 쉽게 시작할 수 있습니다. 구글 문서, 시트, 슬라이드 등과 완벽하게 연동되어 협업에 매우 강력합니다.
- 네이버 MYBOX: 네이버 계정만 있다면 쉽게 시작할 수 있으며, 국내 환경에 익숙한 환경을 제공합니다.

- 드롭박스 (Dropbox): 파일 공유 및 동기화에 특화된 서비스로, 전 세계적으로 널리 사용됩니다.
- 마이크로 소프트 원드라이브 (Microsoft OneDrive): 마이크로 소프트 (Word, Excel 등)를 사용한다면 자연스럽게 통합되어 편리합니다.

[단계별 설정 및 활용 방법]
① 서비스 선택 및 계정 생성
- 위에 언급된 서비스 중 하나를 선택하고, 회사 계정 또는 대표님 개인 계정으로 가입합니다. 이후 직원들에게 공유할 권한을 설정합니다.

② '회사 전체 공유 드라이브' 폴더 생성
- 선택한 클라우드 드라이브 내에 회사의 모든 문서가 모일 메인 폴더를 만듭니다.
- (예: [회사명] HAInerge 문서 허브).
  이 폴더는 회사 내 모든 직원이 접근 가능한 공유 권한으로 설정합니다.

③ 기본 폴더 구조 설정 (AI 도움받아)
- 이 메인 공유 폴더 안에 우리 회사에 맞는 체계적인 폴더 구조를 만듭니다.
- 앞서 'EAP 시작 전, 이것부터 준비하세요' 섹션에서 설명드렸듯이, ChatGPT나 Gem-ini의 도움을 받아 부서별, 업무별, 연도별 등으로 효율적인 폴더 구조를 제안받아 적용하면 훨씬 쉽고 논리적인 분류 체계를 만들 수 있습니다.
- (예: [HAInerge 문서 허브] > 마케팅팀 > 2024년_캠페인 > [프로젝트명]과 같이).

④ 문서 저장 및 AI 활용
- 모든 직원이 문서를 생성하거나 외부에서 받아올 때, 반드시 이 공유 드라이브에 저장하도록 합니다.
- 이때, AI에게 "이 보고서(내용 복사-붙여넣기)는 우리 회사의 문서 분류 체계 중 어디에 저장하는 것이 가장 적절할지 추천해 줘?" 라고 물어 AI의 추천을 받아 정확한 폴더에 저장하는 것을 습관화합니다.

- ● 장점 (왜 클라우드가 중소기업에 유리할까요?)
- ● 최고의 접근성: 인터넷만 연결되어 있다면 사무실, 재택근무지, 출장지 등 어떤 곳에서든 PC, 노트북, 태블릿, 스마트폰으로 문서에 접속하여 작업할 수 있습니다. 이는 유연한 근무 환경 조성에 필수적입니다.

- ● 강력한 보안 및 백업: 대부분의 클라우드 서비스는 전문적인 보안 시스템을 갖추고 있어 데이터 유실이나 해킹 위험이 낮습니다. 또한, 데이터가 자동으로 백업되므로, 별도로 백업 장비를 구입하거나 관리할 필요가 없어 IT 관리 부담이 획기적으로 줄어듭니다.

- ● 뛰어난 확장성: 회사의 데이터 양이 늘어나더라도, 필요한 만큼 저장 공간을 유연하게 늘릴 수 있습니다. 하드디스크를 교체하거나 서버를 증설할 필요가 없습니다.

- ● 간편한 협업 기능: 대부분의 클라우드 드라이브는 문서 실시간 공동 편집, 댓글 기능, 버전 관리 등을 제공하여 팀원 간의 협업 효율을 극대화합니다.

- ● AI 연동의 용이성: 향후 EAP 시스템을 더 고도화할 때, 클라우드 기반 서비스들은 AI 모델이나 다른 업무 자동화 툴과 연동하기가 훨씬 용이합니다.

- ● 단점 (알아두면 좋은 점)
- ● 인터넷 연결 필수: 인터넷 연결이 불안정하면 문서 접근이 어렵거나 속도가 느려질 수 있습니다.

- ● 구독료 발생: 무료 용량 이상을 사용하거나 고급 기능을 원할 경우, 장기적으로 월별/연간 구독료가 발생할 수 있습니다. 하지만 그 비용이 제공하는 효율성 대비 비싸지 않습니다.

▣ 방법 2: 사내 PC 기반 공유 폴더 활용 (로컬 네트워크 환경)

클라우드 서비스를 이용하기 어렵거나, 모든 데이터를 회사 내부에 두고 싶을 때 고려할 수 있는 방법이 바로 사내 PC 기반 공유 폴더를 활용하는 것입니다.

이는 마치 사무실 한가운데 회사의 모든 문서가 보관된 커다란 캐비닛을 두고, 직원들이 필요할 때마다 직접 찾아와서 문서를 꺼내 쓰고 정리하는 방식과 비슷합니다.

[개념 상세 설명]
회사의 특정 컴퓨터(예: 대표님 PC, 또는 업무량이 적은 직원 PC, 혹은 별도로 마련된 소형 서버)의 저장 공간을 네트워크로 연결하여, 같은 사무실 네트워크 안에 있는 다른 모든 직원 PC들이 이 저장 공간에 접근하고 파일을 저장하며 공유할 수 있도록 설정하는 것입니다.

[주요 설정 방법 (윈도우 운영체제 기준)]
① 중앙 PC 지정
- 회사 내에서 항상 켜져 있고, 안정적인 성능을 가진 PC 한 대를 '메인 문서 서버' 역할을 할 PC로 지정합니다.

② 공유 폴더 생성
- 지정된 PC의 특정 드라이브(예: D: 드라이브) 안에 회사 공유 문서함과 같은 메인 폴더를 만들고, 이 폴더를 '네트워크 공유' 설정으로 변경합니다.

③ 접근 권한 설정
- 공유 폴더에 접근할 수 있는 직원들을 지정하고, 각 직원에 따라 '읽기만 가능' 또는 '읽기/쓰기 가능' 등의 권한을 설정하여 보안을 관리합니다.

④ 네트워크 드라이브 연결
- 다른 직원들의 PC에서 해당 공유 폴더를 '네트워크 드라이브로 연결'하여, 마치 내 PC의 한 드라이브처럼 편리하게 접근할 수 있도록 설정합니다.

⑤ 기본 폴더 구조 설정 (AI 도움받아)
- 공유 드라이브 안에 '경영/전략', '마케팅', '영업' 등과 같이 부서별 또는 업무별로 큰 틀의 폴더를 미리 만들어 두세요.
- 이 구조를 만들 때, AI에게 "우리 회사 조직도를 바탕으로 가장 효율적인 문서 폴더 구조를 제안해 줘." 라고 물어보면 쉽고 체계적인 구조를 만들 수 있습니다.

⑥ AI의 추천을 받아 문서 저장하기
- 클라우드 방식과 마찬가지로, AI에게 문서 내용에 따른 최적의 저장 폴더를 추천받아 (예: "이 보고서(내용 복사-붙여넣기)의 내용을 분석해서 우리 회사의 문서 분류 체계 중 어디에 저장하는 것이 가장 적절할지 추천해 줘?"), 그 폴더에 직접 파일을 저장하는 것을 습관화합니다.

● 장점 (이 방법을 왜 고려할까요?)
- 초기 비용 없음: 별도의 클라우드 서비스 구독료가 발생하지 않아, 비용 부담이 적습니다.
- 인터넷 불필요 (사내): 사무실 내부 네트워크가 연결되어 있다면, 인터넷이 일시적으로 끊기더라도 문서에 접근하고 작업하는데 문제가 없습니다.
- 데이터 통제: 모든 데이터가 회사 내부에 물리적으로 저장되므로, 외부 클라우드 서버에 대한 심리적인 불안감 없이 데이터 통제에 대한 안정감을 느낄 수 있습니다.

● 단점 (주의해야 할 점)
- 치명적인 백업 책임: 가장 중요한 단점입니다. PC 고장, 바이러스, 랜섬웨어 등으로 데이터가 손실될 경우 복구가 어렵습니다. 따라서 외장 하드, NAS(네트워크 저장장치) 등을 활용한 정기적이고 철저한 수동 백업 계획을 반드시 수립하고 실행해야 합니다. 백업이 곧 회사의 생명임을 명심해야 합니다.
- 접근성 제약: 주로 사무실 내에서만 접근 가능합니다. 재택근무나 외근 시에는 회사 네트워크에 접근하기 위해 VPN(가상 사설망) 설정과 같은 추가적인 기술적 조치가 필요하며, 이는 IT 전문 지식이 없는 중소기업에는 부담이 될 수 있습니다.
- 단일 실패 지점: 공유 폴더가 있는 PC에 문제가 발생하면, 모든 직원이 문서에 접근할 수 없게 되어 업무가 마비될 수 있습니다. 이를 방지하기 위한 이중화 설비는 중소기업에게 현실적인 부담입니다.

6.2.3. 우리 팀 AI 에이스 찾기: 'AI 활용 전도사'를 만들자!

■ **우리 팀의 AI 에이스 찾기: 'AI 활용 전도사'를 만들자!**
● **이게 왜 중요할까요?**
아무리 좋은 기술이라도, 처음 사용하는 사람들에게는 막연한 어려움이나 두려움이 있을 수 있습니다. 이때, 먼저 AI에 흥미를 느끼고 적극적으로 시도해 본 'AI 에이스(Ace)'가 있다면, 그들은 동료들에게 큰 도움이 됩니다. 이들은 단순한 기술 활용자를 넘어, AI 활용의 '전도사' 역할을 하며, 조직 전체의 AI 활용 문화를 빠르고 긍정적으로 확산시키는 핵심 인물이 됩니다. 이들의 성공 경험과 노하우가 곧 회사의 집단 지성이 되는 것이죠.

● **무엇을 준비할까요? (현실적인 접근법)**
❶ **'AI 에이스' 선정: 호기심과 친화력을 가진 사람을 찾아라!**
- 누구를 선정할까요? 반드시 IT 전문가일 필요는 없습니다. 오히려 새로운 기술에 대한 호기심이 많고, 변화를 긍정적으로 받아들이며, 동료들에게 AI 사용법을 기꺼이 알려주기를 좋아하는 직원 1~2명을 각 부서에서 선정하는 것이 좋습니다. 이들은 소위 '얼리어답터' 기질이 있거나, 평소에도 업무 개선에 관심이 많은 직원일 수 있습니다.

- 어떻게 선정할까요? 공개 모집, 추천, 또는 사장님이 직접 면담을 통해 선정할 수 있습니다. "AI를 활용해 우리 회사를 더 좋게 만들 아이디어를 가진 분?", "동료들에게 AI를 가르쳐주고 싶은 분?"과 같은 질문으로 시작해보세요.

❷ **AI 활용 적극 지원: 최고의 '놀이터'를 제공하라!**
- 유료 플랜 우선 지원: 'AI 에이스'들에게 ChatGPT나 Gemini의 유료 플랜을 먼저 지원해 주세요. 무료 버전보다 더 많은 기능과 높은 사용량을 제공하므로, 더 다양한 시도를 해볼 수 있습니다. 이는 그들의 역할을 인정하는 동시에, 투자에 대한 회사의 의지를 보여주는 효과적인 방법입니다.

- 온라인 강의 및 커뮤니티 지원: AI 활용 관련 양질의 온라인 강의(무료/유료)를 추천하고 수강 비용을 지원해 주세요. 또한, AI 활용 오픈 채팅방이나 커뮤니티 가입을 독려하여 외부의 최신 정보와 노하우를 습득할 기회를 제공하세요.

- **자유로운 실험 환경**: 업무 시간 중 일정 부분을 AI를 활용한 새로운 업무 방식 실험에 할애할 수 있도록 유연성을 제공해 주세요. 실패하더라도 질책하지 않고, 무엇을 배웠는지에 집중하는 '실험 문화'를 조성하는 것이 중요합니다.

❸ **활용 노하우 공유 독려: 지식을 '확산'시키는 전파자!**
- 정기적인 'AI 팁 공유 시간': 'AI 에이스'들이 AI를 활용하며 얻은 작은 성공 경험이나 유용한 팁(프롬프트)을 다른 팀원들에게 정기적으로 공유하도록 장려하세요. 주간 팀 회의 시간의 5분, 또는 월간 전체 직원 모임에서 짧은 발표 시간을 주는 것도 좋습니다.

- 사내 지식 공유 플랫폼 활용: 회사 내 구글 드라이브, 노션, 슬랙 등 기존에 사용하는 지식 공유 플랫폼에 'AI 활용 꿀팁' 폴더를 만들어, 여기에 'AI 에이스'들이 발견한 유용한 프롬프트, AI 활용 사례, 주의할 점 등을 기록하고 공유하도록 독려하세요.
(예: "이런 질문으로 AI에게 물어보니 업무 시간이 확 줄었어요!").

- 'AI 앰버서더' 역할 부여: AI 활용이 뛰어난 'AI 에이스'들에게 'AI 앰버서더'와 같은 명칭을 부여하고, AI 관련 궁금증을 가진 동료들을 돕는 멘토 역할을 부여하는 것도 효과적입니다.

[대표님을 위한 팁]
'AI 에이스'들을 칭찬하고 격려하며, 그들의 성공 사례를 전사에 적극적으로 공유해 주세요.
"우리 [이름] 팀원이 AI로 이런 멋진 일을 해냈습니다! 여러분도 [이름] 팀원에게 AI 활용법을 물어보세요!"라고 직접 이야기해 주는 것이 가장 강력한 동기 부여가 됩니다.
대표님이 먼저 AI를 솔선수범하여 사용하고 그 경험을 공유하는 것은 'AI 에이스'들의 활동에 더욱 큰 힘을 실어줄 것입니다.

6.3. EAP 시스템 핵심 구성 요소: 선순환 3가지 핵심 축

"중소기업도 가능한 'EAP' 시스템 핵심 3가지 구성 요소"

EAP는 복잡하고 거대한 시스템처럼 느껴질 수 있지만, 중소기업에서는 다음 3가지 핵심 구조만 명확히 이해하고 정리하면 바로 시작할 수 있습니다. 이 세 가지 요소가 AI가 기업 내에서 정보를 수집하고, 처리하고, 공유하며, 의사결정을 지원하는 기본적인 흐름을 형성합니다. 마치 기업의 복잡한 신경망을 간결하게 압축해 놓은 것과 같습니다.

여기서 중요한 점은, 모든 것을 완벽하게 '자동화'해야 한다는 부담감을 가질 필요가 없다는 것입니다. 현재 시장에 나와 있는 수많은 자동화 솔루션들을 배우고 도입하는 것은 중소기업에게 또 다른 학습 곡선과 비용 부담이 될 수 있습니다.

핵심은 ChatGPT나 Gemini와 같은 범용 AI 모델을 활용하여 AI의 '지능적인 도움'을 받는 것에 집중하고, 나머지는 사람이 '수동으로 보완'하는 것입니다. 현재는 이것이 가장 빠르고 편리합니다.

앞으로는 ChatGPT나 Gemini와 같은 AI 모델 자체에 기업, 생활 환경에 필요한 응용 프로그램들이 원스톱으로 통합되어 자동화를 통하여 실행활에 도움을 줄것으로 예측됩니다. 그때까지는 또 다른 응용 프로그램을 사용하지 않고 AI의 추천과 도움을 받아 사람이 직접 움직이는 방식이 훨씬 효율적입니다.

EAP의 3가지 핵심 구성 요소는 독립적으로 작동하는 것을 넘어, 서로 유기적으로 연결되어 선순환을 합니다.
1단계(AI 커뮤니케이터)와 2단계(AI 리포트 허브)에서 생성되고 체계적으로 정리된 정보와 지식은 3단계(AI 통찰 보고서)에서 심층적인 통찰로 전환됩니다.

EAP는 이 세 가지 요소가 끊임없이 정보를 생성하고, 정리하고, 분석하며, 다시 새로운 행동을 이끌어내는 유기적인 연결고리를 만듭니다. 이 선순환이 지속될수록 우리 회사는 더 스마트하고 민첩하게 움직이며, AI 시대의 경쟁 우위를 확보하게 될 것입니다.

"EAP 활용의 핵심: 세 가지 요소가 맞물려 돌아가는 '지능형 선순환'"

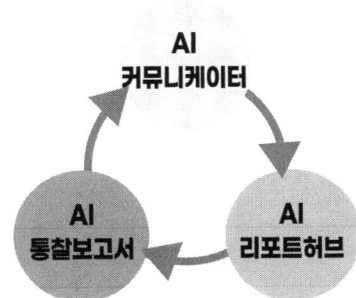

EAP(Enterprise AI Planning) 시스템은 AI 커뮤니케이터, AI 리포트 허브, AI 통찰 보고서라는 세 가지 핵심 요소가 마치 톱니바퀴처럼 맞물려 돌아갈 때 진정한 가치를 발휘합니다.
이들은 각각 독립적인 기능이 아니라, 서로 정보를 주고받으며 우리 회사의 업무를 지능적으로 선순환시키는 EAP의 핵심 축입니다.

❶ AI 커뮤니케이터 (정보 생성 및 흐름)
- 역할: 모든 대화와 문서를 AI 기반으로 생성하고, 이를 통해 정보의 흐름을 시작합니다. (예: 회의록 요약, 공지문, 고객 응대 초안)
- 맞물림: AI 커뮤니케이터가 만들어낸 정보(회의록, 답변 스크립트 등)는 다음 단계인 AI 리포트 허브로 전달되는 원천 데이터가 됩니다.

❷ AI 리포트 허브 (지식 축적 및 분류)
- 역할: AI 커뮤니케이터를 통해 생성된 정보와 회사 내 모든 문서를 지능적으로 분석, 분류하여 'AI 문서함'에 체계적으로 쌓아둡니다.
- 맞물림: 이렇게 정리된 지식은 세 번째 요소인 AI 통찰 보고서가 회사 전체의 현황을 파악하고 심층 분석을 하는 데 필요한 '데이터 창고' 역할을 합니다.

❸ AI 통찰 보고서 (전략적 통찰 및 방향 제시)
- 역할: AI 리포트 허브에 축적된 방대한 지식 데이터를 AI가 분석하여, 경영진이 핵심을 파악하고 전략적 판단을 내릴 수 있도록 통찰이 담긴 보고서를 생성합니다. 이는 회사와 제품의 나아갈 방향을 제시하는 나침반이 됩니다.
- 맞물림: 이 통찰 보고서를 통해 내려진 결정과 새로운 전략은 다시 AI 커뮤니케이터를 통해 전 직원에게 공유되고, 새로운 업무 흐름을 생성하며, 그 결과는 다시 AI 리포트 허브에 축적되는 선순환을 완성합니다.

6.3.1. AI 커뮤니케이터: 우리 회사의 '똑똑한 소통 대변인'

(1) AI 커뮤니케이터: 우리 회사의 '똑똑한 소통 대변인'

AI 커뮤니케이터(소통관)는 한마디로 우리 회사의 모든 '문서 작성과 메시지 작성'과 '소통'을 책임지는 똑똑한 AI 동료입니다.

내부 직원들과의 소통은 물론, 고객이나 협력업체와 주고받는 메시지까지, AI가 명확하고 일관된 목소리로 정보를 전달하도록 돕습니다. 복잡한 내용을 쉽게 정리해주고, 상황에 맞는 필요한 말과 글을 빠르게 만들어주죠. 이 AI 파트너 덕분에 불필요한 소통 오류를 줄이고, 메시지 전달력을 높여 회사 전체의 업무 효율을 극대화할 수 있습니다.

[역할 상세]

● 내부 소통 효율화
복잡한 회의 내용을 핵심만 요약하고, 중요한 결정 사항과 각 담당자의 할 일을 명확하게 추출해 줍니다. 사내 공지문, 주간 뉴스레터, 팀별 프로젝트 진행 상황 공유 메시지 등 내부 정보 흐름을 간결하고 신속하게 정리하여 전달합니다.

● 외부 고객 소통 강화
고객 문의에 대한 표준 답변 스크립트를 만들고, 자주 묻는 질문(FAQ)에 대한 맞춤형 응대 시나리오를 작성합니다. 고객 불만 접수 시 공감과 해결 의지를 담은 답변 초안을 빠르게 생성해 서비스 품질과 속도를 높이는데 기여합니다.

● 마케팅 및 홍보 콘텐츠 제작
신제품/서비스 출시를 알리는 보도자료 초안, 웹사이트 제품 설명, 블로그 게시물, SNS 광고 문구 등 다양한 채널의 마케팅 콘텐츠 텍스트를 생성합니다. 특정 고객층을 위한 맞춤형 문구나 A/B 테스트용 여러 버전의 광고 문구를 제안하는 등 마케팅 팀의 창의성과 생산성을 증강시킵니다.

● 시장 및 트렌드 기반 메시지
최신 시장 트렌드, 산업 뉴스, 소비자 관심사 등을 분석하여 시의적절한 블로그 글, 뉴스레터, 소셜 미디어 포스팅 초안을 작성하여 기업의 메시지가 시장 변화에 민감하게 반응하도록 돕습니다.

- HR 및 사내 소통 지원: 채용 공고를 매력적으로 작성하고, 신규 입사자를 위한 환영 메시지, 사내 정책 요약본 등 인사 관련 커뮤니케이션을 지원하여 HR 담당자의 업무 부담을 덜어줍니다.
- 다국어 소통 및 현지화: 해외 파트너와의 이메일, 계약 문서, 해외 홍보 자료 등을 빠르게 번역합니다. 단순히 언어만 바꾸는 것을 넘어, 해당 문화권의 정서와 뉘앙스에 맞는 톤앤매너로 조정(현지화)하여 글로벌 소통의 정확성과 효율성을 높입니다.

● 어떻게 활용하는가 (수동 병행의 효율성)

AI 커뮤니케이터는 ChatGPT나 Gemini와 같은 범용 AI 모델을 활용하여 작동합니다. 직원이 AI에게 회의록 내용, 고객 문의 내용, 혹은 작성하려는 공지문의 핵심 정보 등을 직접 입력(복사-붙여넣기)하여 요약, 답변 초안 생성, 문구 제안 등을 요청합니다.

AI가 답변을 생성하면, 직원이 이를 확인하고 필요한 곳(예: 이메일, 사내 메신저, 공유 문서)에 직접 복사하여 붙여넣는 방식으로 업무를 진행합니다.

완전 자동화 솔루션을 따로 도입하고 배우는 번거로움 없이도, AI의 지능적인 글쓰기 및 정보 가공 능력과 사람의 최종 판단 및 전달 능력이 결합되어 탁월한 효율을 냅니다. 이 '수동 병행' 방식이야말로 중소기업이 새로운 시스템에 대한 부담 없이 AI의 혜택을 즉시 누릴 수 있는 가장 현실적이고 편리한 방법입니다.

[예시 (실제 업무 적용 시나리오)]

- 회의록 요약 및 공유: 회의가 끝나면 AI가 핵심 내용과 담당자별 할 일을 요약하여 생성합니다. 담당자는 이를 확인 후 팀 채팅방이나 이메일로 수동으로 복사하여 공유합니다. 이로써 회의록 정리 시간이 획기적으로 줄어들고, 모든 팀원이 신속하게 회의 결과를 인지하고 후속 조치를 취할 수 있습니다.

- 고객 문의 처리: 고객 문의가 접수되면 AI가 문의 내용을 분석하여 답변 초안을 생성합니다. 상담 직원은 AI의 답변을 바탕으로 고객의 특성을 고려한 개인적인 내용을 추가하여 직접 고객에게 메일을 발송합니다. 이는 답변 시간을 단축하고, 일관된 서비스 품질을 유지하며, 상담 직원의 피로도를 줄여줍니다.

- 부서 간 협업 메시지: 복잡한 부서 간 협업 요청 사항을 AI 커뮤니케이터에게 전달하면, AI가 "명확하고 간결한 메시지로 재구성"하여 전달받은 후, 담당자가 해당 부서에 직접 전달합니다. 이로써 오해의 소지를 줄이고, 협업의 정확성과 속도를 높일 수 있습니다.

- 사내 공지문 작성: AI 커뮤니케이터에게 특정 주제(예: 새로운 복지 제도)에 대한 사내 공지문 초안을 요청하고, AI가 생성한 초안에 필요한 이미지나 추가 설명을 더해 최종본을 완성합니다.

- SNS 마케팅 문구 제작: AI에게 신제품의 특징과 타겟 고객을 설명하고, 인스타그램, 페이스북, 블로그 등 각 채널의 특성에 맞는 마케팅 문구를 요청하여 빠르게 콘텐츠를 생산합니다.

6.3.2. AI 리포트 허브: 'AI 문서함' 'AI 데이터 창고'

(2) AI 리포트 허브: AI가 만들고 우리가 정리하는 'AI 문서함'

AI 리포트 허브는 AI가 우리 회사에 필요한 지식을 만들고, 우리가 그것을 잘 정리하여, 나중에 필요할 때 가장 쉽고 빠르게 찾아 쓰는 것을 돕는 'AI 문서함'입니다.

여기서는 복잡한 자동화 시스템을 생각할 필요가 없습니다. 핵심은 AI의 지식 생성 능력과 우리의 체계적인 저장 습관이 만나는 것입니다.

이 AI 문서함은 단순히 파일을 모아두는 곳이 아닙니다. AI가 만들어준 지식의 핵심을 짚어주고, 나중에 다시 찾을 때 '나침반' 역할을 해주는 '스마트 인덱스' 기능을 품고 있습니다.

[역할 상세]
▶ AI의 지식 창조
ChatGPT나 Gemini가 회의록 요약, 보고서 초안, 아이디어 목록, 시장 분석 요약 등 우리 회사에 필요한 다양한 형태의 지식(텍스트)을 생성합니다. AI는 지식의 본질을 뽑아내는데 탁월합니다.

▶ 인간의 지능형 저장
AI가 생성한 지식의 핵심 정보(요약, 키워드)를 파일 저장 시 활용하여, 우리가 직접 정해둔 폴더에 효율적으로 저장합니다. AI의 '내용 분석' 도움을 받아 사람이 '어디에' 저장할지 결정합니다.

▶ AI를 활용한 지식 탐색
나중에 필요한 정보가 있을 때, AI에게 저장된 문서의 내용(또는 일부)을 다시 제공하고 질문하여, 원하는 지식을 쉽고 빠르게 찾아내고 활용합니다.

[AI 문서함 활용 핵심: AI와 '지식 노트'를 만들고, 필요할 때 바로 찾는 습관]
복잡한 프로세스는 잊으세요. AI 문서함의 핵심은 AI가 지식의 핵심을 짚어주면, 우리가 그 정보를 활용해 '지식 노트'를 만들고, 정해진 곳에 깔끔하게 정리하는 것입니다. 이렇게 정리된 지식은 언제든 AI의 도움을 받아 빠르고 정확하게 찾아낼 수 있습니다.

➡ 핵심 1: AI가 '지식 노트'를 만듭니다.

- AI에게 어떤 문서의 핵심 내용을 요약하거나, 키워드를 뽑아달라고 요청하세요. AI는 당신의 요청에 따라 문서의 본질을 담은 짧은 '지식 노트'(요약, 키워드, 제목 등)를 생성합니다.

(프롬프트 예시)
- "이 회의록(내용 복사-붙여넣기)에서 핵심 결정사항 3가지와 주요 실행 키워드 5개를 추출해 줘."
- "이 신사업 제안서(내용 복사-붙여넣기)의 내용을 한눈에 파악할 수 있는 3줄 요약과 함께, 이 제안서의 핵심 강점 키워드 4개를 제안해 줘."
- "지난달 마케팅 보고서(내용 복사-붙여넣기)의 주요 성과 지표와 그 의미를 담은 50자 요약문을 만들어 줘."

➡ 핵심 2: 사람이 '지식 노트'를 활용해 정리합니다.

- AI가 만들어준 '지식 노트'(요약, 키워드)를 활용하여, 파일을 우리 회사의 'AI 문서함'에 깔끔하게 저장합니다.
- 파일 복사/확보: AI가 생성한 내용을 워드 프로세서 등에 옮겨 파일로 저장 준비를 마칩니다.
- 파일 이름 설정: 문서 내용을 한눈에 파악할 수 있는 명확한 파일명을 부여합니다. (예: 240527_마케팅_SNS캠페인_아이디어_초안). 파일명에 날짜, 부서, 문서 종류, AI가 제안한 핵심 키워드 등을 포함하면 나중에 검색할 때 매우 유용합니다.

- 표준 폴더에 '수동으로' 저장: 미리 만들어둔 'AI 문서함' (클라우드 공유 드라이브 또는 사내 PC 공유 폴더)에 접속합니다. 그리고 사전에 정해둔 '표준 폴더 구조'에 따라 해당 지식에 가장 적합한 폴더를 찾아 직접 파일을 저장합니다.

(❖ 선택 사항) 파일 설명/메모에 '지식 노트' 추가
- 저장된 파일의 설명(Description) 또는 메모(Note) 기능에 AI가 제안한 '핵심 키워드'나 '3줄 요약'을 그대로 복사해서 붙여넣습니다.
  (구글 드라이브, 윈도우 파일 속성 등 활용)
- 이게 왜 중요할까요? 나중에 검색할 때, 파일 이름뿐만 아니라 이 설명에 있는 키워드까지 찾아지기 때문에, 수많은 파일 속에서도 AI가 훨씬 더 정확하게 원하는 문서를 찾아줄 수 있게 됩니다. AI가 우리를 위해 파일에 '스마트한 책갈피'를 달아주는 것과 같습니다.

➡ 핵심 3: 필요할 때 AI와 함께 '지식 노트'로 지식을 찾아 활용합니다.

- 잘 정리된 지식은 필요할 때 빛을 발합니다. AI는 저장된 지식을 찾아주는 것을 넘어, 그 지식을 바탕으로 새로운 통찰을 주거나 다른 형태의 콘텐츠로 변환해 줄 수 있습니다.
- 디지털 문서함에서 '직접 검색'
  - 구글 드라이브나 윈도우 탐색기의 검색 기능을 활용하여, 파일명이나 문서 내용(특히 AI가 넣어준 핵심 키워드/요약)을 입력하여 필요한 문서를 쉽게 찾아냅니다.
- AI에게 '지식 탐색 도우미' 역할 요청
  - 찾은 문서의 내용(또는 일부)을 다시 AI에게 제공하고 질문하여, 해당 지식을 재활용하거나 더 깊이 있는 통찰을 얻습니다.
    (예: "이 기획서(내용 복사-붙여넣기)에서 핵심 아이디어 3가지와 다음 단계에서 우리가 집중해야 할 과제를 찾아줘.").
  - AI에게 "이전에 [특정 주제]에 대해 작성된 보고서(내용 복사-붙여넣기)와 관련된 다른 자료가 있다면 핵심 내용을 요약해 줘."와 같이 요청하여, 저장된 지식들 간 연결성을 찾아내도록 도울 수도 있습니다.

[예시]
① 마케팅 부서
- AI로 만든 'SNS 캠페인 기획서'를 저장할 때, AI에게 "이 기획서의 핵심 키워드(예: #MZ타겟 #바이럴마케팅)와 3줄 요약을 제안해 줘." 라고 요청합니다.
- AI의 답변을 바탕으로 기획서를 '마케팅 > 2024년 > SNS_캠페인 폴더'에 '24052_AI생성_SNS캠페인_아이디어_톡톡'이라는 '파일명'으로 저장하고, AI가 제안한 키워드를 문서 정보에 입력하여 나중에 유사 캠페인을 기획할 때 쉽게 찾을 수 있도록 합니다.

② 기획 부서
- AI 브레인의 도움을 받아 작성한 신사업 전략 문서를 AI에게 "이 전략 문서의 핵심 테마와 2가지 주요 전략을 요약하고, 이 문서가 연결될 만한 기존 자료(예: 시장 조사 보고서)를 추천해 줘." 라고 요청합니다.
- AI의 분석을 활용하여 문서를 '경영/전략 > 신사업_기획 > 2025년 폴더'에 '250520_AI생성_신사업_전략보고서_초안'으로 저장하고, AI가 추천한 관련 문서 링크를 함께 기록해 지식 간의 유기적인 연결망을 만듭니다.

③ 영업팀
- AI 커뮤니케이터를 통해 작성된 고객 제안서가 마무리되면, AI에게 "이 제안서의 핵심 가치 제안 3가지와 고객사의 주요 니즈 키워드 5개를 추출해 줘." 라고 요청합니다.
- 이 정보들을 제안서 파일의 설명에 추가하여, 나중에 유사 고객에게 제안할 때 과거 제안서들을 내용 기반으로 빠르게 검색하고 참고할 수 있도록 합니다.

[기대 효과]
  정보의 파편화를 막고, 필요한 정보를 쉽고 빠르게 찾아볼 수 있게 하여 업무 효율성을 획기적으로 높입니다. AI가 만든 지식은 이미 잘 정리되어 있기에, 사람이 정해진 폴더에만 저장하면 됩니다.
  이는 직원들이 매번 새로운 자료를 만들 필요 없이, 기존의 AI 생성 지식을 재활용하고 고도화하는 데 기여하며, 기업의 집단 지성을 강화합니다. 복잡한 시스템 없이도, AI와 사람의 심플한 협업으로 스마트한 지식 관리가 가능해집니다.

6.3.3. AI 통찰 보고서: AI가 만들고, 함께 전략을 짜는 미래의 나침반

(3) AI 통찰 보고서: AI가 만들고, 우리가 함께 전략을 짜는 미래의 나침반

'AI 커뮤니케이터'가 부서 간의 소통을 돕고, 'AI 리포트 허브'가 모든 지식을 체계적으로 정리했다면, 이제 이 모든 정보가 최종적으로 기업의 전략적 판단과 방향 설정을 돕는 단계입니다.

바로 AI가 단순한 현황 보고를 넘어, 회사와 제품의 미래를 함께 고민하는 '전략 파트너'가 되어주는 'AI 통찰 보고서' 역할입니다.

이 'AI 통찰 보고서'는 AI 자체가 필요한 정보를 선별하고 요약하여 보고서 형태로 생성하여 활용하는 것을 목적으로 합니다. 이를 통해 대표님과 핵심 인력은 방대한 데이터 속에서 헤맬 필요 없이, 핵심적인 내용과 통찰만을 빠르고 정확하게 파악하여 중요한 의사결정에 집중하고, 더 나아가 심층적인 논의와 브레인스토밍을 시작할 수 있습니다.

[역할 상세]
▶ 전략적 통찰 보고서 생성
AI 리포트 허브(디지털 문서함)에 축적된 데이터를 바탕으로, 기업이 필요로 하는 핵심 정보와 성과를 요약하여 정기적으로(예: 매주 월요일 아침) 또는 필요시 요청에 따라 보고서를 생성합니다.

이는 AI에게 "우리 회사의 전략적 방향 설정에 도움이 될 만한 통찰 보고서를 작성해 줘"라고 직접 지시하는 방식으로 작동합니다.

▶ 핵심 지표 요약 및 심층 시사점 분석
각 부서의 AI 활용 현황, 주요 AI 생성 결과물, AI를 통한 시간/비용 절감 효과 등을 간결하게 요약합니다.
여기에 더해, 이러한 지표들이 기업 전체의 전략, 특정 제품의 방향, 혹은 잠재적 시장 기회에 미칠 영향을 분석하고, AI가 발견한 특이점이나 중요한 시사점을 도출하여 보고합니다.
단순한 데이터 나열을 넘어, 왜 이런 현상이 발생했는지에 대한 '인과관계'와 '의미'를 AI가 먼저 제시합니다.

▶ 전략적 논의를 위한 촉매
보고서 내용을 기반으로 대표님과 팀원들이 함께 고민하고 토론할 만한 핵심 질문들을 AI가 미리 제시하거나, 다음 전략 수립에 필요한 추가 분석을 제안합니다.
이는 보고서를 읽고 끝나는 것이 아니라, 심도 깊은 대화와 브레인스토밍으로 이어지도록 촉진하여 기업과 상품의 구체적인 방향을 제시합니다.

[어떻게 활용하는가 (AI와 사람이 함께 만드는 통찰 보고서]
AI 통찰 보고서는 복잡한 데이터 분석 툴이나 자동화된 데이터 수집 시스템 없이도, AI가 스스로 데이터를 '읽고', '요약하고', '핵심을 추출'하는 능력을 활용하여 생성됩니다.

여기서 중요한 것은 사람이 필요한 데이터를 AI에게 '제공'하고, AI가 생성한 보고서를 바탕으로 '함께' 토론하며 전략적 결정을 내리는 역할입니다. 이것이 바로 EAP의 1, 2단계에서 모인 지식이 3단계에서 '폭발적인 통찰'로 현실화되는 핵심 과정입니다.

❶ 필요한 데이터 수집 및 AI에게 제공
- 사람의 역할: 사장님 또는 사장님을 보좌하는 AI 리포터(MASTER 인재)가 디지털 문서함(AI 리포트 허브)이나 다른 업무 시스템에서 보고서에 필요한 핵심 데이터(예: 각 부서의 주간 AI 활용 기록, AI가 생성한 문서 목록, 주요 성과 지표, 특정 제품 관련 고객 피드백 등)를 수동으로 수집합니다. 이 데이터는 텍스트 형태(복사-붙여넣기)로 AI에게 전달할 수 있어야 합니다.

- AI에게 데이터 전달: 수집된 데이터를 챗GPT나 제미나이의 프롬프트 창에 직접 복사하여 붙여넣거나, 요약된 형태로 언급하며 AI에게 분석을 요청합니다.

- 프롬프트 예시: "다음 데이터를 바탕으로 AI 활용 현황과 그에 따른 회사/제품의 전략적 시사점에 대한 통찰 보고서를 작성해 줘: [여기에 수집된 데이터 복사-붙여넣기]."

❷ AI에게 '통찰 보고서 생성' 요청
- 데이터를 제공한 후, AI에게 해당 데이터를 기반으로 '단순 현황 보고'가 아닌 '전략적 통찰'이 담긴 보고서 생성을 요청합니다.
- 프롬프트 예시 1)
  "위 데이터를 분석하여, 지난주 우리 회사의 AI 활용이 [특정 제품/서비스]의 성과에 미친 영향을 분석하고, 다음 주에 해당 제품의 방향성을 위해 집중해야 할 AI 활용 영역 2가지를 제안하는 보고서를 작성해 줘."
- 프롬프트 예시 2)
  "최근 3개월간 고객 피드백 데이터([복사-붙여넣기])와 영업팀의 AI 활용 데이터([복사-붙여넣기])를 통합 분석하여, [특정 제품]의 고객 만족도 향상을 위한 핵심 전략 2가지와 AI가 할 수 있는 구체적인 역할을 제시하는 보고서를 작성해 줘."

- AI는 제공된 데이터를 이해하고, 이를 바탕으로 분석 및 요약된 통찰 보고서를 생성합니다.

❸ AI가 생성한 보고서 활용: 'AI 리포터'와 대표님의 심층 토론 및 방향 설정
- 'AI 리포터'의 역할: 지정된 AI 리포터(MASTER 인재)는 AI가 생성한 통찰 보고서를 가장 먼저 확인하고, 그 내용을 대표님께 보고하기 전에 필요한 추가적인 검토나 보완을 수행합니다. 보고서의 핵심 내용을 명확히 파악하고, 대표님과의 토론을 위한 질문들을 미리 준비합니다.

- 대표님과의 심층 토론: 대표님은 AI 리포터가 전달한 통찰 보고서를 바탕으로, 해당 AI 리포터(직원)와 함께 심층적인 토론과 브레인스토밍을 진행합니다. AI가 제시한 통찰을 인간의 경험과 직관, 그리고 현재의 비즈니스 맥락에 비추어 평가하고, 기업이나 제품의 구체적인 방향성을 설정합니다. 이 과정에서 AI가 보고서로 제시한 통장들이 비로소 '현실화'될 수 있는 방안들이 도출됩니다.

- 액션 플랜 수립: 토론을 통해 도출된 결론을 바탕으로, AI 활용을 포함한 구체적인 액션 플랜을 수립하고 각 부서에 전달하여 실행에 옮깁니다. 이는 1, 2단계에서 모인 지식이 3단계의 통찰을 통해 다시 구체적인 행동으로 이어지는 선순환 구조입니다.

[예시 (실제 통찰 보고서 시나리오)]
- "주간 HAInerge 전략 요약: 이번 주 마케팅팀의 AI 콘텐츠 제작(8건, 기여도 70%)이 [신제품]의 초기 인지도 향상에 긍정적 영향을 미쳤습니다. 영업팀의 AI 제안서(5건 작성, 3건 수주)는 고객 피드백 속도를 20% 향상시켜 영업 리드 전환율을 높였습니다. 이 데이터를 볼 때, [신제품]의 다음 마케팅 전략은 AI가 생성한 개인화된 메시지 강화에 집중하고, 영업팀은 AI 제안서의 성공 사례를 다른 제품군으로 확대하는데 우선순위를 두어야 합니다."
(AI가 제공된 주간 활용 데이터를 바탕으로 전략적 방향 제시)

- "월간 비용 최적화 분석: AI 비용 최적화 고문이 지난달 판관비 데이터(제공된 데이터)를 분석한 결과, 소모품 구매 비용에서 15%의 비효율이 발견되었습니다. AI는 구매처 다변화를 통한 5% 추가 절감 방안을 제시하며, 이를 통해 확보된 재원을 [특정 제품 개발]에 재투자할 것을 권고합니다."
(AI가 제공된 비용 데이터를 바탕으로 구체적인 제품 전략까지 제시)

- "분기별 고객 만족도 및 제품 개선 방향: AI 감성 분석가에 따르면, 지난 분기 [특정 제품] 고객 리뷰 데이터(제공된 데이터)에서 '빠른 응대'에 대한 긍정 감성이 10% 증가했으나, '제품 사용법'에 대한 문의에서 부정 감성이 일부 확인되었습니다. AI는 이를 해결하기 위해 AI 코치를 통한 '제품 사용법 영상 콘텐츠' 제작을 제안하며, 이 영상의 핵심 스크립트 초안을 함께 제공합니다."
(AI가 고객 피드백을 분석하여 제품 개선 및 콘텐츠 제작의 구체적인 방향 제시)

[기대 효과]
AI 통찰 보고서는 대표님과 핵심 인력 간의 전략적 토론을 촉진하고, 데이터 기반의 빠르고 정확한 의사결정을 가능하게 합니다.
이는 경영진의 시간 절약은 물론, 기업 및 제품의 구체적인 방향성을 제시하여 AI 활용의 가치를 조직 전체에 명확히 인지시킵니다. HAInerge 팀의 모든 활동이 이 보고서를 통해 대표님의 전략적 통찰과 실행으로 귀결되는 것입니다. 이처럼 AI가 단순한 보고를 넘어 '전략적 논의의 시작점'이 될 때, EAP의 진정한 가치가 빛을 발하며 기업은 끊임없이 발전할 수 있는 동력을 얻게 됩니다.

■ 참조: 구글 드라이브를 활용한 디지털 문서함 만들고 활용하기

"간편하게 활용할 수 있는 구글 드라이브"

ChatGPT나 Gemini에서 얻은 귀중한 AI 대화 결과물을 우리 회사의 '디지털 문서함'인 구글 드라이브에 체계적으로 저장하고 활용하는 방법을 아주 자세하게 알려드리겠습니다. 이 방법을 통해 AI가 생성한 모든 지식이 회사에 쌓이는 귀중한 자산이 될 것입니다.

▶ AI 대화 결과물, 구글 드라이브에 깔끔하게 저장하고 활용하는 법
ChatGPT나 Gemini와 나눈 대화는 단순한 채팅 기록이 아닙니다. AI가 우리 회사의 문제를 분석하고, 아이디어를 제안하며, 문서를 작성해 준 '우리 회사만의 지식 자산'입니다.
이 지식 자산을 잘 관리하고 나중에 다시 활용하려면, 구글 드라이브에 체계적으로 저장하는 습관이 중요합니다. EAP의 핵심인 'AI 리포트 허브'가 바로 여기서부터 시작됩니다.

❶ 단계 1: AI 대화 내용 '복사하기' (가장 기본적이면서 중요한 시작)
AI가 생성한 답변을 구글 드라이브에 저장하는 가장 기본적인 방법은 '복사 & 붙여넣기'입니다.

① AI 답변 선택
ChatGPT나 Gemini 대화창에서 저장하고 싶은 AI의 답변 부분을 마우스로 드래그하여 선택합니다.

② 복사하기
선택한 부분을 마우스 오른쪽 버튼으로 클릭한 후 '복사'를 선택하거나, Ctrl + C (맥에서는 Cmd + C) 단축키를 누릅니다. 대화 내용이 길다면, AI 대화 서비스에서 제공하는 '대화 내보내기' 또는 '공유' 기능을 활용하여 전체 대화를 텍스트나 PDF 파일로 저장하는 것이 더 편리할 수 있습니다.

❷ **단계 2: 구글 드라이브에서 '새 문서 만들기'**
이제 복사한 내용을 붙여넣을 '빈 도화지'를 구글 드라이브에서 준비합니다.

① 구글 드라이브 접속
웹 브라우저를 열고 drive.google.com 으로 접속하거나, 구글 워크스페이스(Gmail 등)에서 '구글 드라이브' 아이콘을 클릭합니다.

② 새 문서 생성
- 화면 왼쪽 상단에 있는 '+ 새로 만들기' 버튼을 클릭합니다.
- 'Google 문서' (텍스트 위주 내용, 예: 보고서 초안, 공지문)를 선택하거나, 'Google 스프레드시트' (표 형태의 데이터, 예: 분석 결과, 체크리스트) 또는 'Google 프레젠테이션' (발표 자료 개요)을 선택하여 새 문서를 엽니다.
- 팁: AI가 텍스트를 생성했다면 'Google 문서'가 가장 적합하고, 표나 데이터를 생성했다면 'Google 스프레드시트'가 좋습니다.

❸ **단계 3: AI 결과물 '붙여넣고 정리하기' (AI의 추천을 활용한 저장)**
이제 복사한 내용을 새 문서에 붙여넣고, 앞서 EAP 준비 단계에서 만든 '디지털 문서함' 폴더 구조에 맞춰 저장하는 핵심 과정입니다.

① 붙여넣기
새로 열린 구글 문서(또는 스프레드시트)에 Ctrl + V (맥에서는 Cmd + V)를 눌러 AI가 생성한 내용을 붙여넣습니다.

② 제목 설정
문서 내용의 핵심을 잘 나타내는 제목을 문서 상단에 입력합니다.
(예: 250527 마케팅 SNS 게시물 아이디어, 25052 회의록 요약 주요의사결정)

③ 적합한 폴더에 '수동으로 저장'하기:
구글 문서 상단의 '파일' 메뉴에서 '이동'을 선택하거나, 문서 제목 옆의 폴더 아이콘을 클릭하고, 해당 폴더로 이동하여 문서를 저장합니다.
- 팁: 필요하다면, AI가 추천한 폴더에 저장하면서 문서 내용의 핵심 키워드를 '문서 정보'에 추가하여 나중에 검색하기 쉽게 만듭니다. (구글 문서 > 파일 > 문서 세부정보 > 설명).

❹ **단계 4: 선택 사항- AI를 활용해 구글 드라이브 문서 바로 '정리/분석'하기**
일부 AI 모델(특히 Google의 Gemini)은 구글 워크스페이스와 직접 연동되는 강력한 기능을 제공합니다. 이를 활용하면 더욱 효율적으로 문서를 관리하고 분석할 수 있습니다.

▶ Gemini와 구글 드라이브 연결하기
Gemini가 내 구글 드라이브에 있는 문서를 읽고 분석할 수 있도록 확장 프로그램 기능을 켜줘야 합니다. 한 번만 설정해두면 다음부터는 편하게 쓸 수 있습니다.

① Gemini 설정 열기
Gemini 화면 왼쪽 아래에 있는 설정 아이콘(톱니바퀴 모양)을 클릭하세요.

② 확장 프로그램(Extensions) 찾기
설정 메뉴에서 확장 프로그램(앱)을 찾아 클릭하세요.

③ 구글 워크스페이스 활성화
확장 프로그램 목록에서 'Google Workspace (구글 드라이브, Gmail, 문서 등 포함)'를 찾아서 오른쪽에 있는 스위치를 켜주세요. 이미 켜져 있다면 그대로 두면 됩니다.

▶ Gemini에게 구글 드라이브 문서 분석 요청하기
이제 Gemini가 내 구글 드라이브에 접근할 수 있게 되었으니, 필요한 작업을 요청할 수 있어요. 대화하듯이 자연스럽게 질문하면 됩니다.

(요청 예시)
● 문서 요약 요청: "내 구글 드라이브에 있는 '[문서 제목 또는 링크]' 내용을 요약해 줘."
  ● 예시: "내 구글 드라이브에 있는 '2025년 사업 계획서.docx' 내용을 요약해 줘."
  ● 예시: "이 링크 [구글 문서 링크]에 있는 내용을 요약해 줘."

● 폴더 내 문서 분석 요청: "내 드라이브의 **'[폴더 이름]'**에 있는 모든 보고서에서 2025년 매출 관련 데이터를 추출하고 비교 분석해 줘."
  ● 예시: "내 드라이브의 '2025년 보고서' 폴더에 있는 모든 보고서에서 2025년 매출 관련 데이터를 추출하고 비교 분석해 줘."

● 특정 정보 찾기: "내 구글 드라이브에 있는 '프로젝트 A 진행 현황.pdf' 파일에서 다음 회의 날짜를 찾아줘."

☞ 꿀팁: 요청할 때 파일 이름이나 폴더 이름을 정확하게 알려줄수록 Gemini가 더 빠르게 찾아줄 수 있어요.

▶ Gemini가 문서를 분석하고 결과 제시
Gemini가 요청을 받으면 내 구글 드라이브에 접속해서 해당 문서를 읽고 분석을 시작합니다. 잠시 기다리면 요청한 내용을 바탕으로 분석 결과를 제시해 줍니다. 이제 Gemini를 활용해서 구글 드라이브 문서를 더 효율적으로 관리하고 분석할 수 있을 것입니다!

❺ 단계 5: 정기적인 '정리 습관' 만들기 (EAP의 핵심 루틴)

성공적인 EAP 구축의 핵심은 AI 활용뿐 아니라, AI가 추천한 방식으로 문서를 정리하는 습관을 꾸준히 유지하는 것입니다.

- 매주 금요일 퇴근 전, 그 주에 생성된 모든 문서를 AI의 도움을 받아 분류하고 저장하는 시간을 가집니다.
- 정기적으로 폴더 구조를 검토하고, AI에게 더 효율적인 분류 방안을 물어보며 개선합니다.

이처럼 AI의 지능형 추천을 적극적으로 활용하여 문서를 분류하고 저장하는 습관은, 별도의 복잡한 시스템 없이도 AI 리포트 허브를 성공적으로 구축하고, 우리 회사의 모든 지식을 살아있는 자산으로 만드는 가장 현실적인 방법입니다.

6.4. EAP 시스템 실제 적용 흐름: AI가 만드는 업무의 '선순환'

"AI를 활용하여 업무의 시작부터 끝까지, 전사 운영 체계 활용 EAP 과정"

이제 AI 커뮤니케이터가 정보의 흐름을 만들고, AI 리포트 허브가 지식을 체계적으로 정리하며, AI 통찰 보고서가 전략적 논의를 촉발하는 역할을 한다는 것을 이해하셨을 것입니다.

이 섹션에서는 이 모든 개별 요소들이 하나의 유기적인 EAP 시스템 내에서 어떻게 연결되고 흐르는지를 명확하게 보여드릴 것입니다. 마치 인체의 혈액 순환처럼, 정보와 지식이 AI를 통해 회사 전체를 순환하며 효율성과 통찰력을 극대화하는 과정을 단계별로 살펴보겠습니다.

EAP는 AI를 활용하여 업무의 시작부터 끝까지, 즉 보고, 소통, 실행, 학습, 그리고 분석에 이르는 모든 과정이 자연스럽게 이어지도록 설계된 전사 운영 체계입니다. 이 시스템 안에서는 AI가 업무의 흐름을 만들고, 사람은 그 흐름 속에서 핵심을 판단하고 실행에 옮기는 역할을 수행합니다.

■ **EAP 운영 흐름 예시: AI와 사람이 함께 만드는 지능형 업무 순환**
EAP 시스템의 핵심은 다음과 같은 순환적인 흐름에 있습니다.
이 흐름을 통해 업무가 보고 → 정리 → 실행 → 분석으로 매끄럽게 이어지며, 대표님은 핵심만 판단하고 지시할 수 있게 됩니다.

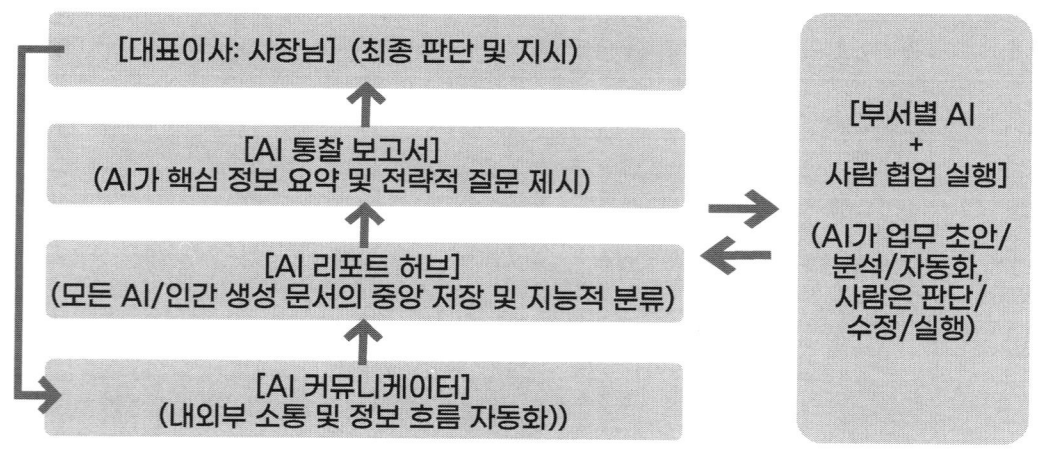

앞 도표는 EAP가 어떻게 회사 전체의 업무를 연결하는지 보여줍니다. 각 단계의 역할은 다음과 같습니다.

❶ 정보 생성 (부서별 AI + 사람 협업 실행)
- AI의 역할: 각 부서의 HAInerge 팀원들(AI 비서실, AI 브레인, AI 분석관 등)이 직원들과 함께 일하며 보고서 초안, 기획서, 회의록 요약, 고객 응대 메시지, 시장 분석 자료 등 다양한 지식과 문서를 생성합니다. AI는 이 과정에서 반복적이고 데이터 기반의 작업을 효율적으로 처리합니다.

- 사람의 역할: AI가 만든 초안과 분석 결과를 검토하고, 자신만의 통찰, 창의성, 감성을 더해 완성된 업무 결과물을 만들어냅니다.

❷ 정보 흐름 관리 (AI 커뮤니케이터)
- 각 부서에서 생성된 중요 정보(예: 완료된 회의록 요약, 새로운 공지문 초안, 고객 문의에 대한 답변)는 AI 커뮤니케이터를 통해 필요한 대상에게 전달됩니다.

- AI 커뮤니케이터는 메시지를 요약하고, 수신자를 지정하며, 이메일이나 사내 메신저를 통해 관련자들에게 수동 복사/붙여넣기 방식으로 배포합니다. 이 과정에서 정보의 정확성과 전달 속도가 비약적으로 향상됩니다.

❸ 지식 축적 (AI 리포트 허브)
- AI 커뮤니케이터를 통해 전달되거나, 각 부서에서 최종 완성된 모든 중요한 문서와 정보는 'AI 리포트 허브(회사의 디지털 문서함)'에 체계적으로 저장됩니다.

- 직원은 AI가 추천하는 분류 정보(핵심 키워드, 요약)를 활용하여 직접 문서를 올바른 폴더에 저장합니다. 이 과정을 통해 회사 전체의 지식 자산이 한곳에 모여 관리되고, 나중에 필요한 정보를 쉽게 찾아볼 수 있는 기반이 마련됩니다.

❹ 성과 보고 및 통찰 (AI 통찰 보고서)

- AI 리포트 허브에 축적된 방대한 지식과 데이터는 AI에 의해 주기적으로 분석됩니다.

- AI는 이 분석을 바탕으로 사장님이 필요로 하는 핵심 성과, 주요 이슈, 그리고 전략적 통찰이 담긴 보고서를 생성합니다. 이 보고서는 단순한 현황 보고를 넘어, 왜 이런 현상이 발생했는지에 대한 '시사점'과 함께, 다음 단계에서 고려해야 할 '질문'이나 '전략적 방향'까지 제시합니다.

- 'AI 리포터'로 지정된 'MASTER 인재'는 이 'AI 생성 보고서'를 검토하고, 대표님과 직원들이 AI와 함께 심층적인 토론 및 브레인스토밍을 진행하여 기업 및 제품의 구체적인 방향성을 설정합니다.

❺ 최종 판단 및 지시 (대표이사)

- 대표님은 AI 통찰 보고서와 AI 리포터와의 토론을 통해 얻은 핵심 정보와 통찰을 바탕으로, 최종적인 판단과 중요한 전략적 지시를 내립니다. 복잡한 데이터 분석이나 문서 정리 과정에서 오는 부담 없이, 오직 핵심적인 의사결정에만 집중할 수 있게 됩니다.

❻ 실행으로의 피드백 (다시 부서별 AI + 사람 협업 실행)

- 대표님의 최종 지시는 다시 각 부서의 HAInerge 팀으로 전달되어 구체적인 액션 플랜으로 전환되고 실행됩니다. 이 과정에서 AI는 다시 실행의 효율을 높이고, 그 결과는 다시 AI 리포트 허브에 축적되는 선순환 구조를 이룹니다.

이렇게 되면 업무가 정보 생성 → 소통/흐름 관리 → 지식 축적 → 통찰 도출 → 최종 판단 → 실행으로 AI와 사람의 협력 속에 자동적으로 흐르고, 사장님은 핵심만 판단하며 미래 전략에 집중할 수 있게 됩니다.

회사 전체가 하나의 유기적인 흐름으로 연결될 때, 중소기업도 폭발적인 성과를 배가할 수 있습니다.

■ 참조: EAP 따라하면 쉬워요

"흐름이 곧 성과입니다"

우리는 흔히 성과를 '결과물'로만 생각하지만, 실질적인 성과는 '일의 흐름'에서 비롯됩니다.

어떤 일이 어떻게 시작되고, 어디서 막히며, 누가 책임지고, 얼마나 빨리 피드백이 오고, 어떻게 다음 단계로 연결되는가 - 이 모든 '흐름'이 잘 조직되어야 진짜 성과가 나는 것이죠.

"EAP는 '일의 흐름'을 바꾸는 구조입니다."

EAP(Enterprise AI Planning)는 단순히 AI를 '도구'처럼 사용하는 것이 아니라, AI를 통해 업무 흐름 자체를 바꾸는 시스템입니다.

기존에는 한 명이 보고서를 작성하고, 상사가 검토하고, 다른 사람이 메일로 전송하고… 여러 단계와 시간이 필요했지만, 이제는 AI가 회의 요약을 하고, 초안을 만들고, 팀장이 바로 검토 후 전달까지 연결할 수 있습니다.

이처럼 불필요한 대기 시간, 중복 업무, 정보 단절을 없애고 일의 연결성과 속도를 높여주는 것이 EAP의 본질입니다.

"AI가 '흐름'을 만들고, 사람은 '판단과 실행'에 집중합니다."

AI는 데이터를 빠르게 분석하고, 문서를 요약하고, 업무를 자동화하면서 일의 흐름을 부드럽고 빠르게 만들어줍니다.

반대로, 사람은 더 이상 반복적이고 단순한 일에 시간을 낭비하지 않고, 무엇이 중요한지 판단하고, 누구와 협업할지 결정하며, 어떤 방향으로 나아갈지를 실행하는 핵심적인 역할에 집중할 수 있습니다.

즉, AI는 '연결하고 흐르게' 하고, 인간은 '판단하고 이끌게' 되는 것입니다.

"중소기업에게 EAP는 '규모의 한계를 뛰어넘는 전략'입니다."

중소기업은 대기업처럼 인력도 많지 않고 예산도 넉넉하지 않습니다.
그러나 AI와 함께 일의 흐름을 최적화하면, 오히려 더 빠르고 유연하게 움직일 수 있습니다.
AI는 "24시간 피곤하지 않는 동료"처럼 일의 흐름을 계속 유지해주고, 사람은 더 높은 가치의 판단과 실행에 집중함으로써 작은 기업도 민첩하고 전략적인 조직으로 성장할 수 있습니다.

결론적으로, "EAP는 기술이 아니라, 흐름을 바꾸는 방식입니다."
AI가 만드는 지능형 흐름 속에서 사람의 능력이 가장 잘 발휘될 수 있으며,
이 흐름이 끊기지 않고 유기적으로 연결될 때, 성과는 자연스럽게 따라옵니다.

작은 중소기업이라도, 흐름을 바꾸면 조직 전체가 바뀌고 성과도 달라질 수 있습니다. EAP는 그 흐름의 시작이자, 변화의 가장 현실적인 도구입니다.

"작게 시작, 흐름을 만들고, 축적하며, 판단과 실행에 집중 - 6단계 실행"

EAP 시스템을 중소기업에서 실질적이고 효과적으로 활용하기 위한 6단계 실행 방법을 알려드립니다.

핵심은 "작게 시작하고, 흐름을 만들고, 꾸준히 축적하며, 판단과 실행에 집중하는 것"입니다.

❶ 1단계: AI 계정과 접근성 먼저 확보하기

AI에게 묻는 습관이 생기면, 직원들의 정보 수집 속도와 사고의 깊이가 달라집니다.

- 모든 흐름은 AI와의 '대화'에서 시작됩니다. 따라서 팀원 개개인이 AI에게 질문하고 답을 받을 수 있는 계정이 있어야 합니다.

- 모든 핵심 직원에게 ChatGPT 또는 Gemini 계정 개설
  → 무료 플랜부터 시작하고, 자주 활용하는 직원에겐 유료 업그레이드 고려

- 공통의 사내 규칙 마련
  "질문은 먼저 AI에게 묻고, 그 다음 사람과 상의한다."
  "정답을 기대하기보다는 참고 자료로 활용한다."

❷ 2단계: AI 커뮤니케이터로 '소통 흐름' 정비하기

AI는 소통의 '비서' 역할을 하며, 복잡한 커뮤니케이션 흐름을 명료하게 정리해줍니다.

- 업무에서 반복되는 대화, 회의, 보고… 이 모든 흐름을 AI가 정리해주면 시간과 에너지를 크게 절약할 수 있습니다.

  [반복적인 소통을 AI로 효율화]
  - 회의록 자동 정리   - 고객 응대 스크립트 초안 작성   - 내부 공지문 작성

  [실행 팁]
- "이 회의 내용을 요약해줘. 의사결정 사항과 추후 과제를 3줄로 정리해줘"

- "이번 주 고객 대응 기록을 정리해서 공통 불만 3가지를 도출해줘"

❸ 3단계: AI 리포트 허브 운영 (지식 문서화 + 저장)

정리된 AI 지식은 '우리 회사만의 두뇌'가 되어, 미래의 의사결정에서 강력한 무기가 됩니다.

- 좋은 아이디어, 보고서, 요약이 AI를 통해 쏟아져 나오지만 정리되지 않으면 금세 사라집니다. '정리된 지식'만이 나중에 다시 쓰이고 가치가 됩니다.

- 모든 AI 생성 결과를 Google Drive 등 클라우드에 체계적으로 저장
  → 부서별 폴더 + 날짜/주제/형식 기반 파일명 규칙 도입

- 매뉴얼화된 문서 흐름 유지
  - "AI에게 받은 답변 → Google문서로 저장 → 폴더별 정리 → 키워드 입력"

❹ 4단계: AI 통찰 보고서를 사장님/리더용 의사결정 도구로 사용하기

AI 보고서는 단순 요약이 아니라, '전략적 사고'를 유도하는 도구로 활용해야 진짜 가치가 있습니다.

- 정기적 AI 보고서 활용 루틴 만들기 (주간 or 월간)

- 사장님용 AI 보고서 예시

  - "이번 달 마케팅 캠페인 성과를 정리하고 다음 달 전략 제안해줘"

  - "고객 문의 기록을 분석해서 새로운 제품 아이디어를 도출해줘"

  - 사장님 회의 전, AI 보고서로 전략적 시사점 파악 → 회의 효율 2배

❺ 5단계: 'AI 흐름' 문화를 전사에 퍼뜨리기
자연스럽게 퍼지는 'AI 문화'가 EAP 시스템의 뿌리입니다.

- 처음엔 몇몇 직원만 AI를 활용하지만, 조직 전체가 같은 흐름을 만들어야 효과가 극대화됩니다.

- HAInerge 챔피언(에이스 직원)을 부서별로 지정
    - 부서마다 'AI 실험'을 즐기는 사람을 지정. 유료 플랜 제공도 고려
    - 이들이 활용 노하우 공유, 사내 AI 도입 가이드 제공

- 워크숍/점심 교육 등 활용 경험을 자연스럽게 확산
    - "이번에 AI로 해결한 사례가 있어요~" 식 공유 문화 형성

❻ 6단계: 대표님의 핵심 역할 3가지
대표님의 '사용 경험 공유'가 가장 강력한 확산 도구입니다.

- AI로 요약된 핵심 정보를 통해 전략적 판단에 집중

- 사내 모든 정보 흐름이 AI를 거치도록 유도 (회의 → 요약, 기획 → 초안 등)

- 실패해도 괜찮다는 실험 문화 정착: "AI가 틀릴 수도 있지만, 안 쓰는 것보다 낫다!"는 긍정적 메시지 전달

"흐름이 곧 성과다."

AI를 도입하는 것이 끝이 아니라, AI를 통해 '일의 흐름'을 재설계하고 그것을 '일상화'하는 것이 성공의 핵심입니다.
작게 시작하고, 흐름을 만들고, 문서화하고, 함께 판단하며, 끝없이 개선하세요.

EAP는 중소기업의 미래를 바꾸는 '지능형 업무 방식'입니다.

제 7 장

AI 도입, 문제가 생길 때 신속 대응: 현장 문제 해결 노하우

7.1. '환각 현상(Hallucination)'과 편향성 대처법
7.2. 직원들의 '두려움' '귀찮음' 극복 전략
7.3. AI를 통한 업무 개선이 정체될 때
7.4. AI 관련 법적, 윤리적 문제 발생 시

제 7 장
AI 도입, 문제가 생길 때 신속 대응: 현장 문제 해결 노하우

"문제는 어디에나 있다. AI에도 문제는 있다. 문제 해결 노하우와 대응 전략"

앞선 장들에서 우리는 AI 시대의 도래가 기업에 어떤 변화를 가져오는지, MASTER 인재를 어떻게 육성해야 하는지, 그리고 FAST 시스템과 EAP를 통해 사람과 AI가 협력하는 이상적인 조직을 어떻게 구축할 수 있는지 살펴보았습니다.

이제 모든 준비는 끝났습니다.
그러나 아무리 잘 준비해도, 실제 AI를 도입하고 현장에 적용하는 과정에서는 예상치 못한 문제와 마주할 수 있습니다.

이 장에서는 바로 그러한 현실적인 문제점들을 직시하고, 중소기업이 AI 도입 과정에서 흔히 겪을 수 있는 어려움들을 예측하며 실질적인 해결 노하우와 대응 전략을 제시할 것입니다.

AI가 만능 해결사는 아니기에, 우리는 AI의 한계를 이해하고 인간의 지혜로 이를 보완하며, 때로는 새로운 접근 방식을 모색해야 합니다.

각 문제 상황별로 구체적인 해결책과 함께, AI를 더욱 효과적으로 활용할 수 있는 심화 프롬프트 팁도 제공할 것입니다. AI 도입의 길은 항상 순탄하지만은 않지만, 이 장을 통해 우리는 어떤 난관에도 흔들리지 않고 HAInerge 팀을 성공적으로 안착시킬 수 있는 지혜를 얻게 될 것입니다.

7.1. '환각 현상(Hallucination)'과 편향성 대처법

1. AI가 엉뚱한 답변을 내놓을 때: '환각 현상(Hallucination)'과 편향성 대처법

ChatGPT나 Gemini 같은 생성형 AI는 때때로 사실과 다른 정보를 마치 진실처럼 이야기하거나(환각 현상), 특정 데이터에 치우쳐 편향된 답변을 내놓을 수 있습니다. 이는 AI의 학습 데이터 한계나 잘못된 질문 방식에서 비롯될 수 있습니다.

[문제점]
- AI가 생성한 정보가 사실과 다름 (오보, 잘못된 데이터)
- 특정 관점이나 문화에 편향된 답변 생성 (객관성 결여)
- 업무에 적용 시 잘못된 의사결정으로 이어질 위험

[해결 노하우]
① 'AI는 초안일 뿐, 인간의 검토는 필수'라는 원칙 확립
AI의 모든 답변은 최종 결과물이 아니라 '초안' 또는 '아이디어'라는 인식을 조직 전체에 확고히 심어주세요.
특히 중요한 정보(예: 재무 데이터, 법률 자문, 시장 분석 보고서의 핵심 수치)나 외부에 공개될 내용(예: 보도자료, 광고 문구)은 반드시 인간 전문가가 꼼꼼히 검토하고 팩트 체크하는 루틴을 만드세요. AI의 높은 효율성 때문에 검토를 소홀히 하지 않도록 주의해야 합니다.

② 질문(프롬프트)에 '근거'와 '제약' 명시하기
AI에게 질문할 때, 답변의 근거가 될 만한 최신 정보나 신뢰할 수 있는 데이터를 함께 제공하세요. 예를 들어, "이 보고서(내용 복사-붙여넣기)를 기반으로 요약해 줘"와 같이 명확한 맥락을 줍니다.
또한, "출처를 반드시 명시해 줘", "객관적인 사실만으로 답변해줘"와 같이 제약 조건을 추가하여 AI가 임의로 정보를 생성하는 것을 방지할 수 있습니다.

③ 'AI가 모른다고 말하게 하기' 훈련
AI에게 "만약 확실하지 않은 정보라면, '모르겠다'고 답변해 줘." 와 같은 지시를 추가하여, 잘못된 정보를 생성하는 대신 불확실성을 명확히 알리도록 훈련할 수 있습니다.
이는 AI의 한계를 인정하고 더욱 신뢰성 있는 답변을 얻는데 도움이 됩니다.

④ ChatGPT와 Gemini를 상호 '교차 검증'하기

중요한 정보를 다룰 때 ChatGPT와 Gemini를 함께 활용하여 교차 검증하는 것은 '환각 현상'이나 '편향된 답변'의 위험을 크게 줄일 수 있는 효과적인 방법입니다.

ChatGPT와 Gemini는 현재 사용 가능한 AI 모델 중에서도 가장 기본적이며, 지속적인 학습을 통해 정확도 면에서 뛰어난 성능을 보여주고 있습니다. 하지만 아무리 발전된 AI라도 완벽할 수는 없기 때문에, 단일 AI 모델의 답변에만 의존하는 것은 위험할 수 있습니다.

특히 법률, 의료와 같이 전문성이 요구되는 분야에서는 AI의 답변을 맹신하기보다는 구글 검색, 전문 보고서 등 다양한 정보원을 통해 확인하고, 반드시 전문가의 의견을 구하는 것이 중요합니다.

ChatGPT와 Gemini를 상호 보완적으로 사용하며 얻은 정보를 다른 출처와 비교 검증하는 습관을 들이면, 더욱 신뢰할 수 있는 정보를 얻고 의사결정을 내릴 수 있을 것입니다.

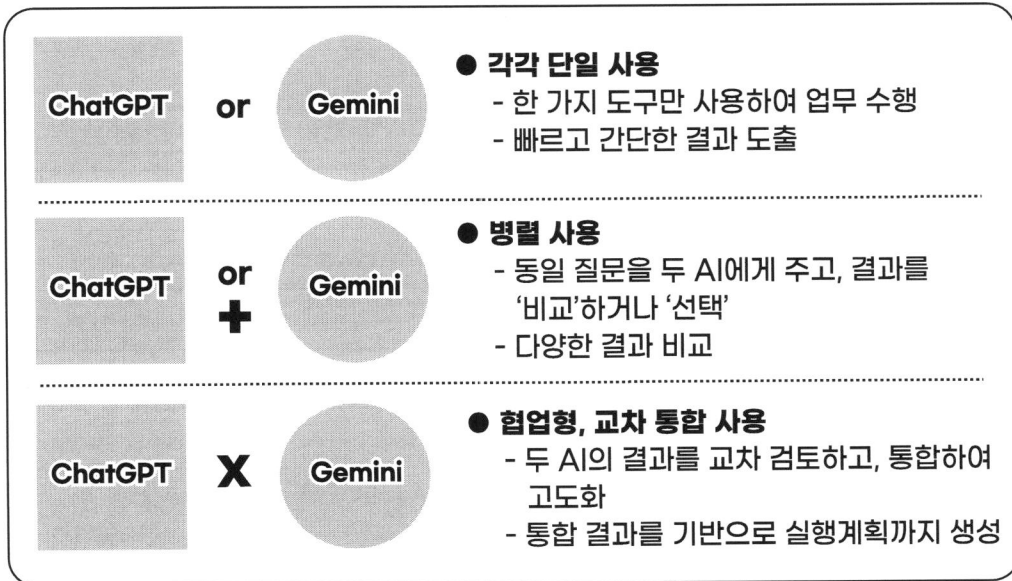

[문제 발생 시 해결 프롬프트 팁]

▶ **팩트 체크 및 오류 수정 요청 프롬프트**
- 목적: AI가 제공한 정보의 정확성을 확인하고, 잘못된 내용을 바로잡을 때 사용합니다. 특히 중요한 데이터나 외부에 나가는 자료에 필수적입니다.

- 예시 1 (데이터 확인): "다음 보고서 요약(내용 복사-붙여넣기)에서 제시된 [특정 수치/데이터]가 원본 보고서([원본 보고서 내용 또는 링크])와 일치하는지 확인해 줘. 만약 다르다면 올바른 수치로 수정하고, 어떤 부분이 왜 달랐는지 설명해 줘."

- 예시 2 (사실 관계 확인): "이 마케팅 문구(내용 복사-붙여넣기)에 포함된 [특정 제품의 기능/효과]에 대한 내용이 우리 제품의 실제 스펙과 [공식 자료 링크/내용]에 부합하는지 확인해 줘. 과장된 표현이나 허위 사실이 있다면 수정해 주고, 그 이유를 알려 줘."

- 예시 3 (법률/정책 관련): "이 계약서 조항(내용 복사-붙여넣기)이 2024년 1월 1일 이후 개정된 [특정 법률명]에 저촉되는 부분이 있는지 검토해 줘. 문제가 있다면 어떤 조항에 저촉되는지 명시하고 수정 방향을 제안해 줘."

▶ **출처 명시 및 정보 투명성 요청 프롬프트**
- 목적: AI 답변의 신뢰도를 높이기 위해 정보의 출처를 명확히 요구할 때 사용합니다. 특히 민감한 정보나 분석 자료에 유용합니다.

- 예시 1 (최신 정보 및 출처): "다음 주제([특정 시장 트렌드])에 대해 설명해 줘. 모든 정보는 2024년 이후의 최신 데이터를 기반으로 하고, 각 정보의 출처(웹사이트 주소, 논문명, 보고서명 등)를 반드시 명시해 줘."

- 예시 2 (데이터 기반 설명 요청): "우리 회사 [제품명]의 고객 이탈률 증가 원인에 대해 설명해 줘. 네가 언급하는 모든 원인은 구체적인 고객 데이터(익명 처리된)나 시장 조사 결과에서 도출된 것임을 명시하고, 해당 데이터의 핵심 내용을 간략히 언급해 줘."이를 최소화하기 위한 방안도 함께 제안해 줘."

- 예시 3 (근거 제시 요청): "네가 [신사업 아이디어]를 제안한 근거는 무엇인지 3가지 주요 지표(예: 시장 규모, 경쟁 구도, 성장률)를 바탕으로 설명해 줘. 각 지표에 대한 구체적인 수치나 통계 자료를 함께 제시해 줘."

▶ **편향성 제거 및 객관성 요청 프롬프트**
- 목적: AI 답변에 숨어있을 수 있는 편향성을 최소화하고, 최대한 중립적이고 객관적인 시각을 확보할 때 사용합니다. 다양한 관점을 파악하는데 필수적입니다.

- 예시 1 (중립적 관점 요청): "다음 [특정 사회 문제, 예: 주 4일 근무제]에 대해 중립적이고 객관적인 시각으로 설명해 줘. 특정 정치적/사회적/문화적 편향 없이, 찬성과 반대 입장을 모두 균형 있게 포함해 줘."

- 예시 2 (다양한 관점 요청): "우리 회사의 [특정 마케팅 전략]에 대해 고객, 경쟁사, 직원, 그리고 투자자의 입장에서 각각 어떻게 평가할지 다양한 관점을 제시해 줘. 각 관점별 장단점을 2가지씩 언급해 줘."

- 예시 3 (내재된 편향 확인 요청): "다음 채용 공고 문구(내용 복사-붙여넣기)에 특정 성별, 연령, 학력에 대한 잠재적인 편향성이 있는지 검토해 줘. 만약 있다면, 어떤 부분이 왜 편향적이며 어떻게 중립적으로 수정할 수 있을지 제안해 줘."

▶ **윤리적 고려 요청 프롬프트**
- 목적: AI가 생성하는 콘텐츠나 아이디어가 기업의 윤리적 가치나 사회적 책임을 준수하도록 유도할 때 사용합니다.

- 예시 1 (윤리적 제안 요청): "우리 회사의 [제품명] 광고 문구를 작성해 줘. 다만, 과장 광고나 소비자의 불안감을 자극하는 표현 없이, 윤리적이고 진정성 있는 메시지에 집중해 줘."

- 예시 2 (위험 식별): "다음 [사업 아이디어]를 실행할 때 발생할 수 있는 잠재적인 사회적/윤리적 문제 3가지를 제시해 줘. 그리고 이를 최소화하기 위한 방안도 함께 제안해 줘."

- 예시 3 (개인정보 보호 강조): "고객 데이터 분석 보고서 초안을 작성해 줘. 개인 식별 정보는 모두 익명 처리하고, 데이터 보안 및 개인정보 보호 원칙을 준수하는 내용을 서문에 명시해 줘."

▶ **비판적 사고 유도 프롬프트**
- 목적: AI의 답변을 맹신하지 않고, 인간이 한 번 더 깊이 생각하고 판단하도록 AI가 스스로 질문을 던지게 합니다.

- 예시 1 (반대 의견 제시): "네가 제시한 [전략 아이디어]에 대해, 가장 강력하게 반대할 수 있는 주장 3가지를 펼쳐 줘. 그리고 그 주장을 어떻게 반박할 수 있을지 설명해 줘."

- 예시 2 (최악의 시나리오): "우리 회사가 [특정 신사업]에 진출했을 때 발생할 수 있는 최악의 시나리오 2가지를 상정하고, 각 시나리오에 대비하기 위한 방안을 제시해 줘."

- 예시 3 (결정의 약점 파악): "내가 방금 내린 [특정 결정]에 대해, 혹시 놓치고 있는 중요한 고려 사항이나 예상치 못한 부정적인 결과가 있을지 2가지 관점에서 지적해 줘."

이러한 심화 프롬프트 팁들을 적극적으로 활용하면, AI는 단순한 도우미를 넘어 당신의 비판적 사고를 자극하고, 윤리적 기준을 강화하며, 궁극적으로 더 현명하고 책임감 있는 의사결정을 내릴 수 있도록 돕는 진정한 AI 파트너로 진화할 것입니다.

7.2. 직원들의 '두려움' '귀찮음' 극복 전략

2. 직원들의 AI 활용률이 저조할 때: '두려움'과 '귀찮음' 극복 전략

AI 도입 초기에는 일부 직원들이 AI 활용을 어려워하거나, 기존 방식이 편하다는 이유로 사용을 꺼릴 수 있습니다. 이는 자연스러운 현상이며, 강제하기보다는 동기 부여와 지원을 통해 해결해야 합니다.

[문제점]
- 막연한 두려움: 'AI가 내 일자리를 뺏을 것 같다', '내가 기술에 뒤처지는 것 같다'는 심리적 저항
- 복잡하다는 인식: 'AI가 어렵다', '배우는데 시간이 오래 걸린다'는 오해
- 습관의 벽: '기존 방식이 편하다', '새로운 걸 배우기 귀찮다'는 관성

[해결 노하우]
① 'AI는 파트너, 일자리를 빼앗지 않는다'는 메시지 지속 전달
대표님과 리더가 AI는 직원을 대체하는 것이 아니라, 직원의 역량을 강화하고 가치 있는 일에 집중하도록 돕는 파트너임을 꾸준히 강조해야 합니다. 성공 사례를 공유하고, AI 덕분에 업무가 더 재미있고 효율적으로 변한 직원들의 이야기를 들려주는 것이 중요합니다.

② '작게 시작해서 크게 배우기' 경험 제공
가장 쉽고 빠르게 AI의 효용성을 체감할 수 있는 업무(예: 회의록 요약, 이메일 초안 작성)부터 시작하게 합니다. 성공 경험을 통해 AI에 대한 긍정적인 인식을 심어주고, '나도 AI를 쓸 수 있다'는 자신감을 키워주는 것이 중요합니다. 이 단계는 2단계 'Apply'의 연장선입니다.

③ 'AI 에이스'의 적극적인 활동 독려 및 인정
각 부서의 'AI 에이스'(AI챔피언, AI MASTER 인재)가 동료들의 AI 활용을 돕는 '멘토' 역할을 수행하도록 적극 지원하세요. 그들의 노력을 인정하고 보상함으로써, 다른 직원들도 AI 활용에 대한 동기 부여를 얻도록 합니다. 이들은 AI 활용의 '전도사'이자 '해결사' 역할을 합니다.

④ '재미있는 AI 활용 챌린지/이벤트' 운영

AI를 업무에 재미있게 접목할 수 있는 사내 챌린지나 이벤트를 주기적으로 운영하세요. (예: '이번 주 최고의 AI 프롬프트 콘테스트', 'AI와 함께 만든 업무 혁신 사례 공유'). 작은 상품이나 칭찬으로 참여를 유도하고, AI 활용을 즐거운 경험으로 만듭니다.

[심화 프롬프트 팁] AI 활용률을 높이는 업무 중심 동기 부여 질문

직원들의 AI 활용률이 저조할 때, AI에게 직접 질문하여 해결책을 찾고 동기를 부여하는 심화 프롬프트 팁들을 제시합니다. 이 프롬프트들은 AI가 직원들의 '두려움'과 '귀찮음'을 해소하고, AI 활용을 긍정적인 경험으로 만드는데 실질적인 도움을 줄 수 있도록 설계되었습니다.

▶ **AI 활용 동기 부여 프롬프트**

- 목적: AI가 직원들의 특정 업무 어려움을 파악하고, AI가 줄 수 있는 구체적인 도움을 제시하여 AI 활용을 시작하도록 독려합니다.

- 예시 1: "내가 [특정 업무, 예: 주간 판매 보고서 작성]을 시작하는 데 매번 어려움을 겪고 있어. AI를 활용하면 이 업무를 어떻게 더 쉽고 빠르게 할 수 있을지 3가지 구체적인 방법을 알려주고, 각 방법이 왜 효율적인지 설명해 줘."

- 예시 2: "우리 팀원 중 [이름]이 [특정 업무, 예: 고객 불만 응대]에 많은 시간을 쓰고 힘들어해. AI를 활용하면 이 업무의 어떤 부분을 획기적으로 개선할 수 있을지, 구체적인 AI 활용 시나리오 2가지를 제시해 줘."

- 예시 3: "AI 사용을 주저하는 동료에게 'AI를 통해 업무 효율을 높이고, 퇴근 시간을 1시간 앞당길 수 있다'는 메시지를 전달하고 싶어. 이를 뒷받침할 만한 구체적인 AI 활용 예시 3가지를 제안해 줘."

▶ **AI 활용 습관화 유도 프롬프트**
- 목적: AI 활용을 일상적인 업무 루틴으로 만드는데 도움을 주며, 부담 없이 매일 AI를 사용하도록 유도합니다.

- 예시 1: "매일 아침 출근 후, 오늘 내가 AI에게 가장 먼저 시도해 볼 만한 작은 업무 1가지를 추천해 줘. 추천 이유도 간단히 설명해 줘."

- 예시 2: "이번 주 우리 팀의 주요 업무 목표 [목표 내용]를 달성하는데 AI가 매일 꾸준히 도울 수 있는 작은 루틴 2가지를 제안해 줘."

- 예시 3: "점심시간 후, 잠시 졸음이 올 때 업무에 집중력을 높이는 AI 활용법 1가지를 재미있게 설명해 줘."

▶ **AI 활용 두려움 해소 프롬프트**
- 목적: AI에 대한 심리적 장벽(일자리 위협, 복잡함 등)을 낮추고, AI를 긍정적인 파트너로 인식하도록 돕습니다.

- 예시 1: "AI를 업무에 사용하기 망설이는 직원에게, AI가 '나의 일을 빼앗지 않고 돕는 친구'라는 점을 설득할 수 있는 짧은 대화 스크립트 초안을 작성해 줘."

- 예시 2: "AI가 복잡하다는 인식을 가진 동료에게 'AI는 사실 스마트폰 앱처럼 간단하다'는 점을 설명할 수 있는 비유적인 표현 3가지를 제시해 줘."

- 예시 3: "AI를 사용하다 실수를 했을 때, 이를 통해 '더 배우고 성장할 수 있다'는 긍정적인 메시지를 담은 사내 게시판 문구 초안을 작성해 줘."

▶ **AI 활용 촉진을 위한 리더십 지원 프롬프트**
- 목적: 사장님이나 팀 리더가 AI 활용을 독려하는 메시지를 효과적으로 전달하고, 모범을 보일 수 있도록 지원합니다.

- 예시 1: "내가 AI를 솔선수범하여 사용하고 있다는 점을 직원들에게 알리고 싶어. 어떤 업무에 AI를 활용했는지 구체적인 사례 1가지와 함께, AI 활용의 중요성을 강조하는 사내 메시지 초안을 작성해 줘."

- 예시 2: "직원들이 AI 활용을 통해 얻은 작은 성공 경험을 서로 공유하도록 독려하는 회의 안건을 제안해 줘. 'AI 팁 공유 시간'과 같은 아이디어도 포함해 줘."

- 예시 3: "AI 활용이 우수한 팀원 [이름]을 전사적으로 칭찬하고 격려하는 대표님 명의의 축하 이메일 초안을 작성해 줘. 구체적인 AI 활용 사례와 성과를 언급해 줘."

7.3. AI를 통한 업무 개선이 정체될 때

3. AI를 통한 업무 개선이 정체될 때: '활용의 깊이'와 '연결성' 강화 전략

AI를 어느 정도 사용하기 시작했지만, 더 이상 업무 개선이 눈에 띄지 않고 정체되는 시기가 올 수 있습니다. 이는 AI를 단순한 도구로만 사용하고, HAInerge 팀의 잠재력을 충분히 활용하지 못하기 때문입니다.

[문제점]
- AI를 단순한 '질문-답변기'로만 사용 (깊이 없는 활용)
- AI를 개별 업무에만 적용하고, 부서 간/업무 간 연결성 부족
- AI 활용에 대한 피드백 및 개선 활동 부족

[해결 노하우]
① **'MASTER 역량 강화'에 재집중**
AI 활용이 정체될 때는 AI 도구 자체보다는 AI를 활용하는 인간의 역량(MASTER)을 심화해야 합니다.

'메타인지 판단력'을 통해 AI 결과물의 한계를 명확히 인지하고, '분석력'과 '통찰력'으로 AI가 준 데이터를 더 깊이 해석하며, '전략 기획력'과 '창의력'으로 AI를 활용해 새로운 비즈니스 모델이나 프로세스를 구상해야 합니다.

② **'HAInerge 팀원'들의 유기적 연결 강화**
EAP 시스템의 핵심인 'AI 커뮤니케이터', 'AI 리포트 허브', 'AI 통찰 보고서'의 연결성을 강화해야 합니다. AI 커뮤니케이터가 만든 회의록이 AI 리포트 허브에 잘 정리되고, 이 정보가 AI 통찰 보고서로 이어져 전략적 의사결정을 돕는 '선순환 구조'를 더욱 단단히 만드세요.

- 실행 방법: 각 부서의 AI 챔피언(MASTER)들이 정기적으로 모여 AI 활용 노하우를 공유하고, 부서 간 AI 활용 연계를 논의하는 'HAInerge 협의체'를 운영합니다.

③ '프로세스 혁신' 관점에서 AI 재접근

AI를 단순히 개별 업무에 적용하는 것을 넘어, 업무 프로세스 전체를 AI 중심으로 재설계하는 관점으로 접근합니다. AI가 개입함으로써 업무의 시작부터 끝까지 어떤 단계가 어떻게 변화하고 효율화될 수 있는지 파악합니다.

- 실행 방법: 특정 핵심 업무 프로세스(예: 신제품 개발 프로세스, 고객 불만 처리 프로세스)를 선정하여, 각 단계에 AI 7인조 중 어떤 AI 역할이 어떻게 기여할 수 있는지 처음부터 다시 설계하는 워크숍을 진행합니다.

[심화 프롬프트 팁] AI를 통한 업무 개선 정체기 극복 (활용의 깊이와 연결성 강화)

AI를 어느 정도 사용하기 시작했지만, 더 이상 업무 개선이 눈에 띄지 않고 정체되는 시기가 올 수 있습니다.

이는 AI를 단순한 도구로만 사용하고, HAInerge 팀의 잠재력을 충분히 활용하지 못하기 때문입니다. AI를 '질문-답변기' 수준으로만 사용하는 것을 넘어, 업무 프로세스 전반에 걸쳐 AI의 깊이와 연결성을 강화하는 심화 프롬프트 팁들을 제시합니다.

▶ 업무 프로세스 혁신 요청 프롬프트

- 목적: AI가 특정 업무 프로세스의 단계별 비효율을 진단하고, AI의 강점을 활용한 혁신 방안을 제시하도록 요청합니다.

- 예시 1: "우리 회사의 [특정 업무 프로세스, 예: 신규 고객 온보딩 프로세스]의 각 단계(예: 1단계: 고객 등록, 2단계: 초기 상담, 3단계: 계약서 발송 등)를 나열해 줘. 이 각 단계에서 AI(ChatGPT/Gemini)가 어떤 구체적인 역할을 수행하여 전체 프로세스 효율성을 20% 높일 수 있을지 제안해 줘."

- 예시 2: "현재 [제품명]의 '생산부터 고객 배송까지의 전 과정(공급망)'에서 AI 운영관과 AI 분석관이 개입하여 비용을 10% 절감하고 리드 타임을 5% 단축할 수 있는 3가지 방안을 제안해 줘."

- 예시 3: "인사 부서의 채용 프로세스(공고-서류심사-면접-합격통보) 각 단계에서 AI 비서실, AI 코치가 어떤 역할을 할 수 있으며, 이를 통해 채용 기간을 1주일 단축할 수 있는 방법을 구체적으로 제시해 줘."

▶ **지식 연결 통한 통찰 및 아이디어 요청 프롬프트**
- 목적: AI 리포트 허브에 축적된 다양한 지식들을 AI가 통합적으로 분석하여, 단순한 요약을 넘어선 깊이 있는 통찰과 혁신적인 아이디어를 도출하도록 유도합니다.

- 예시 1: "우리 AI 리포트 허브에 있는 [마케팅 캠페인 결과 보고서]와 [고객 피드백 분석 보고서] 내용을 통합 분석하여, [특정 제품]의 다음 버전 개발에 필요한 핵심 아이디어 3가지를 도출해 줘. AI가 발견한 고객의 숨겨진 니즈를 중심으로."

- 예시 2: "과거 [실패한 프로젝트명] 관련 보고서(내용 복사-붙여넣기)와 [성공한 유사 프로젝트명] 보고서(내용 복사-붙여넣기)를 비교 분석하여, 성공과 실패를 가른 핵심 요인 3가지를 제시하고, 향후 프로젝트 기획 시 AI가 예방할 수 있는 실패 요소를 제안해 줘."

- 예시 3: "우리 회사의 지난 1년간 재무 보고서(내용 복사-붙여넣기)와 영업팀의 AI 활용 데이터(내용 복사-붙여넣기)를 교차 분석하여, AI 활용이 재무 건전성에 미친 긍정적 영향 2가지를 구체적인 수치로 제시하고, 더 큰 시너지를 위한 방안을 제안해 줘."

▶ **문제 해결 위한 복합적 사고 프롬프트**
- 목적: AI에게 단편적인 질문이 아닌, 여러 AI 역할의 협력을 통해 복합적인 문제를 다각도로 분석하고 해결 방안을 모색하도록 요청합니다.

- 예시 1: "현재 우리 회사의 [특정 문제, 예: 온라인 쇼핑몰 장바구니 이탈률 50% 증가]에 대해 AI 브레인, AI 분석관, AI 커뮤니케이터가 각각 어떤 방식으로 접근하고 해결 방안을 모색할 수 있을지 설명해 줘. 각 역할별로 1가지씩 구체적인 아이디어를 제시해 줘."

- 예시 2: "신규 시장 진출을 위해 AI 멘토단, AI 브레인, AI 커뮤니케이터가 협력한다면, 각각 어떤 순서와 방법으로 정보를 수집하고, 아이디어를 구상하며, 최종 제안서를 작성할 수 있을지 구체적인 워크플로우를 제시해 줘."

- 예시 3: "직원들의 AI 활용률 정체 문제를 해결하기 위해 AI 코치, AI 운영관, AI 비서실이 각각 어떤 도움을 줄 수 있을까? 각 역할별로 실행 가능한 해결책 1가지를 제안해 줘."

- 예시 4: "경영 전략 회의에서 AI 멘토단, AI 분석관, AI 브레인이 각각 어떤 정보를 제공하고, 어떤 질문을 던져야 최고의 전략적 통찰을 이끌어낼 수 있을지 회의 진행 가이드 초안을 만들어 줘."

▶ **지속 가능한 혁신 촉진 프롬프트**
- 목적: AI를 활용하여 장기적인 관점에서 기업의 혁신 역량을 강화하고, 지속 가능한 성장을 위한 아이디어를 발굴합니다.

- 예시 1: "우리 회사의 [주요 제품/서비스]가 5년 후에도 시장을 선도하기 위해 AI가 현재부터 기여할 수 있는 장기적인 혁신 전략 3가지를 제안해 줘."

- 예시 2: "AI를 활용하여 우리 회사의 조직 문화를 '빠른 실험과 학습' 중심으로 변화시키기 위한 구체적인 아이디어 3가지를 제시해 줘."

- 예시 3: "우리 회사의 '지속 가능한 성장(Sustainable Growth)'을 위해 AI가 새로운 비즈니스 모델을 탐색하고, ESG(환경, 사회, 지배구조) 가치를 통합하는데 어떤 기여를 할 수 있을지 설명해 줘."

7.4. AI 관련 법적, 윤리적 문제 발생 시

4. AI 관련 법적, 윤리적 문제 발생 시: '위험 관리'와 '책임 의식' 확보 전략

AI 기술은 아직 발전 초기 단계이므로, 저작권, 개인정보 보호, 데이터 편향성, 오정보 생성 등 다양한 법적, 윤리적 문제에 노출될 수 있습니다. 중소기업도 이러한 위험을 인지하고 선제적으로 대응해야 합니다.

[문제점]
- AI 생성 콘텐츠의 저작권 침해 가능성 (AI 학습 데이터의 문제)
- 개인정보나 민감한 기업 정보 유출/오용 위험 (AI 프롬프트 입력 시)
- AI 답변의 편향성이나 차별 문제 (사회적 논란 야기 가능성)
- AI가 생성한 잘못된 정보(환각)로 인한 법적 책임

[해결 노하우]
① 'AI 활용 가이드라인' 명확히 수립 및 교육
- 개인정보 및 민감 정보 입력 금지: AI 대화창에 고객의 개인 정보, 회사의 미공개 재무 정보, 영업 비밀 등 민감한 정보를 입력하지 않도록 명확한 사내 가이드라인을 수립하고 모든 직원을 교육합니다.

  (예: "AI에 입력하는 모든 정보는 외부에 공개될 수 있다고 가정하라.")
- 저작권 유의: AI가 생성한 이미지, 텍스트 등을 상업적으로 활용할 때는 반드시 원본 확인 및 2차 가공을 통해 저작권 문제를 회피하도록 교육합니다.
  (예: "AI가 만든 이미지를 그대로 사용하지 말고, 반드시 수정/변형하거나 다른 이미지와 조합하여 사용하라.")

- 팩트 체크 의무화: AI가 제공하는 정보는 팩트 체크를 거쳐야 함을 의무화합니다.

② '책임은 최종 결정자에게' 원칙 확립
- AI는 도구일 뿐, AI가 생성한 결과물을 최종적으로 활용하고 판단하는 것은 인간의 몫입니다. 따라서 AI의 답변을 바탕으로 내린 결정에 대한 법적, 윤리적 책임은 항상 인간 최종 결정자에게 있음을 명확히 합니다. 이는 직원들이 AI 결과물을 더욱 신중하게 검토하도록 독려합니다.

③ **'AI 윤리 교육' 정기적 실시**
- AI의 편향성, 차별, 투명성 등 AI 윤리 이슈에 대한 정기적인 교육을 실시하여 직원들이 AI의 사회적 영향력을 인지하고 책임감 있게 활용하도록 돕습니다. 외부 전문가를 초빙하거나 온라인 교육 콘텐츠를 활용할 수 있습니다.

④ **법률 전문가와 상담**
- AI 활용과 관련하여 발생할 수 있는 특정 법적 문제(예: 특정 산업 규제, 데이터 보호법)에 대해서는 반드시 법률 전문가의 자문을 구하는 것이 중요합니다. 이는 AI 법률 검토 보조관(가칭)을 활용하여 관련 법규를 미리 찾아보는 것과 병행할 수 있습니다.

[심화 프롬프트 팁] AI 관련 법적, 윤리적 위험 관리 (책임 의식 확보)
AI 기술은 아직 발전 초기 단계이므로, 저작권, 개인정보 보호, 데이터 편향성, 오정보 생성 등 다양한 법적, 윤리적 문제에 노출될 수 있습니다. 중소기업도 이러한 위험을 인지하고 선제적으로 대응해야 합니다. 심화 프롬프트 팁은 AI를 활용하여 이러한 위험을 관리하고, 책임 의식을 높이는데 실질적인 도움을 줄 수 있습니다.

▶ **개인정보 보호 및 민감 정보 처리 프롬프트**
- 목적: AI에게 민감 정보를 다룰 때의 주의를 주거나, 비식별화된 정보만을 사용하도록 지시합니다.

- 예시 1: "다음 보고서(내용 복사-붙여넣기)에서 개인을 식별할 수 있는 모든 정보를 제거하고 요약해 줘. 모든 민감한 데이터는 [가명/익명 처리]로 대체해 줘."

- 예시 2: "우리가 작성할 마케팅 콘텐츠(내용 복사-붙여넣기)에 고객의 개인정보(이름, 연락처 등)가 절대 포함되지 않도록 확인해 줘. 만약 있다면 삭제하고 일반적인 내용으로 수정해 줘."

- 예시 3: "회사 내부 기밀 문서(내용 복사-붙여넣기)를 요약해 줘. 단, 이 요약은 외부에 공개될 수 있는 정보만 포함하고, 내부 전략에 대한 직접적인 내용은 모두 배제해 줘."

▶ **저작권 및 원본 확인 요청 프롬프트**
- 목적: AI가 생성하는 콘텐츠의 저작권 문제를 예방하고, 원본 정보를 명확히 확인하도록 요청합니다.

- 예시 1: "다음 블로그 게시물 초안(내용 복사-붙여넣기)에 인용된 모든 정보의 출처를 반드시 명시해 줘. 만약 출처가 불분명한 내용이라면 삭제하거나, 중립적인 사실로만 재구성해 줘."

- 예시 2: "AI가 생성한 이미지 아이디어(이미지 설명 또는 특징 제시)를 바탕으로, 기존 저작물의 저작권을 침해하지 않으면서 우리 브랜드 컨셉에 맞는 새로운 이미지 컨셉 3가지를 제안해 줘."

- 예시 3: "우리 회사 웹사이트의 제품 설명 문구 초안(내용 복사-붙여넣기)이 타사 제품의 특허나 저작권을 침해할 가능성이 있는지 검토해 줘. 유사한 표현이나 아이디어가 있다면 다른 방식으로 바꿔 줘."

▶ **잘못된 정보(환각) 대응 및 검증 프롬프트**
- 목적: AI가 생성한 정보가 사실과 다를 때, 이를 확인하고 올바르게 수정하는 과정을 지원합니다.

- 예시 1: "다음 내용(복사-붙여넣기)이 사실에 부합하는지 확인해 줘. 만약 틀린 부분이 있다면, 어떤 부분이 왜 틀렸는지 설명하고 올바른 정보로 수정해 줘."

- 예시 2: "내가 제공한 [원본 자료 내용 복사-붙여넣기]**와 네가 요약한 [AI 요약 내용 복사-붙여넣기]를 비교하여, 요약 과정에서 원본에 없던 내용이 추가되거나 중요한 정보가 누락된 부분이 있는지 검토해 줘. 있다면 지적해 줘."

- 예시 3: "네가 제시한 [특정 수치 또는 통계]의 구체적인 출처(기관명, 보고서명, 발표 연도 등)를 다시 한번 확인해 줘. 해당 정보를 찾을 수 있는 공식 웹사이트 링크를 제공해 줄 수 있니?"

▶ **법률 자문 및 규제 준수 프롬프트**
- 목적: AI가 법률 관련 질문에 대한 초기 정보를 제공하고, 법률 전문가와의 상담 준비를 돕습니다.

- 예시 1: "우리 회사가 [특정 AI 서비스]를 도입할 때, [개인정보보호법/저작권법/공정거래법] 측면에서 발생할 수 있는 주요 법적 리스크 3가지와 이에 대한 대응 방안을 변호사에게 문의할 이메일 초안을 작성해 줘."

- 예시 2: "새로운 온라인 서비스 [서비스명]을 출시할 때, [특정 산업, 예: 의료/금융] 관련 국내 규제 중 우리가 반드시 준수해야 할 핵심 사항 5가지를 요약해 줘. 각 규제에 대한 간단한 설명도 포함해 줘."

- 예시 3: "다음 계약서 조항(내용 복사-붙여넣기)이 불공정 거래 행위와 관련된 법률(예: 약관 규제법)에 저촉될 가능성이 있는지 검토해 줘. 만약 그렇다면 어떤 부분이 문제가 될 수 있고, 어떻게 수정해야 할지 제안해 줘."

- 예시 4: "AI가 생성한 콘텐츠를 상업적으로 이용할 때 저작권 관련 분쟁을 최소화하기 위한 3가지 주의사항을 법무팀에 전달할 내부 가이드라인 초안으로 작성해 줘."

◼ AI 도입, 현장 문제 해결 8가지 지침

- AI '환각' & 편향성: 무조건 믿지 말고 교차 검증!

AI가 잘못된 정보를 줄 수 있으니, 반드시 사람이 직접 사실을 확인하고 여러 정보원을 교차 검증하세요.

- 직원들의 'AI 두려움': 파트너십으로 공감하고 함께 시작!

AI는 직원을 대체하는 게 아니라 업무를 돕는 파트너임을 강조하고, 작은 성공 경험으로 효용성을 체감하게 하세요.

- AI 활용 정체기: 깊이와 연결성으로 돌파!

AI를 단순 도구로만 쓰면 정체됩니다. AI를 업무 프로세스에 연결하고, MASTER 역량을 심화해 활용의 깊이를 더하세요.

- 정보 유출 & 저작권 위험: 명확한 가이드라인과 원본 확인!

고객 정보 등 민감한 데이터는 AI에 절대 입력하지 마세요. AI가 만든 콘텐츠는 반드시 원본을 확인하고, 상업적 활용 시 수정/변형해야 합니다.

- AI 오류 & 책임 문제: 최종 판단은 '인간의 몫'!

AI는 도구일 뿐, 결과물을 바탕으로 내린 결정의 모든 책임은 최종적으로 인간에게 있어요. 신중한 검토가 필수입니다.

- 법규 변화 & 윤리 이슈: 항상 눈과 귀를 열고 대비!

AI 관련 법규와 윤리적 이슈는 빠르게 변하니, 꾸준히 동향을 주시하고 전문가에게 자문하여 선제적으로 대응하세요.

- AI 활용 역량 불균형: 'AI 에이스' 적극 지원!

AI 활용이 뛰어난 'AI 에이스'를 지정하고 지원하여, 그들이 다른 직원들에게 노하우를 전파하는 '전도사' 역할을 하도록 독려하세요.

- 새로운 AI 도구 홍수: 우리에게 필요한 것만 선별!

모든 새로운 AI를 다 따라갈 필요는 없어요. 우리 회사의 목표와 업무에 가장 큰 도움을 줄 수 있는 도구만 선별하여 'FAST' 시스템에 맞춰 적용하세요.

Think New! Work New!

제 8 장

부서별 AI 실전 활용법: AI는 이렇게 써야 한다

8.1. 경영전략/기획팀: 전략 수립, 시장 분석, 회의 및 문서 관리
8.2. 영업 부서: 제안서, 고객 관리, 소통
8.3. 생산/운영 부서: 공정, 품질, 문서화
8.4. 연구개발/제품기획 부서: 새로운 아이디어, 기술 탐색, 데이터 분석
8.5. 고객 서비스 부서: 응대 효율화, 피드백 분석, 감성 관리
8.6. 법무/계약 부서: 법률 검토, 계약 관리, 규제 준수
8.7. 인사/총무 부서: 채용, 교육, 복지, 관리
8.8. 재무 부서: 예산, 보고서, 세무
8.9. 마케팅팀: 콘텐츠, 홍보, 트렌드

Think New! Work New!

제 8 장
부서별 AI 실전 활용법: AI는 이렇게 써야 한다

"AI를 활용하여 업무의 시작부터 끝까지, 전사 운영 체계 활용 EAP 과정"

AI는 더 이상 특정 전문가나 IT 부서만의 전유물이 아닙니다. 이제 AI는 우리 회사 모든 구성원의 손안에서 업무 혁신을 이끌어낼 수 있는 강력한 도구입니다.

앞선 장들에서 AI의 개념부터 HAInerge 팀 구성, 그리고 EAP 시스템을 통한 전사적 통합까지 논의했지만, 결국 중요한 것은 각자의 자리에서 AI를 '실제로' 어떻게 활용하느냐입니다.

이 장에서는 바로 그 지점에 초점을 맞춰, 여러분의 업무에 AI를 어떻게 효과적으로 적용할 수 있는지 구체적인 방법들을 제시합니다.
'우리 부서에서 AI는 이렇게 써야 한다!'는 명확한 실전 가이드를 제공할 것입니다. 이것을 따라 시도 해보시면 최적화 프롬프트를 작성하실 수 있는 능력이 자연스럽게 길러질 것입니다.

AI는 단순히 자동화를 넘어, 정보 검색, 아이디어 발상, 데이터 분석, 콘텐츠 생성 등 다양한 영역에서 인간의 역량을 증폭시키고 새로운 기회를 창출하는데 기여할 수 있습니다.

이제 가 부서별로 각자의 고유한 업무 특성과 당면 과제를 AI의 강점과 연결하여, 업무 생산성을 획기적으로 향상시키고 새로운 가치를 창출하는데 필요한 구체적인 활용법과 프롬프트 팁을 만나볼 것입니다.

AI를 단순히 도구로 바라보는 것을 넘어, 업무 프로세스의 필수적인 부분으로 통합함으로써, 보다 효율적이고 혁신적인 업무 환경을 구축할 수 있습니다. 이제 당신의 부서를 AI 시대의 선두 주자로 만들 준비를 하십시오.

이는 단순한 변화가 아니라, 업무 방식의 패러다임 전환을 의미하며, 여러분의 비즈니스 성장에 결정적인 역할을 할 것입니다.

8.1. 경영전략/기획팀: 전략 수립, 시장 분석, 회의 및 문서 관리

1. 경영전략/기획팀: 전략 수립, 시장 분석, 회의 및 문서 관리
중소기업의 경영전략/기획팀은 회사의 두뇌 역할을 하며, 미래를 예측하고 방향을 설정하는 핵심 부서입니다.

대기업처럼 전문 리서치 인력이나 방대한 데이터 시스템을 갖추기 어렵죠. AI는 이러한 정보와 인력의 한계를 극복하고, 경영진이 더욱 정교하고 데이터 기반의 전략을 수립할 수 있도록 돕습니다.

❶ 전략 수립
AI는 방대한 시장 데이터를 분석하고, 과거 성과와 미래 트렌드를 예측하여 보다 정교한 경영 전략을 수립할 수 있습니다.

예를 들어, 특정 사업 분야의 성장 가능성을 예측하거나, 경쟁사 동향을 실시간으로 파악하여 전략적 우위를 확보할 수 있습니다. AI는 다양한 시나리오를 빠르게 시뮬레이션하여 최적의 전략을 찾는데 도움을 줍니다.

이는 마치 전담 전략 컨설턴트가 생긴 것과 같습니다.

[실전 프롬프트 예시 - 전략 수립]
- "우리 회사의 [주요 제품/서비스]가 향후 3년간 직면할 시장 변화와 기회 요인 3가지를 분석해 줘. 이 변화에 대응하기 위한 전략적 방향을 제시해 줘."

- "현재 [경쟁사명]의 시장 점유율 상승 원인을 분석하고, 우리 회사가 이를 방어하거나 역전하기 위한 2가지 핵심 전략 아이디어를 제시해 줘."

- "코로나19 팬데믹과 같은 급작스러운 시장 변동 시, 우리 회사(업종/제품)가 위기 상황을 기회로 전환하기 위한 비상 경영 전략 시나리오 3가지를 제안해 줘."

❷ 시장 분석

AI 기반의 분석 도구를 통해 소비자 행동 패턴, 구매 트렌드, 산업별 성장률 등 다양한 시장 데이터를 심층적으로 분석할 수 있습니다. 이를 통해 새로운 비즈니스 기회를 발굴하고, 리스크를 사전에 예측하여 대응할 수 있습니다. AI는 데이터의 홍수 속에서 핵심적인 인사이트를 빠르고 정확하게 추출하여 전략 기획자들이 본질적인 고민에 집중하도록 돕습니다.

[실전 프롬프트 예시 - 시장 분석]
- "지난 분기 재무 보고서(내용 복사-붙여넣기)를 바탕으로, 매출 대비 영업 이익률 추이를 분석하고, 개선이 필요한 주요 비용 항목 2가지를 지목해 줘."
- "이번 달 우리 회사 고객 유입 경로별 전환율 데이터(내용 복사-붙여넣기)를 분석하여, 어떤 채널이 가장 효율적이고 어떤 채널이 개선이 필요한지 구체적인 수치와 함께 설명해 줘."
- "우리 회사의 월별 매출액, 방문자 수, 고객 이탈률 데이터(내용 복사-붙여넣기)를 통합 분석하여, 다음 분기 경영 성과를 예측하고 잠재적 위험 요인 2가지를 제시해 줘."

❸ 회의 및 문서 관리

중소기업은 회의록 작성, 보고서 초안 준비 등 행정 업무에 많은 시간을 할애합니다. AI는 이러한 반복적인 문서 작업을 자동화하여 경영진과 팀원들이 전략적인 논의와 핵심 업무에 집중할 수 있도록 돕습니다.

[실전 프롬프트 예시 - 회의 및 문서 관리]
- "다음 주 월요일 오전 9시 전략 회의(주제: 신규 사업 진출 검토)를 위한 회의록 양식 초안과, 회의 전 참석자들이 검토해야 할 시장 데이터 요약본(500자 이내)을 준비해 줘."
- "이번 달 주요 경영 보고서 3가지(제목/내용 복사-붙여넣기)의 핵심 내용을 100자 이내로 각각 요약하여 대표님께 보고할 자료를 만들어 줘."
- "해외 비즈니스 파트너(이름/회사명)에게 보낼 간결한 영문 미팅 요청 이메일 초안을 작성해 줘. 회의 목적과 우리 회사의 가치 제안을 명확히 포함해 줘."

8.2. 영업 부서: 제안서, 고객 관리, 소통

2. 영업 부서: 제안서, 고객 관리, 소통
중소기업의 영업팀은 소수의 인원이 많은 고객을 상대하며, 제안서 작성, 고객 응대, 자료 준비 등 다양한 업무를 동시에 처리해야 합니다.

제한된 인력으로 고객 한 명 한 명에게 맞춤형 서비스를 제공하기 어렵고, 영업 기회를 놓치기 쉽습니다. AI는 이러한 영업팀의 부담을 획기적으로 줄여주고, 고객과의 관계를 더욱 깊이 있게 만들어 영업 효율을 극대화할 수 있습니다.

❶ **고객 맞춤형 제안서 작성**
AI는 고객의 요구사항, 과거 구매 이력, 그리고 우리 회사의 제품/서비스 데이터를 기반으로 맞춤형 제안서 초안을 빠르게 작성하거나, 기존 제안서를 보완하는데 도움을 줍니다.

이는 영업 담당자가 제안서 작성에 들이는 시간을 줄여주고, 고객에게 더 전문적이고 설득력 있는 자료를 제공하여 수주율을 높이는데 기여합니다. 중소기업은 AI 덕분에 마치 대기업처럼 고객별로 정교한 제안서를 만들 수 있게 됩니다.

[실전 프롬프트 예시 - 고객 맞춤형 제안서]
- "잠재 고객 [고객사명, 예: (주)미래성공전자]에게 보낼 [제품/서비스명, 예: 스마트 보안 솔루션] 제안서 초안을 작성해 줘. 고객사의 예상 니즈 [니즈 설명, 예: 비용 효율적인 보안 강화 및 원격 관리 기능]를 강조하고, 우리 제품이 제공할 수 있는 핵심 가치 3가지를 포함해 줘."

- "기존 제안서(내용 복사-붙여넣기)를 [새로운 고객사명]에 맞춰 수정해 줘. 특히 [고객사의 특정 산업/문제점, 예: 제조 공정의 생산성 저하]와 관련된 우리 제품의 해결 능력을 강조하고, 성공 사례 1가지를 추가해 줘."

- "특정 제품 [제품명]에 대한 고객 문의가 들어왔을 때, 고객의 일반적인 질문 5가지에 대한 답변을 포함하는 간결한 1페이지 제안 요약서 초안을 만들어 줘."

❷ 잠재 고객 발굴 및 관계 관리(CRM 보조)

AI는 기존 고객의 구매 이력, 문의 내용, 웹사이트 방문 기록 등을 분석하여 잠재 고객을 발굴하고, 고객 이탈 가능성을 예측하며, 개인화된 마케팅 및 영업 활동을 지원합니다.

중소기업은 AI를 통해 제한된 자원으로도 고객 데이터를 심층적으로 이해하고, 효과적인 고객 관계 관리(CRM)를 수행할 수 있습니다. 이는 마치 영업팀에 전담 데이터 분석가가 생긴 것과 같습니다.

[실전 프롬프트 예시 - 잠재 고객/CRM 보조]
- "지난 3개월간 우리 회사 웹사이트에 접속했지만 구매로 이어지지 않은 방문자 데이터(내용 복사-붙여넣기)를 분석하여, 구매 전환 가능성이 높은 잠재 고객 특징 3가지를 제시하고, 이들에게 보낼 개인화된 첫 연락 메일 초안을 작성해 줘."

- "기존 고객 [고객명]의 구매 이력(내용 복사-붙여넣기)과 최근 문의 내용을 분석하여, 이 고객에게 다음으로 추천할 만한 제품/서비스 2가지를 제안하고, 추천 근거를 설명해 줘."

- "우리 제품을 6개월 이상 사용하지 않은 고객 리스트(이름/연락처 제외, 구매 정보 복사-붙여넣기)를 바탕으로, 고객 이탈을 방지하고 재구매를 유도할 수 있는 리마인드 메시지 초안 2가지를 작성해 줘."

❸ 고객 응대 및 소통 효율화

AI는 챗봇이나 AI 기반의 음성 인식 시스템(단순 텍스트 변환)을 활용하여 고객 문의에 24시간 실시간으로 응대하거나, 영업팀이 사용할 고객 응대 스크립트를 작성하여 단순 반복적인 업무를 자동화합니다.

중소기업은 AI 덕분에 고객 서비스의 초기 대응 속도를 높이고, 영업 담당자가 직접 상담해야 할 복잡한 문의에만 집중할 수 있게 됩니다.

[실전 프롬프트 예시 - 고객 응대/소통]
- "신규 고객이 [특정 제품, 예: 스마트폰 케이스]의 [특정 문제, 예: 파손 시 교환 정책]에 대해 문의했을 때, 친절하고 명확하게 답변할 수 있는 챗봇 스크립트 3가지 버전을 만들어 줘."

- "고객의 불만 메시지(내용 복사-붙여넣기)에 대해 공감과 해결 의지를 담은 이메일 답변 초안을 작성해 줘. 고객의 불편을 최소화할 수 있는 다음 단계(예: 환불 절차 안내)를 명확히 포함해 줘."

- "전화 상담 시 고객에게 제품 [제품명]의 핵심 기능 3가지를 명확하고 설득력 있게 전달하기 위한 영업 스크립트 도입부 초안을 작성해 줘. 고객의 질문을 유도하는 문구를 포함해 줘."

8.3. 생산/운영 부서: 공정, 품질, 문서화

3. 생산/운영 부서: 공정, 품질, 문서화

중소기업의 생산/운영 부서는 대기업처럼 전담 인력이 많지 않아, 생산 공정 관리, 품질 점검, 재고 관리 등 여러 업무를 소수의 인원이 담당합니다. 수작업에 의존하는 부분이 많아 비효율이 발생하기 쉽고, 문제 발생 시 즉각적인 대응이 어렵습니다. AI는 이러한 생산/운영의 비효율을 줄이고, 데이터를 기반으로 한 최적화를 통해 중소기업의 생산성을 한 차원 높일 수 있습니다.

❶ 생산 공정 최적화

AI는 생산 공정에서 발생하는 데이터를 분석하여 비효율적인 부분을 찾아내고, 생산량을 예측하며, 장비 고장을 사전에 감지하여 생산 효율성을 극대화합니다. 이는 마치 생산 라인에 똑똑한 감시자가 생긴 것과 같아, 중소기업도 불필요한 다운타임을 줄이고 생산성을 안정적으로 유지할 수 있게 됩니다.

[실전 프롬프트 예시 - 생산 공정 최적화]

- "우리 회사 [특정 생산 라인, 예: 자동 조립 라인]에서 가장 자주 발생하는 비효율 3가지를 제시하고, 각각에 대한 AI 기반의 개선 아이디어를 구체적으로 제안해 줘."

- "지난 3개월간 생산량 데이터(내용 복사-붙여넣기)와 장비 가동 시간 데이터를 분석하여, 특정 시간대에 생산 효율이 떨어지는 원인을 추정하고, AI가 이 문제를 해결할 수 있는 방법 2가지를 제시해 줘."

- "이번 달 [제품명]의 예상 생산량 [수량]을 달성하기 위해, 생산 공정에서 AI 운영관이 우선적으로 모니터링해야 할 핵심 지표 3가지를 제안해 줘."

❷ 품질 관리 강화

AI는 생산 과정에서 발생하는 품질 데이터를 분석하여 제품 불량을 자동으로 감지하고, 불량 원인을 파악하며, 품질 관리 프로세스를 개선할 수 있습니다. AI 기반의 비전 검사 시스템(AI가 이미지를 인식)까지는 아니더라도, AI는 불량 데이터의 패턴을 분석하여 인간의 육안 검사나 수동 분석의 한계를 보완할 수 있습니다.

[실전 프롬프트 예시 - 품질 관리 강화]
- "지난주 생산된 [제품명]의 품질 검사 데이터(내용 복사-붙여넣기)를 분석하여, 가장 빈번하게 발생한 불량 유형 2가지와 그 원인(추정)을 정리해 줘."

- "특정 부품 [부품명]에서 발생하는 품질 문제에 대해, AI 운영관이 생산 공정의 어떤 단계에서 데이터를 집중적으로 수집해야 할지 3가지 아이디어를 제시해 줘."

- "우리 회사의 품질 관리 매뉴얼(내용 복사-붙여넣기)에서, AI 분석관이 '잠재적 품질 문제 발생 시 자동 알림' 기능을 구현하기 위해 어떤 데이터 포인트를 모니터링해야 할지 3가지 제안을 해 줘."

❸ **문서화 및 관리 효율화**
생산 및 운영 과정에서 발생하는 다양한 보고서, 지침서, 매뉴얼 등의 문서를 AI를 활용하여 효율적으로 생성하고 관리할 수 있습니다. 이는 복잡하고 반복적인 문서 작업에 드는 시간을 줄여, 현장 인력들이 핵심 운영 업무에 더 집중할 수 있도록 돕습니다.

[실전 프롬프트 예시 - 문서화/관리 효율화]
- "월간 생산 보고서(내용 복사-붙여넣기)의 주요 내용을 5줄로 요약하고, 생산 효율성 개선을 위한 간략한 제안 2가지를 포함한 월간 운영 보고서 초안을 작성해 줘."

- "새로운 생산 설비 [설비명]의 사용 지침서(내용 복사-붙여넣기)를 신입 작업자가 이해하기 쉽도록 1페이지 분량의 간결한 요약본으로 만들어 줘. 핵심 안전 수칙 3가지를 강조해 줘."

- "주간 공정 점검 체크리스트 초안을 만들어 줘. [특정 설비]와 [특정 공정]에 대한 점검 항목을 필수로 포함하고, 각 항목의 점검 기준을 간략히 제시해 줘."

8.4. 연구개발/제품기획 부서: 새로운 아이디어, 기술 탐색, 데이터 분석

4. 연구개발/제품기획 부서: 새로운 아이디어, 기술 탐색, 데이터 분석
중소기업의 연구개발/제품기획 부서는 제한된 인력과 예산으로 끊임없이 혁신적인 아이디어를 발굴하고, 빠르게 변화하는 기술 트렌드를 따라잡아야 하는 큰 부담을 안고 있습니다.

AI는 이러한 부담을 덜어주고, 방대한 데이터를 기반으로 새로운 통찰과 창의적인 방향을 제시하여 중소기업의 R&D 역량을 비약적으로 강화할 수 있습니다.

❶ 새로운 아이디어 및 컨셉 발상
AI는 최신 기술 동향, 시장 니즈, 소비자 행동 패턴을 분석하여 혁신적인 신제품 아이디어나 기존 제품의 새로운 컨셉을 제안합니다.

이는 R&D팀이 수많은 아이디어 중 가장 유망한 것을 빠르게 탐색하고, 초기 기획 단계에서 발생할 수 있는 시행착오를 줄이는 데 도움을 줍니다. 중소기업은 AI 덕분에 마치 거대한 연구소의 리서치 팀을 가진 것과 같은 효과를 누릴 수 있습니다.

[실전 프롬프트 예시 - 아이디어/컨셉 발상]
- "[특정 기술, 예: 인공지능 스피커]를 활용한 [우리 회사 업종, 예: 교육용 소프트웨어] 분야의 신제품 아이디어 3가지를 제안해 줘. 타겟은 초등학생으로 설정하고, 교육적 효과와 재미를 모두 잡을 수 있는 방향으로 기획해 줘."

- "현재 시장에서 인기를 끄는 [유사 제품군, 예: 휴대용 빔 프로젝터]의 주요 특징을 분석하고, 우리 회사가 이 시장에 진출한다면 어떤 차별화된 제품 컨셉을 가져야 할지 3가지 아이디어를 제시해 줘. (예: 배터리 수명, 휴대성, 디자인 등 특정 강점 강조)."

- "미래 5년 후 소비자들이 [특정 제품군, 예: 개인용 로봇]에 대해 어떤 니즈를 가질지 예측하고, 이에 맞는 혁신적인 제품 기능 아이디어 3가지를 제안해 줘. 각 기능에 대한 간단한 설명을 포함해 줘."

❷ **기술 및 트렌드 탐색**
AI는 전 세계의 최신 기술 논문, 특허 정보, 산업 보고서 등을 방대한 양으로 빠르게 분석하여 유망한 기술 트렌드를 식별하고, 우리 회사에 적용 가능성이 있는 기술을 추천합니다.

이는 중소기업 R&D팀이 제한된 인력으로 최신 기술 동향을 파악하고, 미래 기술 로드맵을 수립하는데 필수적인 도움을 줍니다.

[실전 프롬프트 예시 - 기술/트렌드 탐색]
- "최근 6개월간 [특정 기술 분야, 예: 차세대 배터리 기술]과 관련된 주요 학술 논문 및 특허 동향을 요약하고, 우리 회사에 적용 가능성이 있는 기술 2가지를 추천해 줘."

- "전 세계적으로 [특정 산업, 예: 친환경 소재] 분야에서 가장 빠르게 성장하고 있는 기술 스타트업 3곳의 특징과 주요 기술을 분석해 줘. 이들이 가진 혁신성이 무엇인지 명확히 언급해 줘."

- "우리 회사가 개발 중인 [기술명]의 핵심 기술 원리와 유사한 해외 특허가 있는지 검색하고, 해당 특허의 핵심 내용을 100자 이내로 요약해 줘. 만약 있다면, 우리 기술과의 차별점도 간략히 제시해 줘."

❸ **연구 데이터 분석 및 문서화**
AI는 복잡한 연구 데이터를 분석하고, 실험 결과를 해석하며, 연구 보고서나 기술 문서의 초안을 작성하여 연구원들의 업무 부담을 줄입니다.

이는 연구의 정확성을 높이고, 문서화에 드는 시간을 절약하여 연구원들이 실제 연구에 더 집중할 수 있도록 돕습니다.

[실전 프롬프트 예시 - 연구 데이터 분석/문서화]
- "실험 데이터(내용 복사-붙여넣기)를 분석하여, 유의미한 결과값을 가진 변수 3가지를 찾아주고, 다음 실험에서 개선해야 할 부분을 구체적으로 제안해 줘."

- "제품 개발 과정에서 발생한 품질 테스트 데이터(내용 복사-붙여넣기)를 분석하여, 개선이 가장 시급한 부품 1가지와 그 이유를 설명해 줘. 개선 방안도 간략히 포함해 줘."

- "월간 연구 진행 보고서(내용 복사-붙여넣기)에서 이번 달의 주요 연구 성과 2가지와 다음 달 연구 계획 1가지를 핵심 요약해 줘. 보고서 초안으로 사용할 수 있는 형식으로."

8.5. 고객 서비스 부서: 응대 효율화, 피드백 분석, 감성 관리

5. 고객 서비스 부서: 응대 효율화, 피드백 분석, 감성 관리
중소기업의 고객 서비스 부서는 적은 인원으로 수많은 고객 문의와 불만을 처리해야 합니다. 고객 만족도를 높이는 것이 무엇보다 중요하지만, 제한된 자원으로 일관되고 신속한 응대를 제공하기 어렵습니다.

AI는 고객 문의를 초기 단계에서 처리하고, 방대한 고객 피드백을 분석하여 서비스 개선점을 찾아내 고객 만족도를 획기적으로 향상시킵니다.

❶ 고객 응대 효율화
AI는 FAQ 자동 응대, 챗봇 스크립트 작성, 고객 문의 유형별 맞춤형 답변 초안 등을 제공하여 서비스의 초기 대응 속도를 높입니다.

이는 고객이 기다리는 시간을 줄여 고객 만족도를 높이고, 상담 직원들이 복잡하고 심층적인 문제에 집중할 수 있도록 업무를 분담합니다.

[실전 프롬프트 예시 - 고객 응대 효율화]
- "배송 지연에 대한 고객 문의(내용 복사-붙여넣기)에 대해, 공손하고 해결 지향적인 챗봇 답변 스크립트 2가지 버전을 만들어 줘."

- "제품 [제품명]의 가장 자주 묻는 질문 5가지에 대한 명확하고 친절한 고객 서비스 답변 스크립트를 작성해 줘."

- "고객이 [특정 문제, 예: 환불 정책]에 대해 불만을 표출했을 때, 상담원이 사용할 수 있는 공감과 해결 의지를 담은 응대 스크립트 초안을 작성해 줘."

❷ 고객 피드백 분석 및 개선점 도출
AI는 고객 문의 내역, 리뷰, 소셜 미디어 댓글 등 방대한 고객 피드백 데이터를 심층 분석하여 불만 유형, 서비스 개선점, 그리고 잠재적 요구사항 등을 파악합니다. 중소기업은 AI 덕분에 고객의 목소리를 빠르고 정확하게 이해하고, 데이터 기반의 서비스 개선 전략을 수립할 수 있게 됩니다.

[실전 프롬프트 예시 - 고객 피드백 분석/개선]
- "고객 불만 데이터(내용 복사-붙여넣기)를 분석하여, 서비스 개선을 위해 가장 시급하게 해결해야 할 문제 유형 2가지와 가능한 원인을 추정해 줘."

- "지난 한 달간 접수된 고객 문의 내용(내용 복사-붙여넣기)을 분석하여, [특정 제품/서비스]에 대한 불만 키워드 3가지와 긍정적 키워드 3가지를 추출해 줘. 그리고 이 키워드들이 시사하는 바를 설명해 줘."

- "우리 회사의 고객 이탈률 데이터(내용 복사-붙여넣기)를 분석하고, AI가 예측하는 주요 이탈 원인 3가지를 제시해 줘. 각 원인별로 AI가 도울 수 있는 예방 전략 1가지를 포함해 줘."

❸ (가칭) AI 감성 분석가 활용 (고객 감성 관리)

AI 감성 분석가는 고객 리뷰, SNS 댓글, 상담 녹취록(텍스트) 등 텍스트 데이터를 분석하여 고객의 감성(긍정/부정/중립) 변화를 추적하고, 특정 키워드에 대한 감성 흐름을 파악하여 고객 경험 개선에 필요한 섬세한 인사이트를 제공합니다. 이는 중소기업이 고객의 보이지 않는 감정까지 읽어내어 선제적으로 대응할 수 있도록 돕습니다.

[실전 프롬프트 예시 - AI 감성 분석가]
- "지난주 접수된 고객 리뷰 50건(내용 복사-붙여넣기)을 분석하여, 고객들이 가장 많이 표현한 긍정적/부정적 감성 키워드 각각 3개씩 추출하고, 각 키워드가 어떤 맥락에서 사용되었는지 설명해 줘."

- "특정 제품 [제품명]에 대한 온라인 커뮤니티 댓글(내용 복사-붙여넣기)을 분석하여, 해당 제품에 대한 전반적인 여론의 감성(긍정/부정/중립)을 평가하고, 가장 많이 언급되는 감성적 표현 5가지를 찾아줘."

- "콜센터 상담 녹취록(텍스트 복사-붙여넣기)에서 고객의 불만 강도를 5단계로 나누어 평가하고, 가장 불만이 높았던 상담 3건의 핵심 내용을 요약해 줘. 각 상담의 주요 감성 키워드를 함께 표시해 줘."

8.6. 법무/계약 부서: 법률 검토, 계약 관리, 규제 준수

6. 법무/계약 부서: 법률 검토, 계약 관리, 규제 준수

중소기업의 법무/계약 업무는 전문 인력이 부족하거나 외부에 의존하는 경우가 많아 시간과 비용 부담이 큽니다. 복잡한 법률 문서를 검토하고, 계약 조항을 확인하며, 변화하는 규제를 파악하는 것은 매우 전문적이고 중요한 일입니다.

AI는 이러한 법무 업무의 초기 검토와 정보 탐색을 지원하여, 중소기업이 법적 리스크를 최소화하고 효율적인 계약 관리를 할 수 있도록 돕습니다.

❶ 법률 문서 검토 및 요약

AI는 방대한 법률 문서를 빠르게 검토하여 특정 조항이나 규제 변화를 신속하게 식별하고, 핵심 내용을 요약합니다.

이는 법무 담당자가 방대한 자료를 일일이 읽는 시간을 획기적으로 줄여주고, 중요한 법률적 쟁점을 빠르게 파악할 수 있도록 돕습니다.

[실전 프롬프트 예시 - 법률 문서 검토/요약]
- "첨부된 [특정 법률 문서] 내용을 500자 이내로 요약해 줘. 특히 우리 회사가 준수해야 할 핵심 규정 3가지를 명시해 줘."

- "최근 개정된 [특정 법률명, 예: 개인정보보호법]의 주요 변경사항 5가지를 요약하고, 우리 회사(업종)에 미칠 잠재적 영향을 2가지 관점에서 분석해 줘."

- "우리 회사와 관련될 수 있는 [특정 분야, 예: 온라인 서비스 약관]에 대한 최신 판례 3건을 검색하고, 각 판례의 핵심 쟁점과 결론을 100자 이내로 요약해 줘."

❷ 계약서 작성 및 관리 보조

AI는 계약서 초안을 정리하거나, 특정 법률 서식을 관리하고, 간단한 계약 조항을 생성하는데 도움을 줍니다.
 이는 계약서 작성 및 검토 시간을 단축하고, 휴먼 에러를 줄여 법무 업무의 효율성을 높입니다.

[실전 프롬프트 예시 - 계약서 작성/관리 보조]
- "표준 공급 계약서 양식(내용 복사-붙여넣기)에서 '책임 및 면책' 조항과 '분쟁 해결' 조항을 추출하여 별도로 정리해 줘."

- "거래처와의 비밀유지협약(NDA) 초안을 작성해 줘. 일반적인 NDA 양식을 따르되, 우리 회사의 [특정 정보]를 보호하는 내용을 강화해 줘."

- "법률 자문 요청 이메일 초안을 작성해 줘. [특정 문제 상황, 예: 고객 불만으로 인한 계약 분쟁]에 대해 법률적 의견을 구하고 싶다는 내용을 간결하게 담아 줘."

❸ (가칭) AI 법률 검토 보조관 활용 (심층 법률 분석)
AI 법률 검토 보조관은 계약서 핵심 조항을 추출하거나, 잠재적 리스크 문구를 식별하며, 관련 판례를 검색하고 요약하여 법무 담당자의 업무 효율을 비약적으로 높입니다. 이는 중소기업이 전문 변호사의 도움 없이도 초기 법률 검토를 더욱 심층적으로 수행할 수 있도록 돕습니다.

[실전 프롬프트 예시 - AI 법률 검토 보조관]
- "새로운 공급 계약서 초안(내용 복사-붙여넣기)을 검토하고, 우리 회사에 잠재적인 리스크를 초래할 수 있는 조항 2가지와 그 이유를 설명해 줘. 법률 전문가의 관점에서 조언해 줘."

- "특정 계약서(내용 복사-붙여넣기)에서 '갑'과 '을'의 의무사항을 각각 리스트업해 줘. 각 의무사항의 이행 기한이 명시되어 있다면 함께 알려 줘."

- "현재 검토 중인 해외 사업 관련 법률 문서(내용 복사-붙여넣기)에서 [특정 국가, 예: 베트남]의 [특정 규제, 예: 데이터 현지화 규제]와 관련된 핵심 내용을 발췌하고 요약해 줘. 이 규제가 우리 사업에 미칠 영향도 간략히 언급해 줘."

8.7. 인사/총무 부서: 채용, 교육, 복지, 관리

7. 인사/총무 부서: 채용, 교육, 복지, 관리
중소기업의 인사/총무 부서는 채용부터 직원 관리, 사내 복지, 그리고 사무실 운영까지 매우 광범위한 업무를 소수의 인원이 담당합니다.

반복적인 행정 업무와 직원 개개인의 니즈를 파악하는 섬세한 업무 사이에서 많은 어려움을 겪습니다. AI는 이러한 HR 및 총무 업무의 효율성을 높이고, 직원 만족도를 향상시키는데 기여합니다.

❶ **채용 및 인재 관리 효율화**
AI는 이력서 분석, 면접 질문 생성 등을 통해 채용 과정을 효율화하고, 지원자의 역량과 직무 적합성을 보다 객관적으로 평가하는데 도움을 줍니다.

또한, 직원들의 데이터를 분석하여 이탈 가능성을 예측하거나, 맞춤형 교육 프로그램을 추천하는 등 인재 관리 전반을 지원합니다.

[실전 프롬프트 예시 - 채용/인재 관리]
- "마케팅팀 신입 채용을 위한 공고문 초안을 작성해 줘. AI 활용 능력과 문제 해결 능력을 강조하고, 우리 회사만의 장점 3가지를 포함해 줘."

- "이력서(내용 복사-붙여넣기)를 바탕으로, 해당 지원자에게 면접 시 질문할 만한 핵심 역량 질문 5가지를 제안해 줘. [특정 직무, 예: 영업직]에 맞는 질문 위주로."

- "직원들의 현재 역량과 희망 직무(내용 복사-붙여넣기)를 분석하여, 다음 분기에 추천할 만한 내부 교육 프로그램 3가지를 제시해 줘. 각 프로그램의 기대 효과도 포함해 줘."

❷ 직원 교육 및 역량 강화

AI는 직원들의 학습 이력과 성과 데이터를 기반으로 맞춤형 교육 프로그램을 추천하고, 교육 자료를 AI로 생성하여 효율적인 직원 교육을 지원합니다. 이는 중소기업이 제한된 예산으로도 직원 역량 강화를 위한 체계적인 교육 시스템을 구축할 수 있도록 돕습니다.

[실전 프롬프트 예시 - 직원 교육/역량 강화]
- "신입사원을 위한 '회사 문화 적응' 교육 자료 목차 초안을 작성해 줘. 긍정적이고 실용적인 내용으로 구성해 줘."

- "팀원 [이름]의 주간 업무 보고서(내용 복사-붙여넣기)를 바탕으로, 긍정적인 피드백 2가지와 개선이 필요한 부분에 대한 건설적인 피드백 1가지 초안을 작성해 줘."

- "리더십 역량 강화를 위한 '피드백 스킬 향상' 교육 커리큘럼 초안을 작성해 줘. 초급 리더 대상으로 3시간 분량으로 구성해 줘."

❸ 총무 및 사무실 운영 효율화

AI는 사내 공지, 안내문 등 다양한 종류의 공지문 초안을 작성하여 업무 효율을 높이고, 일관된 메시지를 전달할 수 있습니다. 또한, 비품 관리, 시설 점검, 업무 일정 관리 등 총무 업무의 반복적이고 정형화된 부분을 자동화하여 효율성을 높입니다.

[실전 프롬프트 예시 - 총무/사무실 운영]
- "직원 복지 확대를 위한 '유연근무제 도입'에 대한 사내 공지문 초안을 작성해 줘. 제도의 주요 내용과 신청 방법을 명확하게 설명하고, 직원들의 기대를 높이는 긍정적인 톤으로 써 줘."

- "사무실 비품 재고 목록(내용 복사-붙여넣기)을 분석하여, 다음 달에 재고 부족이 예상되는 품목 5가지를 찾아주고, 자동 발주 시스템을 위한 기준을 제안해 줘."

- "월별 사무실 시설 점검 체크리스트 초안을 만들어 줘. 전기, 소방, 냉난방, 위생 관리 항목을 필수로 포함하고, 각 항목의 점검 기준을 간략히 제시해 줘."

8.8. 재무 부서: 예산, 보고서, 세무

8. 재무 부서: 예산, 보고서, 세무
중소기업의 재무 부서는 한정된 인원으로 회사의 모든 돈의 흐름을 관리하고 분석해야 합니다. 복잡한 재무 데이터 정리, 보고서 작성, 세무 업무 등은 높은 정확성과 전문성을 요구하며 많은 시간을 소모합니다.

AI는 이러한 재무 업무의 효율성과 정확성을 높여, 재무 담당자가 더 전략적인 판단에 집중할 수 있도록 돕습니다.

❶ 재무 보고서 작성 및 분석
AI는 과거 재무 데이터를 분석하여 미래 예산을 보다 정확하게 예측하고, 예산의 효율적인 배분을 돕습니다. 재무 제표, 손익 계산서 등 복잡한 재무 보고서 작성을 AI가 지원하여 시간과 노력을 절약하고, 데이터 기반의 정확한 보고서 작성을 가능하게 합니다.

[실전 프롬프트 예시 - 재무 보고서/분석]
- "지난 분기 손익계산서(내용 복사-붙여넣기)를 분석하여, 주요 수익원과 비용 항목의 변화를 중심으로 5줄 요약 보고서를 작성해 줘."

- "우리 회사의 지난 3년간 매출액과 영업이익률 데이터(내용 복사-붙여넣기)를 분석하고, AI가 예측하는 다음 분기 매출액을 제시해 줘. 예측의 근거도 함께 설명해 줘."

- "투자 제안서(내용 복사-붙여넣기)에 포함될 핵심 재무 지표 5가지(예: ROE, 부채비율 등)를 추출하고, 각 지표가 우리 회사의 강점을 어떻게 보여주는지 간략히 설명해 줘.

❷ 비용 최적화 및 예산 관리
AI는 회사 전체의 비용 데이터를 심층 분석하여 불필요한 지출을 식별하고, 효율적인 예산 집행을 위한 다양한 절감 방안을 제안합니다.
이는 중소기업이 제한된 예산을 가장 효율적으로 활용하여 재무 건전성을 강화하는데 기여합니다.

[실전 프롬프트 예시 - 비용 최적화/예산 관리]
- "지난 1년간의 판관비 데이터(내용 복사-붙여넣기)를 분석하여, 가장 비효율적으로 지출되고 있는 항목 3가지를 지목하고, 각각에 대한 구체적인 비용 절감 방안을 제안해 줘."

- "회사 전체 예산(총액)을 기준으로, 각 부서별로 [특정 비율, 예: 5%]의 비용을 절감해야 한다면, 어떤 항목에서 줄일 수 있을지 부서별로 2가지씩 아이디어를 제시해줘."

- "클라우드 서비스 이용 비용(내용 복사-붙여넣기)을 최적화하기 위한 3가지 전략을 제안해 줘. 장기적인 관점에서 불필요한 지출을 줄이는 방안이면 좋겠어."

❸ 세무 업무 보조
AI는 세금 계산, 세무 신고 준비 등 복잡하고 반복적인 세무 업무의 초기 단계를 지원하여 오류를 줄이고 효율성을 높입니다. 이는 세무 전문가의 부담을 줄여 보다 전략적인 세무 계획 수립에 집중할 수 있도록 돕습니다.

[실전 프롬프트 예시 - 세무 업무 보조]
- "우리 회사의 월별 매출액과 비용 데이터(내용 복사-붙여넣기)를 바탕으로, 부가가치세 신고를 위한 기초 자료 초안을 작성해 줘. 매출액과 매입액을 명확히 구분해 줘."

- "새로운 세법 개정안(내용 복사-붙여넣기) 중 우리 회사(업종)에 직접적으로 영향을 미치는 조항 3가지를 요약하고, 이에 대한 대응 방안을 간략하게 제안해 줘."

- "직원들의 연말정산 시 자주 묻는 질문 5가지에 대한 명확하고 이해하기 쉬운 답변 스크립트를 작성해 줘."

8.9. 마케팅팀: 콘텐츠, 홍보, 트렌드

9. 마케팅팀: 콘텐츠, 홍보, 트렌드
중소기업의 마케팅팀은 제한된 예산과 인력으로 끊임없이 새로운 아이디어를 내고, 다양한 채널에서 고객과 소통하며, 변화하는 트렌드를 빠르게 포착해야 합니다. AI는 이러한 부담을 덜어주고, 마케팅 활동의 효율성과 창의성을 동시에 높여줍니다.

❶ 콘텐츠 제작
AI는 고객 데이터와 시장 트렌드를 분석하여 타겟 고객에게 가장 효과적인 메시지를 제안하고, 블로그 게시물, 소셜 미디어 게시글, 광고 문구 등 다양한 마케팅 콘텐츠를 빠르게 생성하거나 아이디어를 얻을 수 있습니다.

AI는 심지어 이미지나 영상 콘텐츠의 기본적인 아이디어를 시각화하는데도 도움을 줍니다. 이를 통해 중소기업은 마치 전담 콘텐츠 팀을 가진 것과 같은 효과를 누릴 수 있습니다.

[실전 프롬프트 예시 - 콘텐츠 제작]
- "우리 회사의 [제품/서비스명]을 홍보하기 위한 혁신적인 마케팅 캠페인 아이디어 5개를 제안해 줘. 특히 [특정 타겟층, 예: MZ세대]의 마음을 사로잡을 수 있는 아이디어 위주로."

- "[우리 회사 비전/가치]를 소비자들에게 효과적으로 전달할 수 있는 스토리텔링 아이디어 3가지를 제안해 줘. 숏폼 비디오 콘텐츠 형태로 기획해 줘."

- "경쟁사 [경쟁사명]의 최근 마케팅 성공 사례를 분석하고, 우리 회사가 차용할 수 있는 2가지 창의적인 아이디어를 제시해 줘. (단, 모방이 아닌 재해석)."

❷ 홍보 전략
AI는 과거 캠페인 데이터, 경쟁사 활동, 미디어 노출 효과 등을 분석하여 우리 회사의 예산으로 가장 큰 효과를 낼 수 있는 홍보 채널과 메시지를 제안합니다.
캠페인 진행 중에도 AI가 실시간으로 데이터를 분석하여 문제점을 파악하고, 최적의 개선 방안을 제시함으로써 마케팅 비용을 절감하고 효율을 높입니다.

[실전 프롬프트 예시 - 홍보 전략]
- "우리 회사의 [특정 강점/이벤트]를 부각하는 인스타그램 피드 문구 3개를 작성해 줘. 친근하면서도 전문적인 톤으로, 관련 해시태그 7개를 포함해 줘."

- "새로운 프로모션 [프로모션 내용]을 알리는 이메일 뉴스레터 초안을 작성해 줘. 구독자들이 즉시 행동을 취할 수 있도록 강력한 CTA(Call-to-Action)를 포함해 줘."

- "제품 [제품명]의 출시를 기념하는 보도자료 초안을 작성해 줘. 혁신성과 사용자 경험을 강조하며, 간결하고 명확한 문체로 써 줘."

❸ **트렌드 분석**
AI는 소셜 미디어, 뉴스 기사, 온라인 커뮤니티 등 방대한 온라인 데이터를 분석하여 최신 마케팅 트렌드나 소비자 관심사를 빠르게 파악하고, 이를 마케팅 전략에 반영할 수 있습니다.

이는 인간 마케터가 미처 발견하지 못했던 새로운 기회를 제시하여, 중소기업이 경쟁사보다 한발 앞서 시장의 변화에 대응하고, 고객의 니즈를 선제적으로 충족시키는 전략을 수립할 수 있게 합니다.

[실전 프롬프트 예시 - 트렌드 분석]
- "최근 3개월간 [특정 산업]에서 인스타그램과 유튜브를 통해 가장 빠르게 확산된 마케팅 트렌드 3가지를 분석하고, 각 트렌드의 핵심 특징을 요약해 줘."

- "우리 회사(업종)의 잠재 고객들이 온라인 커뮤니티에서 가장 많이 검색하거나 언급하는 키워드 5개를 분석하고, 이 키워드들을 활용한 블로그 콘텐츠 아이디어 3개를 제안해 줘."

- "2026년에 [특정 제품군, 예: 친환경 생활용품] 시장에서 유망할 것으로 예측되는 소비자 트렌드 2가지를 제시하고, 이 트렌드를 활용한 새로운 제품 컨셉 아이디어 1개를 제안해 줘."

부 록

1. AI 도입 여정 체크리스트: FAST 시스템 단계별 점검표
2. AI 활용의 핵심, 질문과 답변 전략
3. AI 이전 시대와 이후 시대의 차이: 질문과 프롬프트
4. 최적의 프롬프트 작성으로 최적의 답변 얻기 - 10단계 템플릿
5. 실전 사례

Think New! Work New!

1. AI 도입 여정 체크리스트: FAST 시스템 단계별 점검표

이 체크리스트는 당신의 AI 도입 여정을 단계별로 점검하고, 놓친 부분이 없는지 확인하며, 다음 단계로 나아갈 준비가 되었는지 스스로 평가하는데 도움을 줄 것입니다.

1단계: 준비 Foster
AI 도입을 위한 똑똑한 준비 (기초 다지기)

① 모든 직원이 ChatGPT/Gemini 계정을 만들고 자유롭게 테스트했는가? ( )
② AI의 도움을 받아 우리 회사의 이상적인 업무 리스트를 작성했는가? ( )
③ AI가 제시한 이상과 현재 업무를 비교하여 비효율을 발견했는가? ( )
④ 우리 회사의 명확한 목표와 전략이 설정되어 있는가? (AI의 나침반) ( )
⑤ 클라우드 또는 사내 PC 기반의 디지털 문서함(공유 드라이브)을 구축했는가? ( )
⑥ AI 활용을 적극적으로 지원할 'AI 에이스'를 지정했는가? ( )
⑦ '해 보자!'는 마음가짐과 실패를 격려하는 문화가 조성되고 있는가? ( )

2단계: 적용 Apply
실질적인 업무에 AI 써보기 (손에 익히는 과정)

① 매일 1회 이상 AI에게 업무 명령을 내리는 습관을 시작했는가? ( )
② 가장 귀찮은 업무 1~3개를 AI에게 맡겨보고 효율성을 체감했는가? ( )
③ AI가 작성한 결과물을 꼼꼼히 검토하고 수정하여 완성했는가? ( )
④ AI 결과물을 파일로 만들고 디지털 문서함에 저장하는 방법을 숙지했는가? ( )

3단계: 강화 Strengthen
AI 활용을 조직의 '루틴'으로 만든다 (습관화와 체계화)

① 부서별 AI 파트너(HAInerge 역할)를 명명하고 공유했는가? ( )
② 부서별로 자주 쓰는 AI 명령어 템플릿을 만들고 공유했는가?( )
③ 업무 프로세스에 "AI 초안 → 사람 검토/수정 → 실행" 흐름을 정착시켰는가?( )
④ 직원들에게 '일일 1AI 활용 과제' 제안 및 인센티브를 제공하고 있는가?( )
⑤ 사장님 스스로가 AI를 먼저 사용하며 모범을 보이고 있는가?( )

4단계: 확산 Transform
AI를 통한 조직 전체의 혁신 확산 (기업 DNA 변화)

① AI 7인조 팀(HAInerge 팀)의 역할을 각 부서에 배치했는가? ( )
② AI 통찰 보고서(AI가 만드는 핵심 요약 보고서)를 주기적으로 활용하고 있는가?( )
③ AI 활용에 대한 정기적인 피드백 회의(AI활용 우수사례 공유 등)를 진행하는가?( )
④ AI 관련 법적/윤리적 위험에 대한 가이드라인을 수립하고 교육하는가?( )
⑤ AI 활용률이 정체될 때 활용의 깊이와 연결성 강화를 시도하는가?( )
⑥ 장기적인 EAP 시스템 구축을 위한 큰 그림을 이해하고 있는가? ( )

2. AI 활용의 핵심, 질문과 답변 전략

"AI 활용 핵심: 답변을 얻는 방식, 질문하는 방법"

지금까지 ChatGPT나 Gemini를 단순히 예시하여 드린 프롬프트를 넘어, 어떻게 하면 더 효과적이고 효율적으로 활용할 수 있을까 하는 고민이 시작되셨을 것입니다.
　AI 모델은 질문하는 방식에 따라 천차만별의 답변을 내놓기 때문에, 사용자의 의도를 정확히 전달하고 원하는 결과를 얻기 위한 전략이 필수적입니다.
AI 모델을 활용하는 과정은 크게 두 가지 축으로 이루어집니다.

1. '답변을 얻는 방식' (How to get answers)
AI로부터 정보를 얻는 과정에서 어떤 형태로 정보를 주고받을 것인가에 대한 전략입니다. 질문의 목적, 필요한 정보의 깊이와 범위, 그리고 작업의 특성에 따라 가장 적합한 상호작용 방식을 선택해야 합니다.

- 빠른 초안이 필요하면 한 번에 모든 것을 묻는 '전체 일괄형'이 효율적이고, 심층적인 분석이 필요하면 '단계 심화형'으로 점진적으로 파고드는 것이 좋습니다. 다양한 관점을 통합해야 할 때는 '다중 병렬형'을, 자동화된 흐름이 필요할 때는 '반자동 연동형'을 사용하는 식이죠.

2. '질문하는 방법' (How to ask questions)
AI가 내 의도를 정확히 이해하고 최적의 답변을 생성하도록 질문 자체를 어떻게 구성할 것인가에 대한 전략입니다.

- 10단계 프롬프트 템플릿은 단순히 질문을 던지는 것을 넘어, AI에게 역할을 부여하고, 제약 조건을 설정하며, 예시를 제시하는 등 '프롬프트 최적화'를 만듭니다.
- 이는 AI가 무작위로 답변을 생성하는 것이 아니라, 사용자가 원하는 방향과 형식에 맞춰 정교하고 유용한 결과물을 만들도록 유도하는 핵심 기술이며, 질문 최적화 과정을 체계적으로 접근할 수 있도록 돕는 가이드라인인 셈이죠.

　결론적으로, 이 두 가지 도구는 AI를 단순히 '도구'로 사용하는 것을 넘어, '협력자'로서 최대한의 잠재력을 끌어내기 위한 필수적인 방법론입니다.

2.1. ChatGPT와 Gemini에게 답변 얻는 방식

> **1. 전체 일괄형**
> - 궁금한 것을 한 번에 다 물어보고, 답변도 한 번에 다 받는 방식
> - 사용 시점: 초안, 보고서 작성 시
> - 특징: 빠름, 단순, 통합 중심
> - 적합 사례: 기획 초안 생성, 요약보고

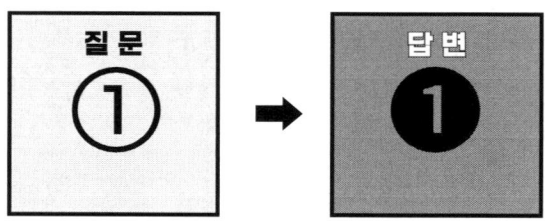

- '전체 일괄형'은 마치 백지 위에 아이디어를 한 번에 쏟아내는 것과 같아요. AI에게 필요한 모든 정보를 한 번에 제공하고, 그에 대한 포괄적인 답변을 요청하는 방식입니다.
- 아이디어나 초안을 빠르게 얻고 싶을 때 가장 효율적이죠. 깊이 있는 분석보다는 넓은 범위의 개요나 다양한 가능성을 짧은 시간 안에 탐색할 때 특히 유용합니다.

(프롬프트 예시)
[역할]: 당신은 중소기업의 마케팅 전략가입니다.
[과업]: 온라인 쇼핑몰의 다음 분기 매출을 20% 상승시키기 위한 구체적인 전략 초안을 작성해주세요.
[포함 내용]: 잠재 고객 확대 방안, 기존 고객 재구매 유도 방안, 신규 상품 프로모션 아이디어, 소셜 미디어 활용 전략, 그리고 예상되는 마케팅 비용에 대한 개략적인 예측을 포함해야 합니다.
[출력 형식]: 각 항목별로 핵심 내용을 요약하여 리스트 형태로 제시해주세요.

2. 단계 심화형

- 질문 → 답변 → 질문 → 답변을 반복하면서 궁금한 내용을 점점 더 구체적이고 깊이 있게 파고들어 가는 방식.
- 사용 시점: 분석·토론·브레인스토밍
- 특징: 유연함, 통찰력 깊이 확보
- 적합 사례: 분석보고, 현장 사례 분석

- '단계 심화형'은 마치 미스터리를 풀어가듯 하나의 실마리에서 시작하여 점차 깊이 파고드는 방식입니다. AI의 답변을 바탕으로 궁금증을 해소하거나, 더 자세한 정보를 얻기 위해 후속 질문을 이어가는 것이 특징이에요. 특정 주제에 대해 심도 있는 분석이나 브레인스토밍이 필요할 때 가장 효과적입니다. 대화를 통해 새로운 통찰을 얻거나, 복잡한 문제의 근본 원인을 파악하는 데 좋습니다.

(프롬프트 예시)
- 첫 번째 질문:

우리 온라인 쇼핑몰의 현재 매출 부진 원인이 무엇이라고 생각하시나요? 주요 요인 3가지를 분석해주세요.

- 두 번째 질문 (AI의 첫번째 답변을 기반으로):

만약 AI가 "낮은 웹사이트 방문율"을 원인 중 하나로 제시했다면: "낮은 웹사이트 방문율"을 개선하기 위한 구체적인 방법 3가지와 각 방법별 예상 효과는 무엇인가요?

3. 다중 병렬형
- 동일한 사안에 대해 서로 다른 관점/부서/목표로 여러 질문을 병렬로 던지고 각각 답변을 받은 뒤 통합
- 사용 시점: 다부서 조정, 다각도 정책
- 특징: 다각도 시야 확보, 협업 중심
- 적합 사례: 부서별 대응계획, 위원회 보고

- '다중 병렬형'은 마치 여러 분야의 전문가들에게 동시에 자문을 구하는 것과 같아요. 동일한 문제에 대해 서로 다른 관점(예: 마케팅, 재무, 운영)이나 목표(예: 단기적, 장기적)를 가진 질문들을 동시에 던지고, 각 답변을 종합하여 통합적인 해결책을 마련하는 방식입니다. 복잡한 의사결정이나 다부서 협업이 필요한 상황에서 폭넓은 시야를 확보하는데 유리합니다.

(프롬프트 예시)
다음 분기 매출을 20% 상승시키기 위한 방안에 대해, 아래 세 가지 관점에서 각각 답변해주세요.
1. 마케팅 관점: 신규 고객 유치 및 기존 고객 재구매율 상승을 위한 가장 효과적인 온라인/오프라인 마케팅 전략 3가지.
2. 상품/서비스 관점: 매출 증대를 위해 현재 제공하는 상품/서비스 중 개선하거나 새롭게 도입해야 할 점 2가지.
3. 운영 효율성 관점: 비용 절감 또는 고객 만족도 향상을 통해 매출 증대에 기여할 수 있는 운영 효율화 방안 2가지.
각 관점별 답변은 명확하고 구체적인 실행 방안을 포함해야 합니다.

4. 반자동 연동형

- 질문 리스트를 만들어 달라고 요구하고, 얻은 질문 리스트 순서대로 답을 해달라고 요구. 순서대로 다음 답을 하겠다고 하면 수락하면 됨.
- 사용 시점: 전략 설계, 자동 보고 생성
- 특징: 자동사고 흐름, 서사 구조 내장, 신속
- 적합 사례: 전략 설계, 시나리오 예측

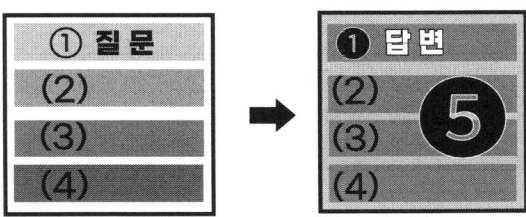

- '반자동 연동형'은 미리 설계된 질문의 흐름을 따라 AI가 순차적으로 답변을 생성하도록 유도하는 방식입니다. 사용자가 질문 리스트를 제공하면(또는 AI에게 질문 리스트를 만들어 달라고 요청하고 이를 활용), AI는 첫 질문에 답한 후 다음 질문을 자동으로 제시하거나, 사용자가 다음 질문으로 넘어가도록 유도합니다. 이 방식은 보고서 작성, 시나리오 예측, 또는 복잡한 프로젝트 계획을 체계적으로 구성할 때 매우 효과적입니다. 사고의 흐름이 논리적으로 연결되어 있어, 최종 결과물의 완성도를 높일 수 있습니다.

(프롬프트 예시)
[요청]: 다음 분기 온라인 쇼핑몰 매출 20% 상승을 위한 '매출 상승 전략 보고서' 초안을 작성해주세요. 이 보고서는 아래 질문 리스트의 순서대로 답변하는 형식으로 구성되어야 합니다. 각 답변 후에는 다음 질문을 제시하며 진행을 확인해주세요.

[질문 리스트]
1. 현재 온라인 쇼핑몰의 주요 타겟 고객층은 누구이며, 이들의 구매 행동 특성은 무엇인가요?
2. 타겟 고객층 확대를 위한 신규 채널 발굴 방안 2가지와 그 채널별 예상 마케팅 비용은 얼마인가요? ➡ 다음 질문으로 계속 연결

3. AI '이전 시대'와 '이후 시대'의 차이: 질문과 프롬프트

"과거와 다른 새로운 AI시대의 새로운 인지 행동 체계"

■ 새로운 AI 시대의 '인지 행동 체계': 4단계 확장

AI 기술의 발전은 우리가 정보를 인지하고 행동하는 방식 자체를 근본적으로 변화시키고 있습니다. 과거의 단순한 2단계 구조가 이제는 AI와의 상호작용을 포함하는 확장된 4단계 인지 행동 체계로 발전했습니다.

● 과거의 단순한 2단계 구조: '사고 → 행동'

예전에는 우리가 어떤 정보를 인지하고 처리하는 방식이 비교적 직관적이고 단순했습니다.

① 사고 (생각)
- 어떤 문제에 직면하거나 궁금한 점이 생겼을 때, 우리 머릿속에서 바로 해결책을 생각하거나 답을 찾아내려 노력합니다. '이 문제를 어떻게 풀까?', '이 정보는 무엇을 의미할까?'와 같은 내적인 인지 과정이죠.

② 행동
- 생각한 바를 바탕으로 직접 행동에 옮깁니다. 예를 들어, 문제 해결을 위해 책을 찾아보거나, 전문가에게 직접 질문하거나, 스스로 무언가를 시도하는 등 구체적인 행위로 이어지는 단계입니다.

이처럼 과거에는 개인의 인지 과정(사고)이 곧바로 외적인 실천(행동)으로 연결되는 단순한 연결고리였습니다.

● 2단계에서 4단계로 확장된 구체적인 이유

▶ AI의 '이해'와 '생성' 능력
- 과거 2단계의 한계: 과거에는 인간이 생각한 것을 직접 행동으로 옮겨야 했습니다. 필요한 정보가 있으면 직접 찾아보거나, 전문가에게 질문해야 했죠. 이 과정에서 정보 탐색, 분석, 종합에 많은 시간과 노력이 필요했습니다.
- AI의 등장: ChatGPT나 Gemini와 같은 AI는 인간의 언어를 이해하고, 방대한 데이터를 바탕으로 새로운 정보를 생성하며, 복잡한 문제를 분석하고 해결책을 제시하는 능력을 갖게 되었습니다. 이제 인간의 '생각'을 곧바로 '행동'으로 옮기기 전에, AI를 통해 중간 과정을 거칠 수 있게 된 것입니다.

▶ '질문'의 매개 역할 증대
- AI는 스스로 '생각'하지 않고, 인간의 '질문'을 통해 작동합니다. 따라서 인간의 '생각'을 AI가 처리할 수 있는 '질문'의 형태로 변환하는 과정이 필수적으로 추가되었습니다. 단순히 머릿속으로만 생각하는 것이 아니라, AI에게 던질 질문을 구체화하는 단계가 생긴 것입니다.

▶ '프롬프트'의 중요성 부각 (AI와의 효과적인 소통)
- AI가 아무리 똑똑해도, 질문이 모호하거나 구체적이지 않으면 원하는 답을 얻기 어렵습니다. AI는 인간처럼 맥락을 완벽하게 이해하거나, 질문의 숨겨진 의도를 파악하는 데 한계가 있습니다.
- 이러한 한계를 극복하고 AI의 능력을 최대한으로 끌어내기 위해, '프롬프트'라는 새로운 개념이 등장했습니다. 프롬프트는 단순한 질문을 넘어, AI에게 역할을 부여하고, 제약 조건을 설정하며, 원하는 출력 형식을 지정하고, 심지어 예시까지 제공하여 AI가 가장 정확하고 유용한 답변을 생성하도록 유도하는 '명령어' 또는 '지시문'입니다.
- 즉, 인간의 '질문'이 AI의 '생각'을 대신해 주기 위한 중간 매개체가 아니라, AI가 올바른 '행동'을 하도록 유도하기 위한 구체적인 지시가 된 것입니다.

▶ 인간의 '생각'과 '행동'의 효율성 극대화
- 2단계에서 4단계로 확장됨으로써, 인간은 더 이상 단순 반복적이거나 정보 탐색에 많은 시간을 소모할 필요가 없어졌습니다. AI가 '질문'과 '프롬프트' 단계를 통해 방대한 정보를 처리하고 분석하여 요약된 결과를 제공해주기 때문입니다.
- 이는 인간이 더 고차원적인 '사고'(문제 정의, 전략 수립, 창의적 아이디어 구상)와 최종 '행동'(실행, 의사결정)에 집중할 수 있도록 해줍니다. AI는 인간의 지적 노동을 보조하고 확장하는 강력한 도구가 된 것입니다.

결론적으로, 2단계에서 4단계로의 확장은 AI라는 새로운 기술적 조력자가 인간의 인지 과정에 통합되면서 발생한 자연스러운 진화입니다. AI의 도입으로 '질문'과 '프롬프트'라는 새로운 중간 단계가 생겨났고, 이는 우리가 정보를 처리하고 문제에 접근하는 방식의 효율성과 정교함을 극대화하는 결과를 가져왔습니다.
이제 효과적으로 AI와 소통하는 능력은 AI 시대의 핵심 경쟁력이 되었습니다.

● **새로운 AI 시대의 확장된 4단계 구조: '사고 → 질문 → 프롬프트 → 행동'**

AI, 특히 대규모 언어 모델(LLM)의 등장으로 우리의 인지 행동 체계는 과거와 다른 4단계로 확장되었습니다.

① 사고 (생각)
- 여전히 문제 인지 및 초기 아이디어를 떠올리는 단계입니다. 여기서 '어떤 정보가 필요하다', '어떤 분석을 하고 싶다'는 생각이 시작됩니다.
  예시) "이번 분기 매출을 어떻게 늘릴 수 있을까?"

② 질문
- 이전에는 머릿속으로만 생각하던 것을 AI에게 직접적으로 표현하는 단계입니다. AI에게 무엇을 궁금해하는지, 어떤 문제를 해결하고 싶은지 구체적으로 질문을 던집니다. 이는 단순히 정보 요청을 넘어, AI와의 상호작용을 시작하는 첫 번째 외부화된 과정입니다.
  예시) "AI에게 매출 증대 방안에 대해 물어봐야겠다."

③ 프롬프트
- 질문을 AI가 가장 잘 이해하고 원하는 답변을 내놓도록 최적화된 형태로 다듬는 단계입니다. AI는 우리가 던지는 평범한 질문도 이해하지만, '역할 부여', '제약 조건', '예시 제시' 등 다양한 요소를 포함한 '프롬프트' 형태로 질문할 때 훨씬 더 정확하고 유용한 답변을 생성합니다. 이 과정은 사용자의 의도를 AI에게 명확히 전달하는 'AI와의 대화 기술'의 핵심입니다.
  예시) "당신은 마케팅 전문가이며, 온라인 쇼핑몰 매출 20% 상승을 위한 전략을 3가지 제안하고 각 전략별 예상 비용을 제시하세요."

④ 행동
- AI가 생성한 답변과 정보를 바탕으로 실질적인 실행에 옮기는 단계입니다. AI가 제공한 분석, 아이디어, 계획 등을 활용하여 구체적인 업무를 수행하거나 의사결정을 내리는 최종 단계입니다. 이 행동은 과거보다 훨씬 더 정교하고 효율적일 수 있습니다.
  예시) AI의 답변을 바탕으로 마케팅 계획을 수립하고 실행에 옮긴다.

● 왜 4단계 구조가 중요해졌을까요?
- 정보 처리 효율성 극대화: AI가 방대한 정보를 빠르게 처리하고 분석해줌으로써, 인간은 더 창의적이고 전략적인 '사고'와 '행동'에 집중할 수 있게 됩니다.

- 생산성 향상: '질문'과 '프롬프트' 단계를 통해 AI의 능력을 최대한 활용하여 아이디어 구상, 자료 분석, 보고서 작성 등 다양한 업무의 생산성을 비약적으로 높일 수 있습니다.

- 새로운 역량 요구: 효과적인 '질문'을 구성하고, '프롬프트'를 최적화하는 능력, 즉 프롬프트 질문-답변 최적화 기술은 AI 시대의 새로운 핵심 역량으로 부상하고 있습니다.

결론적으로, 새로운 AI 시대의 인지 행동 체계는 인간의 사고와 행동 사이에 AI라는 강력한 조력자를 통합하여 지적 활동의 지평을 넓히고 효율성을 극대화하는 방향으로 진화하고 있다고 볼 수 있습니다.

■ AI, 4단계 인지-행동 체계의 실제 적용: AI 이전과 이후의 극명한 차이

● AI가 등장하기 전 (과거의 2단계 구조): '사고(思考) → 행동(行動)'

[배경]
- 과거에는 어떤 문제나 목표가 생기면, 우리는 머릿속으로 해결책을 떠올리고(사고), 그 생각을 바탕으로 바로 행동에 착수했습니다. 정보가 필요하면 직접 책을 뒤지거나, 사람들에게 물어보거나, 오랜 시간을 들여 데이터를 수작업으로 정리해야 했죠.

[사례: 신제품 마케팅 전략 수립 (AI 이전)]
- **사고 (생각)**: "새로운 남성 마스크팩의 매출을 3개월 안에 30% 올려야 하는데, 어떻게 해야 할까? 어떤 마케팅 전략이 효과적일까?" (대표님 혼자 고민하며 막막함을 느낌)

- **행동 (실행)**: 대표님은 직접 시장조사 보고서를 찾아보고, 경쟁사 광고를 일일이 분석하며, 아이디어 회의를 열어 팀원들의 의견을 듣습니다. 이 과정에서 며칠, 심지어 몇 주가 소요될 수 있습니다.

● AI 등장 후 (새로운 4단계 구조): '사고(思考) → 질문(質問) → 프롬프트(Prompt) → 행동(行動)'

[배경]
- AI, 특히 챗GPT나 제미나이 같은 생성형 AI의 등장으로, 인간의 '생각'과 '행동' 사이에 AI라는 강력한 매개자이자 촉매제가 삽입되었습니다. AI는 인간의 언어를 이해하고 방대한 데이터를 바탕으로 새로운 정보를 생성, 분석하며 복잡한 문제에 대한 해결책을 제시합니다. 이 새로운 4단계 주기는 정보 처리의 효율성을 극대화하고, 인간의 지적 노동을 확장시키는 결과를 가져왔습니다.

[사례: 신제품 마케팅 전략 수립 (AI 이후)]
- **사고 (생각)**: "새로운 남성 마스크팩 '맨즈 파워 마스크팩'의 출시 3개월 내 매출을 30% 올리고 싶어. 어떤 전략이 필요할까?" (여전히 인간이 문제 인식과 목표를 설정합니다)

- **질문 (AI에게 방향 제시)**: "남성 뷰티 시장 전문가 AI에게 매출 증대 방안에 대해 물어봐야겠다." (머릿속 생각을 AI에게 던질 질문으로 구체화합니다)

Think New! Work New!

- **프롬프트 (AI에게 구체적인 작업 지시)**: AI에게 역할을 부여하고, 필요한 배경 정보, 제약 조건, 원하는 답변 형식 등을 담아 구체적인 '작업 지시서'를 전달합니다.

- **프롬프트 예시**: "당신은 남성 뷰티 시장 전문가이자 전략 컨설턴트처럼 답변해 줘. 신제품 '맨즈 파워 마스크팩'의 출시 3개월 내 매출 30% 상승을 목표로, 20대~40대 남성 타겟을 위한 마케팅 및 영업 전략 3가지를 제안하고, 각 전략별 예상 예산과 기대 효과를 표 형태로 제시해 줘. 최근 남성 뷰티 트렌드 리포트와 우리 회사 웹사이트 남성 제품 페이지 유입률 데이터를 참고해."

- **행동 (AI 도움을 받아 실행)**: AI는 몇 초 만에 타겟 분석, 전략 아이디어, 예상 예산, 표 형식의 보고서 초안까지 제시합니다. 대표님은 AI가 제공한 분석, 아이디어, 계획 등을 바탕으로 최종 전략을 확정하고, 마케팅팀에 구체적인 실행을 지시합니다. 이 행동은 과거보다 훨씬 더 빠르고, 데이터에 기반하며, 정교해집니다.

결론적으로, 4단계 인지-행동 체계는 AI라는 강력한 조력자를 인간의 사고와 행동 과정에 통합하여, 지적 활동의 지평을 넓히고 효율성을 극대화하는 자연스러운 진화입니다. 이는 인간의 문제 해결 능력을 비약적으로 향상시키며, AI 시대의 핵심 경쟁력이 됩니다.

Think New! Work New!

■ AI 시대, 4단계 인지-행동 체계가 기업을 변화시키는 6가지 핵심

AI 시대의 새로운 '4단계 인지-행동 체계('생각 → 질문 → 프롬프트 → 행동')'는 기업의 다음과 같은 핵심 부분들을 근본적으로 변화시킵니다. AI를 '매개자'이자 '촉매제'로 활용하여, 조직 전체가 더 스마트하고 민첩하게 일하도록 돕는 전략입니다.

❶ 문제 해결 및 분석 방식
- 변화: 과거보다 빠르고 깊이 있게 문제를 진단하고, 데이터 기반 해결책을 탐색합니다.
- 예시: 고객 불만 원인 분석이나 생산 비효율 진단이 AI를 통해 신속히 이루어집니다.

❷ 의사결정의 질과 속도
- 변화: AI가 정보 요약과 통찰을 제시, 경영진과 리더의 결정이 더 명확하고 빨라집니다.
- 예시: AI 분석으로 전략 회의 질이 높아지고, 신사업 투자가 신속하게 결정됩니다.

❸ 창의성 및 혁신 역량
- 변화: AI가 아이디어를 생성하고 인간의 창의성을 확장하며, 단순 반복 업무에서 벗어나 혁신에 집중합니다.
- 예시: AI가 제품 컨셉 아이디어를 제안하면, 인간이 발전시켜 신제품을 기획합니다.

❹ 조직 전체의 생산성 및 효율성
- 변화: AI 통합으로 업무 흐름이 매끄러워지고, 불필요한 대기 시간과 중복 업무가 줄어듭니다.
- 예시: 회의록 요약, 보고서 초안 작성이 AI로 자동화되어 핵심 업무에 더 집중합니다.

❺ 인력 운영의 유연성 및 역량 강화
- 변화: 물리적 인원수가 아닌 '인간 역할의 수'가 증가하며, 한 사람이 AI와 협력해 여러 역할 수행이 가능해집니다.
- 예시: AI가 HR 행정 업무를 보조하면, 인사 담당자는 직원 교육 개발에 집중합니다.

❻ 지식 관리 및 활용 체계
- 변화: AI가 생성하고 정리한 지식이 'AI 문서함'에 체계적으로 축적되어, 필요한 지식을 빠르고 정확하게 찾아 재활용합니다.
- 예시: 과거 보고서에서 특정 데이터를 AI에게 요청하거나, 고객 피드백에서 핵심 키워드를 추출하여 활용합니다.

결론적으로, 4단계 인지-행동 체계는 기업의 모든 지적 활동과 업무 프로세스에 AI를 통합하여, 제한된 자원으로도 대기업 못지않은 민첩성, 효율성, 그리고 혁신 역량을 갖춘 지능형 조직으로 거듭나게 합니다.

Think New! Work New!

4. 최적의 프롬프트 작성으로 최적의 답변 얻기 - 10단계 템플릿

"AI의 언어를 마스터하라: 프롬프트 최적화 10단계, 상호 소통의 기술"

ChatGPT와 Gemini 같은 AI는 단순한 도구가 아닙니다. 이들은 우리가 던지는 질문에 반응하고, 우리의 의도를 이해하며, 때로는 예상치 못한 통찰을 제시하는 능동적인 지적 파트너입니다. AI와의 관계는 일방적인 지시가 아닌, 생산적인 '상호 소통(상호작용)'에 기반합니다. 이 상호 소통의 핵심이 바로 '프롬프트(Prompt)'입니다.

과거에는 AI에게 '최적의 답'을 얻기 위해 '최적의 질문 형태'를 찾는 것이 중요했습니다. 마치 복잡한 컴퓨터 언어처럼 특정 형식에 맞춰야 했죠. 하지만 AI 기술은 놀랍게 발전하여, 이제는 사용자의 의도를 훨씬 깊이 이해하게 되었습니다. 완벽한 '정답 프롬프트'를 찾는데 얽매이기보다, AI와 '대화하듯' 상호작용하며 질문을 점진적으로 다듬는 것이 훨씬 더 중요해졌습니다.

최적화 10단계 템플릿은 바로 이러한 AI와의 '상호 소통'을 극대화하여 최고의 결과물을 얻기 위한 체계적인 가이드라인입니다. 이는 AI에게 우리의 의도를 명확하게 전달하고(요청 사항), AI가 이해할 수 있는 언어로 변환하며(프롬프트), AI의 답변을 바탕으로 다시 질문하고(반복과 점진적 개선), 궁극적으로 원하는 답을 함께 찾아가는 일련의 '대화 과정'을 제시합니다.

이 템플릿의 각 단계는 AI와의 효과적인 소통을 위한 레고 블록과 같습니다. 이 블록들을 조립하여 AI에게 정확한 맥락과 지시를 제공함으로써, AI는 우리의 의도를 더 깊이 파악하고, 단순한 답변을 넘어 통찰력 있는 결과물을 생성하게 됩니다. 이 과정에서 우리는 AI에게 배우고, AI를 가르치며, 함께 최적의 해답을 찾아가는 '공동 학습'을 경험하게 될 것입니다.

프롬프트 최적화 10단계 템플릿은 AI를 단순한 도구가 아닌, 우리 비즈니스의 미래를 함께 만들어갈 진정한 지적 파트너로 만드는 '상호 소통', '상호 작용'의 기술입니다.

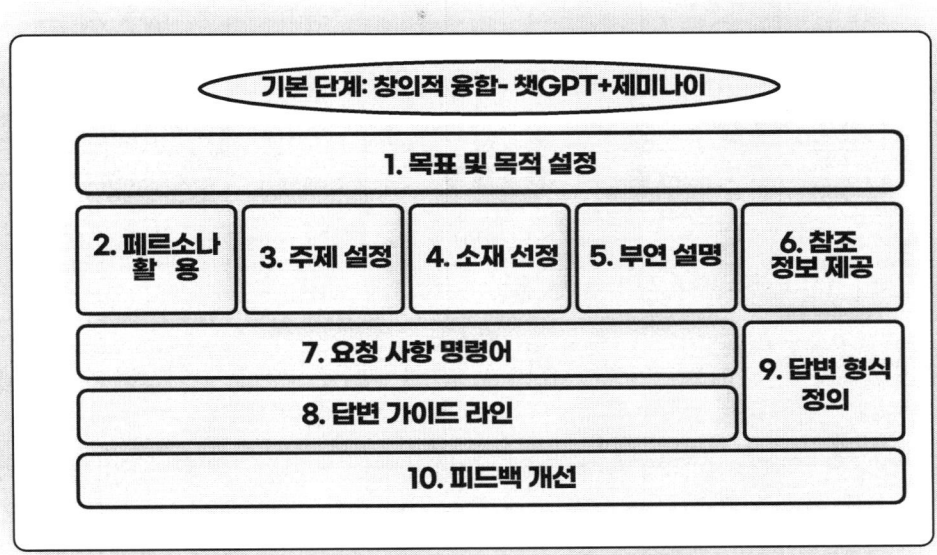

● **프롬프트 최적화 10단계 템플릿: AI 활용의 마스터 키트**

AI 시대의 도래는 단순한 도구의 등장을 넘어, 우리가 '정보를 인지'하고 '행동하는 방식' 자체를 변화시켰습니다.

이제 AI는 우리의 '사고와 행동' 사이에 개입하는 강력한 지적 조력자가 되었죠. 이 변화된 환경에서 AI를 효과적으로 다루는 능력, 즉 프롬프트 최적화 기술이 현대 사회에서 필수적인 역량으로 부상하고 있습니다.

이 템플릿은 AI와의 대화(상호 소통)를 최적의 경지(최적화)로 끌어올리는데 필요한 체계적인 가이드라인을 제공합니다.

ChatGPT와 Gemini를 포함한 인공지능 모델을 최대한으로 활용하기 위한 핵심은 바로 '프롬프트(명령어) 최적화'에 있습니다.

이는 단순히 질문을 던지는 것을 넘어, AI가 사용자의 의도를 정확히 파악하고 가장 효과적인 답변을 생성하도록 유도하는 체계적인 과정입니다. 특히, AI의 장점을 극대화하기 위해 '0단계: 창의적 융합'이라는 중요한 첫걸음을 포함한 10단계 템플릿을 통해 자세히 설명해 드리겠습니다.

4.1. 프롬프트 최적화 10단계 템플릿

기본 단계	1단계	2단계	3단계	4단계	5단계	6단계	7단계	8단계	9단계	10단계
창의적 융합	목적 목표 설정	페르 소나 활용	주제 설정	소재 선정	부연 설명	참조 정보 제공	요청 사항 명령어	답변 가이드 라인	답변 형식 정의	피드백 개선

▶ **0단계 (기본 단계): 창의적 융합 (ChatGPT + Gemini)**

- 이 단계는 단순히 선택의 문제가 아니라, 두 AI 모델의 강점을 시너지를 내는 전략적인 접근입니다.
- ChatGPT와 Gemini는 각각 고유한 장점과 특징을 가지고 있으므로, 한쪽의 답변으로 부족한 부분을 다른 쪽으로 보완하며, 서로 다른 관점에서 얻은 아이디어를 결합하여 더 풍부하고 정확하며 창의적인 결과물을 얻는 것이 목표입니다. 단순히 답변을 합치는 것을 넘어, 서로 다른 시각을 통해 새로운 가치를 창출하는 것이죠.

▶ **1단계: 목표 및 목적 설정**

- 모든 작업의 시작은 '왜' 이 작업을 하는지 (목적)와 '무엇을' 어떻게 달성할 것인지 (목표)를 명확히 정의하는 것입니다.
- 이는 AI에게 어떤 종류의 결과물을 기대하는지 명확한 방향을 제시하며, AI의 답변이 사용자의 실제 필요에 부합하도록 돕습니다.

▶ **2단계: 페르소나 활용**

- AI에게 특정 '가상의 캐릭터나 역할(페르소나)'을 부여하는 것은 질문의 맥락을 명확하게 하고, AI가 해당 역할에 맞는 어조와 지식 수준으로 답변을 생성하도록 유도하는 강력한 도구입니다.
- 나이, 성별, 직업, 기술 수준, 관심사 등을 고려한 페르소나 설정은 맞춤형 답변을 이끌어내는데 필수적입니다. 예를 들어, "당신은 노련한 마케팅 컨설턴트입니다"와 같이 시작할 수 있습니다.

기본단계	1단계	2단계	3단계	4단계	5단계	6단계	7단계	8단계	9단계	10단계
창의적 융합	목적 목표 설정	페르소나 활용	주제 설정	소재 선정	부연 설명	참조 정보 제공	요청 사항 명령어	답변 가이드 라인	답변 형식 정의	피드백 개선

▶ **3단계: 주제 설정**

- 프롬프트의 핵심 내용을 한 문장으로 요약하는 단계입니다.
- 마치 영화의 제목처럼, AI 모델에게 무엇을 요구하는지 명확하고 간결하게 전달하는 역할을 합니다. 이는 AI가 질문의 핵심을 빠르게 파악하고 관련성 높은 정보를 검색하는데 도움이 됩니다.

▶ **4단계: 소재 선정**

- 주제를 더욱 명확하고 구체적으로 정의하며, 다루어질 세부 사항이나 맥락을 설정하는 단계입니다.
- AI 답변의 기반이 되는 기초 정보와 구체적인 사실적 정보, 필요한 예시 등을 제공하여 AI가 더 정확하고 풍부한 내용을 생성할 수 있도록 합니다.

▶ **5단계: 부연 설명**

- 주제와 소재에 대해 추가적인 설명을 제공하여 AI의 이해를 돕는 단계입니다.
- 배경 정보, 관련 개념, 중요한 측면 등을 포함함으로써 AI가 질문의 깊은 의미와 의도를 파악하고, 답변의 정확성과 완성도를 높이는데 기여합니다.

기본 단계	1단계	2단계	3단계	4단계	5단계	6단계	7단계	8단계	9단계	10단계
창의적 융합	목적 목표 설정	페르 소나 활용	주제 설정	소재 선정	부연 설명	참조 정보 제공	요청 사항 명령어	답변 가이드 라인	답변 형식 정의	피드백 개선

▶ **6단계: 참조 및 정보 제공**

- AI가 더 나은 답변을 생성할 수 있도록 배경 정보나 특정 데이터를 제공하는 단계입니다.
- 웹사이트 링크, 문서 내용, 이미지, 동영상 등 다양한 형태의 참조 자료를 제공하여 AI가 질문의 맥락을 이해하고, 다양한 관점을 고려한 답변을 할 수 있도록 돕습니다. 이는 AI의 '지식'을 확장시키는 역할

▶ **7단계: 요청 사항 및 명령어**

- 이 단계는 앞서 수집된 모든 정보를 토대로 AI 모델에게 최종적으로 수행할 작업(행동)을 구체적으로 지시하는 부분입니다.
- "작성해라", "분석해라", "요약해라", "제안해라" 등 명확한 동사를 사용하여 AI가 무엇을 해야 하는지 명확하게 전달해야 합니다.

▶ **8단계: 답변 가이드라인**

- 생성될 답변의 어조, 스타일, 깊이, 길이, 중점 내용, 제외 내용, 답변의 개수 등을 명시하는 단계입니다.
- 이는 AI가 무작위적인 답변을 생성하는 것을 방지하고, 사용자가 원하는 형식과 품질의 답변을 얻는데 결정적인 역할을 합니다. 예를 들어, "전문적이지만 쉬운 어조로", "300자 이내로", "긍정적인 측면에 초점을 맞춰"와 같이 지시할 수 있습니다.

기본 단계	1단계	2단계	3단계	4단계	5단계	6단계	7단계	8단계	9단계	10단계
창의적 융합	목적 목표 설정	페르 소나 활용	주제 설정	소재 선정	부연 설명	참조 정보 제공	요청 사항 명령어	답변 가이드 라인	답변 형식 정의	피드백 개선

▶ **9단계: 답변 형식 정의**

- 제공 받을 응답을 어떤 형식이나 구조로 작성해야 하는지에 대한 명확한 지침을 제공합니다.
- 표, 그래프, 보고서, 기획서, 제안서, 목록, 단계별 지침, 그림, 이미지 등 AI가 답변을 출력할 구체적인 형태를 지정하여 사용자가 정보를 활용하기 쉽게 만듭니다.

▶ **10단계: 피드백 및 개선**

- 마지막으로, AI가 생성한 답변을 평가하고, 각 요소별로 피드백을 제공하여 프롬프트의 효과성을 평가하는 단계입니다.
- 필요에 따라 새로운 요소를 추가하거나 기존 요소를 제거, 또는 질문 자체를 다시 새롭게 재작성하여 프롬프트를 지속적으로 개선해 나갑니다. 이 반복적인 과정이 AI 활용 능력을 향상시키는 핵심입니다.

4.2. 프롬프트 최적화 10단계 템플릿 조합 전략

최적화 10단계 템플릿은 AI에게 최적의 답변을 얻기 위한 '레고 블록'과 같습니다. 각각의 단계(목표 설정, 페르소나, 주제, 정보 제공 등)는 AI에게 정보를 주고 지시를 내리는 독립적인 블록이죠.

이 블록들을 어떻게 선택하고 조립하느냐에 따라, AI는 우리가 원하는 대로 작동하며 다양한 형태의 결과물을 만들어냅니다. 따라서 이 템플릿은 모든 상황 또는 특정 상황에 맞춰서 조립하는 것처럼 유연하게 활용할 수 있습니다. 질문의 난이도와 상황에 따라 필요한 단계들만 골라 쓰는 것이 AI 활용의 진정한 지혜입니다.

ChatGPT와 Gemini가 처음 개발될 때는 '프롬프트 엔지니어링'이라는 전문 기술이 필요했지만, AI 기술은 놀라운 속도로 발전하여 이제는 사용자의 의도를 훨씬 더 깊이 이해합니다. 그래서 이제는 몇 개의 레고 블록만으로도 꽤 좋은 답변을 얻을 수 있습니다. 이는 AI의 기본 지능이 높아졌기 때문에 가능해진 것이죠.

하지만 '꽤 좋은 답변'에서 멈추지 않고, 더욱 정교하고, 복합적이며, 창의적인 '걸작' 같은 결과물을 원한다면 이야기가 달라집니다.

이때는 더 많은 레고 블록들을 전략적으로 조합하여 AI에게 '정확하고 상세한 설계도'를 제공해야 합니다. 마치 AI에게 "이러한 조건과 제약 속에서, 이 정보들을 가지고, 이런 전문가처럼, 이런 형식으로, 이 문제를 해결해 줘"라고 정확한 길을 안내하는 것과 같습니다.

이는 중소기업에 매우 중요한 전략입니다. 복잡한 문제를 해결하거나 혁신적인 아이디어를 얻기 위해 외부 컨설팅에 의존하거나 시간과 비용을 낭비할 필요 없이, 이 템플릿을 활용하여 AI와 함께 직접 최적의 해답을 찾아낼 수 있기 때문입니다.

■ **상황별 프롬프트 조합 전략: 필요한 단계만 쏙쏙 골라 쓰세요!**
질문의 난이도와 목적에 따라 10단계 템플릿을 어떻게 조합하여 활용할 수 있는지 구체적인 시나리오를 통해 설명해 드리겠습니다. 각 시나리오별로 어떤 레고 블록들이 어떻게 조합되는지 확인하며, 당신의 업무에 바로 적용해 보세요.

1. 초급 질문 / 단순 업무 (빠른 정보 확인 & 간결한 초안)
● 목적
가장 기본적인 정보 확인, 짧은 요약, 간단한 초안 생성 등 AI의 신속한 응답이 필요한 상황

● 활용 단계 조합
    ● 1단계 (목표/목적 설정) ● 3단계 (주제 설정) ● 7단계 (요청 사항/명령어) 활용

기본 단계	1단계 ✓	2단계	3단계 ✓	4단계	5단계	6단계	7단계 ✓	8단계	9단계	10단계
창의적 융합	목적 목표 설정	페르소나 활용	주제 설정	소재 선정	부연 설명	참조 정보 제공	요청 사항 명령어	답변 가이드 라인	답변 형식 정의	피드백 개선

● 조합 이유
AI에게 '무엇을 할지'와 '어떤 내용을' 명확히 지시하여 빠른 결과물을 얻는데 초점

● 실전 프롬프트 예시
"[1단계] 신제품 홍보를 위해, [3단계] 인스타그램 게시물 아이디어가 필요해. [7단계] '바삭바삭 영양볼' 신제품 인스타그램 게시물 아이디어 3개를 제안해 줘."

"[1단계] 오늘 주간 회의 준비를 위해, [3단계] 지난주 회의록 핵심 요약이 필요해. [7단계] '지난주 주간 업무 회의록(내용 복사-붙여넣기)'을 5줄로 간결하게 요약해 줘."

"[1단계] 고객에게 보낼 이메일 초안 작성을 위해, [3단계] 우리 회사 제품의 강점을 효과적으로 전달하고 싶어. [7단계] '프리미엄 펫 밀크' 제품의 주요 특징을 강조하는 고객 이메일 초안을 작성해 줘."

2. 중급 질문 / 문서 초안, 일반 분석 (정확하고 효율적인 생성)
● 목적
보고서, 이메일 초안 작성, 일반적인 데이터 분석, 간단한 아이디어 발상 등 좀 더 구체적이고 형식화된 결과물이 필요한 상황

● 활용 단계 조합
- 1단계 (목표/목적 설정) ● 3단계 (주제 설정) ● 4단계 (소재 선정)
- 5단계 (부연 설명) ● 7단계 (요청 사항/명령어)
- 8단계 (답변 가이드라인)

기본단계	1단계 ✓	2단계	3단계 ✓	4단계 ✓	5단계 ✓	6단계	7단계 ✓	8단계 ✓	9단계	10단계
창의적 융합	목적 목표 설정	페르소나 활용	주제 설정	소재 선정	부연 설명	참조 정보 제공	요청 사항 명령어	답변 가이드라인	답변 형식 정의	피드백 개선

● 조합 이유
AI에게 충분한 배경 정보를 제공하고, 답변의 형식과 어조까지 지정하여 원하는 품질의 결과물을 얻는데 집중합니다

● 실전 프롬프트 예시
"[1단계] 주간 업무 보고서 작성을 위해, [3단계] 지난주 업무 요약이 필요해. [4단계] 주요 성과는 [성과 1, 2], 이슈는 [이슈 1], 다음 주 계획은 [계획 1, 2]야. [5단계] 이를 바탕으로 간결하고 명확한 보고서를 만들고 싶어. [7단계] 이 내용을 5줄로 요약해 줘. [8단계] 회의록 요약 보고서 형식으로 작성해 줘."

"[1단계] 고객에게 보낼 제안서 초안 작성을 위해, [3단계] '스마트 IoT 시스템 도입' 제안서 작성을 요청해. [4단계] 고객사 정보는 [고객사명], 핵심 니즈는 [니즈 설명]이고, 우리 제품의 핵심 가치 3가지와 예상 효과를 포함해야 해. [5단계] 이 제안서는 고객사의 비용 절감과 생산성 향상에 초점을 맞출 거야. [7단계] 이 정보를 바탕으로 5페이지 분량의 제안서 초안을 작성해 줘. [8단계] 전문적이고 설득력 있는 톤으로, 주요 내용은 명확한 소제목과 함께 정리해 줘."

3. 고급 질문 / 심층 분석, 전략 수립 (통찰력 있는 결과 도출)

● 목적

복합적인 문제 해결, 전략 수립, 창의적인 컨셉 도출 등 AI의 깊이 있는 분석과 인간의 통찰이 결합되어야 하는 상황.

● 활용 단계 조합

0단계 (창의적 융합)부터 9단계 (답변 형식 정의)까지, 거의 모든 단계를 활용합니다. 특히 2단계 (페르소나), 5단계 (부연 설명), 6단계 (참조/정보 제공)가 중요합니다.

● 조합 이유

AI에게 문제의 모든 맥락과 조건을 제공하고, 특정 관점에서 심층적인 분석과 창의적인 아이디어를 요청하며, 복합적인 결과물을 체계적인 형식으로 받기 위함입니다. 필요시 10단계 (피드백 및 개선)를 통해 지속적으로 답변을 다듬습니다.

● 실전 프롬프트 예시 (남성 전용 마스크팩 신제품 기획)

"[0단계] ChatGPT와 Gemini를 모두 활용하여 아이디어를 얻고 분석할 거야. [1단계] 신제품 '맨즈 파워 마스크팩'의 출시 3개월 내 매출을 30% 상승시키는 것이 목표야. [2단계] 당신은 남성 뷰티 시장 전문가이자 전략 컨설턴트처럼 답변해 줘. [3단계] 핵심 주제는 '남성 전용 마스크팩 매출 증대를 위한 마케팅 및 영업 전략'이야. [4단계] 주요 내용은 타겟 고객층 분석(20대~40대 남성), 경쟁사 '맨즈 그루밍' 제품 마케팅 사례, 최근 남성 뷰티 트렌드 리포트(링크 제공)야. [5단계] 현재 남성들이 마스크팩을 사용하는데 어떤 심리적/사회적 장벽이 있을지, 그리고 온라인 채널에서 남성 뷰티 콘텐츠가 어떻게 소비되는지에 대한 부연 설명을 해줘. [6단계] 추가적으로 우리 회사 웹사이트의 남성 제품 페이지 유입률 데이터와 구매 전환율 데이터(내용 복사-붙여넣기)도 참고해 줘. [7단계] 위 정보를 바탕으로 AI 운영관과 AI 커뮤니케이터의 역할을 결합하여 매출 상승을 위한 구체적인 전략 3가지와 각 전략별 예상 예산, 기대 효과를 구체적으로 제시해 줘. [8단계] 전문적이고 통찰력 있는 어조로 작성하되, 실행 가능한 실용적인 내용을 담아줘. [9단계] 답변은 표 형태로 작성하고, 각 전략의 장단점 및 필요한 자원(인력, 예산)을 명확히 제시해 줘."

4. 7단계 '요청 사항 및 명령어'와 8단계 '답변 가이드라인'의 시너지: AI 소통의 정교함

최적화 10단계 템플릿에서 7단계 '요청 사항 및 명령어'와 8단계 '답변 가이드라인'은 AI와 명확하게 소통하기 위한 핵심적인 짝입니다. 다른 단계들이 질문의 맥락과 정보를 구성한다면, 이 두 단계는 AI에게 '무엇을 어떻게 만들 것인가'를 직접적으로 지시하는 역할을 합니다.

기본 단계	1단계	2단계	3단계	4단계	5단계	6단계	7단계 ✓	8단계 ✓	9단계	10단계
창의적 융합	목적 목표 설정	페르소나 활용	주제 설정	소재 선정	부연 설명	참조 정보 제공	요청 사항 명령어	답변 가이드라인	답변 형식 정의	피드백 개선

● 왜 이 둘의 조화가 중요할까요?

AI에게 단순히 "보고서 써줘"라고 명령하면 기본적인 보고서를 받을 수 있습니다. 하지만 여기에 '어떤 톤으로', '어떤 형식으로'라는 가이드라인이 더해지면, AI는 우리의 의도를 훨씬 더 정확하게 파악하여 원하는 결과물을 생성합니다. 다양한 상황과 목적에 따라 수많은 가이드라인과 명령어가 존재하며, 이 둘을 어떻게 조화롭게 사용하느냐에 따라 AI의 답변 품질은 천차만별로 달라집니다.

▶ 7단계 '요청 사항 및 명령어': AI에게 '무엇을 할지' 지시하기

이 단계에서는 AI에게 수행할 구체적인 작업(행동)을 명확한 동사로 지시합니다. (예: 작성해 줘, 분석해 줘, 요약해 줘, 제안해 줘, 만들어 줘, 수정해 줘 등).

▶ 8단계 '답변 가이드라인': AI에게 '어떻게 할지' 안내하기

이 단계에서는 생성될 답변의 어조, 스타일, 깊이, 길이, 중점 내용, 제외 내용, 답변의 개수, 형식 등을 명시하여 AI가 무작위적인 답변을 생성하는 것을 방지하고, 사용자가 원하는 형식과 품질의 답변을 얻는 데 결정적인 역할을 합니다.

▶ 8단계 + 7단계: 이 둘을 조화롭게 활용하는 방법

8단계의 다양한 가이드라인을 7단계의 명확한 명령어나 요청 사항에 결합하여 사용하면, AI에게 훨씬 더 쉽고 정확하게 우리의 의도를 전달할 수 있습니다.

- 예시 1: "격식체(8단계 가이드라인)로 알려줘(7단계 명령어)"
- (전체 프롬프트 예시): "우리 회사의 [특정 목표]에 대한 시장 동향을 격식체로 알려줘."

- 예시 2: "풍자형(8단계 가이드라인)으로 창작해줘(7단계 명령어)"
- (전체 프롬프트 예시): "직장인의 월요병을 주제로 풍자형으로 짧은 글을 창작해 줘."

- 예시 3: "친근한 톤(8단계 가이드라인)으로 이메일 초안을 작성해 줘(7단계 명령어)"
- (전체 프롬프트 예시): "신규 고객 환영 이메일 초안을 친근한 톤으로 작성해 줘."

- 예시 4: "전문적인 어조(8단계 가이드라인)로 분석해 줘(7단계 명령어)"
- (전체 프롬프트 예시): "이 재무 데이터(내용 복사-붙여넣기)를 전문적인 어조로 분석해 줘."

이처럼 7단계와 8단계는 AI에게 '무엇을 해라'와 '어떻게 해라'를 동시에 전달하는 핵심 조합입니다. 이를 능숙하게 활용하면 AI와의 소통이 훨씬 쉬워지고, 당신이 원하는 최적의 답변을 자유자재로 얻을 수 있을 것입니다.

다음의 가이드라인과 명령어 세부 요소들을 활용하여 최적의 프롬프트를 작성해 보시기 바랍니다.

▣ 8단계 '답변 가이드라인'

요소	설명	활용				
어조	답변의 전반적인 분위기와 감정적 색채를 설정	격식체	비격식체	친근한	전문적인	객관적인
		주관적인	유머러스한	진지한	격려하는	공감하는
		설득적인	비판적인	냉소적인	낙관적인	비관적인
		감성적인	이성적인	중립적인	열정적인	겸손한
		창의적인	보호적인	고상한	실망한	영감을 주는
		도발적인	비꼬는	동정적인	낭만적인	애정어린
스타일	답변의 형식과 문체를 결정	요약형	설명형	목록형	이야기형	분석형
		비교형	대화형	질문형	토론형	FAQ형
		문제해결형	그래프	단계별 가이드형	시,소설, 에세이	코드작성형
		번역형	풍자형	추천형	비평형	기록형
		경험형	기술형	서사형	보고형	교훈형
깊이	답변의 상세도와 복잡성을 결정	간략한 요약	핵심 정보만 제공	상세한 설명	심층 분석	배경 지식 포함
		예시, 인용 포함	다양한 관점 비교	세부 정보 포함	관련 연구 언급	미래 전망 제시
		전문가 수준	포괄적	기본적	포인트별 설명	심화 분석
길이	답변의 분량을 제한	단답형	짧은 문장 긴 문장	단락	에세이	블로그 포스트길이
		(n)페이지 이내	한페이지 분량	특정 글자수	(n)% 줄임, 늘림	상세 설명
중점	답변에서 강조해야 할 내용이나 측면	핵심키워드 강조	특정 관점 제시	구체적인 정보 명시	답변형식과 조화	원인결과 분석
		원인결과 분석	최신동향	실제 사례 제시	관련 통계 데이터	전문가 인용
제외 사항	답변에서 제외해야 할 내용이나 정보	추측성 정보	저작권 침해 가능성 내용	비하, 폭력 선정적	편견 혐오	비밀
답변 개수	답변의 개수를 지정	단일 답변	다중 답변 (n가지)	상위 몇가지 (Top n)	최소 최대	리스트

■ 7단계 '요청 사항 및 명령어'

상황	명령어									
정보 제공	알려줘	설명해줘	밝혀줘	지적해줘	공유해줘	가르쳐줘	소개해줘	나열해줘	확인해줘	발표해줘
질문 답변	근거를 제시해줘	해석해줘	기술해줘	풀어줘	작성해줘	제안해줘	조언해줘	분석해줘	예시를 제시해줘	명시해줘
문제 해결	해결해줘	보완해줘	수정해줘	제거해줘	평가해줘	최적화해줘	개선해줘	완성해줘	디자인해줘	작성해줘
창의적 콘텐츠 생성	슬로건 개발해줘	창작해줘	시 써줘	작곡해줘	시나리오 써줘	컨셉 설정해줘	콘티 써줘	발명해줘	상상해줘	카피 작성해줘
교육 및 학습 지원	멘토링해줘	피드백해줘	학습동기 부여해줘	관련자료 찾아줘	퀴즈를 내줘	학습계획 세워줘	풀이과정 알려줘	개연성을 확인해줘	논리로 설명해줘	융합해서 정리해줘
언어 학습 지원	번역해줘	발음해줘	교정해줘	의역해줘	대화해줘	검토해줘	문법검사해줘	맞춤법 확인해줘	첨삭해줘	표현 고쳐줘
업무 및 생산성 향상	할일목록 만들어줘	우선순위 정해줘	자료검색해줘	보고서 작성해줘	데이터 분석해줘	의사결정 도와줘	회의록 작성해줘	브레인스토밍해줘	자료 요약해줘	파악해줘
심리적 지원 및 상담	위로해줘	공감해줘	응원해줘	이해해줘	지지해줘	경청해줘	칭찬해줘	감정조절 팁알려줘	어떻게 해야해?	내가 뭘 해야해?
마케팅 관련	마케팅 전략 보고해줘	콘텐츠 아이디어 내줘	홍보문구 작성해줘	콘텐츠 마케팅 전략 제안해줘	산상품 개발해줘	이벤트 기획해줘	SEO 전략 세워줘	인플루언서 탐색해줘	고객 만족도 조사해줘	시장환경 파악해줘
법률 및 규제	법률 자문해줘	관련법규 찾아줘	판례 검색해줘	법적절차 안내해줘	분쟁해결 방안 알려줘	법적책임 알려줘	법률조항 해석해줘	규제준수 여부 확인해줘	권리구제 방법 알려줘	법률용어 해석해줘
과학 및 기술	논문 검색해줘	실험결과 분석해줘	이론화해줘	특허문서 작성해줘	가설을 세워줘	영향을 평가해줘	결과를 예측해줘	특허화, 상품화해줘	연관기술 찾아줘	설계해줘
육아 및 교육	고민 상담해줘	팁 알려줘	책 추천해줘	노하우 공유해줘	방법 찾아줘	새롭게 시도해줘	발전시켜줘	만들어줘	참여해줘	평가해줘
엔터테인먼트	이야기 들려줘	유머 보여줘	농담해줘	밈 만들어줘	유튜브 채널 기획해줘	유튜브 콘텐츠 발굴해줘	책 기획해줘	자서전 만들어줘	놀아줘	시놉시스 작성해줘
반려동물	행동 분석해줘	질병정보 알려줘	놀이, 장남감 추천해줘	건강관리 방법 알려줘	훈련방법 알려줘	반려동물 추천해줘	긴급사항 대처 알려줘	키우는 방법 알려줘	사료 추천해줘	목욕방법 알려줘
일상 생활	조회해줘	구성해줘	설정해줘	도와줘	결정해줘	주문해줘	판단해줘	완성해줘	구현해줘	추천해줘

5.1. 실전 사례: 젠룩스(GENLUX, www.genlux.co.kr)

■ **실전 사례: 젠룩스(GENLUX, www.genlux.co.kr) - 고객 확보 방안**
기업 및 개인의 이야기를 고품격 콘텐츠(책, 잡지, 영상, 사진, E-Book 등)로 만들어 주는 스토리 서비스 전문기업

기본단계	1단계	2단계	3단계	4단계	5단계	6단계	7단계	8단계	9단계	10단계
창의적 융합	목적 목표 설정	페르소나 활용	주제 설정	소재 선정	부연 설명	참조 정보 제공	요청 사항 명령어	답변 가이드 라인	답변 형식 정의	피드백 개선

▶ **0단계: 창의적 융합 (ChatGPT + Gemini)**
이 단계는 실제 프롬프트 작성 전의 전략적 사고 과정이자 AI 모델 선택의 정교한 설계입니다. 젠룩스의 '고품격 콘텐츠'라는 핵심 강점을 고객 확보 방안과 연결하기 위해 두 AI의 고유한 능력을 융합합니다.

[ChatGPT 활용 계획]
- 젠룩스 서비스의 핵심 가치인 '이야기 발굴'과 '콘텐츠화'에 집중하여, 고객 스토리텔링 트렌드 분석 및 다양한 형태의 콘텐츠(책, 영상, E-Book)별 메시지 초안 생성에 활용합니다.

[Gemini 활용 계획]
- 젠룩스의 '고품격' 이미지를 강화할 수 있는 시각적 콘텐츠 아이디어 (예: 웹사이트 배너, 소셜 미디어 캠페인)와 데이터 기반의 고객 확보 채널 효율성 분석에 활용하여 실질적인 전환율 증대 방안을 모색합니다.

[융합 목표]
- ChatGPT로 넓은 범위의 아이디어를 얻고 젠룩스의 '이야기' 메시지를 다듬으며, Gemini로 데이터 기반의 심층 분석과 시각적/채널별 최적화 방안을 도출하여, 젠룩스의 콘텐츠 강점을 효과적으로 홍보하고 고객을 확보할 수 있는 구체적이고 실행 가능한 전략을 수립합니다. 단순히 둘 중 하나를 사용하는 것을 넘어, 각 AI의 강점을 전략적으로 결합하여 풍부한 다각적인 결과물을 창출하는 것이 이 0단계의 핵심입니다.

▶ 1단계: 목표 및 목적 설정

이 단계는 '왜' 젠룩스가 이 작업을 하는지 (목적)'와 '무엇을' 어떻게 달성할 것인지 (목표)를 명확히 정의합니다. AI의 답변이 젠룩스의 실제 사업 목표, 즉 고객 확보 및 매출 증대에 부합하도록 명확한 방향을 제시합니다.

- 목적: '젠룩스'의 고품격 콘텐츠 제작 서비스의 강점을 효과적으로 홍보하여 잠재 고객의 인지도를 높이고, 궁극적으로 서비스 계약으로 이어지는 고객 확보율을 증대시킨다.

(목표 프롬프트)
- "우리 기업 '젠룩스'의 '고품격 콘텐츠 제작 서비스'의 강점을 부각하여, 향후 6개월 내 신규 기업 고객 5곳과 개인 고객 10명을 확보하기 위한 구체적인 마케팅 전략과 실행 방안을 수립해주세요."

▶ 2단계: 페르소나 활용

AI에게 특정 가상의 캐릭터나 역할을 부여하는 것은 젠룩스의 질문 맥락을 명확하게 하고, AI가 해당 역할에 맞는 어조와 지식 수준으로 답변을 생성하도록 유도하는 강력한 도구입니다.

(페르소나 프롬프트)
- "당신은 콘텐츠 마케팅 분야에서 15년 이상의 경력을 가진 전략 컨설턴트이자, 스토리텔링의 중요성을 깊이 이해하고 있는 브랜딩 전문가입니다. '젠룩스'가 가진 '고품격 콘텐츠 제작' 역량을 최대한 활용하여 고객을 확보할 수 있는 방안을 제시해주세요."

▶ 3단계: 주제 설정

젠룩스 서비스의 핵심 내용을 한 문장으로 요약하는 단계입니다. 마치 영화의 제목처럼, AI 모델에게 무엇을 요구하는지 명확하고 간결하게 전달하는 역할을 합니다.
마치 영화의 제목처럼, AI 모델에게 무엇을 요구하는지 명확하고 간결하게 전달하는 역할을 합니다. 이는 AI가 질문의 핵심을 빠르게 파악하고 관련성 높은 정보를 검색하는 데 도움이 됩니다.

(주제 프롬프트)
- "'젠룩스' 고품격 콘텐츠 제작 서비스의 강점을 활용한 효과적인 고객 확보 전략

▶ 4단계: 소재 선정

젠룩스의 주제를 더욱 명확하고 구체적으로 정의하며, 다루어질 세부 사항이나 맥락을 설정하는 단계입니다. AI 답변의 기반이 되는 기초 정보와 구체적인 사실적 정보, 필요한 예시 등을 제공하여 AI가 젠룩스 서비스에 대한 더 정확하고 풍부한 내용을 생성할 수 있도록 합니다.

(소재 프롬프트)
- "'젠룩스'의 핵심 강점은 '기업 및 개인의 이야기를 고품격 콘텐츠(책, 잡지, 영상, 사진, E-Book 등)로 만들어 주는 서비스'입니다. 특히 '개인의 자서전 제작', '기업의 브랜드 스토리(기업 역사) 및 영상 제작', '기업 및 경영자와 전문가 E-Book 출판' 서비스가 주력입니다. 타겟 고객은 '기업의 역사 기록을 통한 브랜드 가치 제고를 원하는 기업', '인생의 경험을 기록하고 싶은 개인', '전문 지식을 콘텐츠로 만들고 싶은 전문가'입니다."

▶ 5단계: 부연 설명

젠룩스 서비스의 주제와 소재에 대해 추가적인 설명을 제공하여 AI의 이해를 돕는 단계입니다. 젠룩스만의 차별점과 가치를 강조함으로써 AI가 질문의 깊은 의미와 의도를 파악하고, 답변의 정확성과 완성도를 높이는데 기여합니다.

(부연 설명 프롬프트)
- "현재 콘텐츠 시장은 범람하고 있지만, '고품격'이라는 차별화된 가치를 내세우는 곳은 드뭅니다. 젠룩스는 단순한 콘텐츠 제작을 넘어 고객의 '이야기'에 깊이를 더하고, 전문가의 손길로 '감동'과 '신뢰'를 전달하는 데 강점이 있습니다. 이러한 점을 고객들에게 효과적으로 어필해야 합니다."

▶ 6단계: 참조 및 정보 제공

AI가 더 나은 답변을 생성할 수 있도록 배경 정보나 특정 데이터를 제공하는 단계입니다. 웹사이트 링크, 문서 내용, 이미지, 동영상 등 다양한 형태의 참조 자료를 제공하여 AI가 질문의 맥락을 이해하고, 다양한 관점을 고려한 답변을 할 수 있도록 돕습니다. 이는 AI의 '지식'을 확장시키는 역할을 합니다.

(참조 및 정보 제공 프롬프트)
- "콘텐츠 제작 서비스 관련 국내 시장 동향 보고서(링크: https://www. . .), 성공적인 브랜딩 스토리텔링 사례(링크: https://www. . .), 그리고 젠룩스 웹사이트(링크: https://www.genlux.co.kr)의 서비스 포트폴리오를 참조하여 전략을 수립해주세요."

▶ 7단계: 요청 사항 및 명령어

이 단계는 앞서 수집된 모든 정보를 토대로 AI 모델에게 젠룩스의 고객 확보를 위한 최종적으로 수행할 작업(행동)을 구체적으로 지시하는 부분입니다.

(요청 사항 및 명령어 프롬프트)
- "위 정보를 바탕으로, 다음 3가지 핵심 질문에 대한 답변을 포함하는 고객 확보 전략 보고서 초안을 작성해주세요.
    1) 젠룩스의 '고품격' 콘텐츠 강점을 가장 효과적으로 전달할 수 있는 마케팅 메시지와 채널 전략 (기업/개인 고객별 구분)
    2) 신규 고객 유치를 위한 구체적인 인바운드/아웃바운드 마케팅 캠페인 아이디어 3가지
    3) 고객 확보 목표 달성을 위한 예산 배분(마케팅 채널별) 및 성과 측정 지표 제안"

▶ 8단계: 답변 가이드라인

생성될 답변의 어조, 스타일, 깊이, 길이, 중점 내용, 제외 내용, 답변의 개수 등을 젠룩스의 니즈에 맞춰 명시하는 단계입니다. 이는 AI가 무작위적인 답변을 생성하는 것을 방지하고, 사용자가 원하는 형식과 품질의 답변을 얻는 데 결정적인 역할을 합니다.

(답변 가이드라인 프롬프트)
- "전문적이고 "통찰력 있는 어조로 작성하되, 실제 실행에 옮길 수 있도록 실용적인 내용을 담아주세요. 각 전략은 젠룩스의 '고품격' 이미지를 일관되게 유지해야 합니다. 경쟁사 분석을 통해 젠룩스만의 독점적인 가치를 강조해주세요. 답변의 총 길이는 A4 용지 2~3장 분량으로 작성해주세요."

▶ 9단계: 답변 형식 정의
제공 받을 응답을 어떤 형식이나 구조로 작성해야 하는지에 대한 명확한 지침을 젠룩스의 활용 목적에 맞춰 제공합니다.

(답변 형식 정의 프롬프트)
- "보고서는 '요약', '시장 분석 및 젠룩스 강점', '타겟 고객별 마케팅 전략', '구체적인 캠페인 아이디어', '예산 및 성과 측정', '결론 및 제언'의 목차를 포함하는 형식으로 작성해주세요. 각 섹션은 소제목과 핵심 내용을 글머리 기호 또는 표 형태로 요약하여 가독성을 높여주세요."

▶ 10단계: 피드백 및 개선
이 단계는 실제 AI의 답변을 받은 후 진행되는 사후 작업입니다. AI가 생성한 답변을 평가하고, 각 요소별로 피드백을 제공하여 프롬프트의 효과성을 평가하고 지속적으로 개선해 나가는 과정입니다. 젠룩스의 고객 확보 목표 달성을 위해 프롬프트를 계속해서 다듬는 과정입니다.

(피드백 및 개선 프롬프트 예시)
AI가 생성한 보고서를 검토한 후 -
- "기업 고객을 위한 '사례 연구(Case Study)' 콘텐츠 제작 및 배포 전략을 좀 더 구체화해주세요. 특히, 실제 계약 전환율을 높일 수 있는 콜투액션(Call To Action) 방안을 추가하고, 각 캠페인 아이디어에 대한 A/B 테스트 계획을 간략하게 제시해주시면 좋겠습니다.""

▶ 통합 프롬프트 (최종 프롬프트 예시)

위의 10단계 요소들을 모두 포함하여 AI에게 전달할 최종 프롬프트는 다음과 같이 구성될 수 있습니다. (실제 사용 시에는 AI 툴의 입력 한계와 가독성을 고려하여 필요한 정보를 압축하거나, 대화의 맥락으로 일부 정보를 미리 제공할 수 있습니다.)

[역할]: 당신은 콘텐츠 마케팅 분야에서 15년 이상의 경력을 가진 전략 컨설턴트이자, 스토리텔링의 중요성을 깊이 이해하고 있는 브랜딩 전문가입니다.

[목표]: 우리 기업 '젠룩스'의 '고품격 콘텐츠 제작 서비스'의 강점을 부각하여, 향후 6개월 내 신규 기업 고객 5곳과 개인 고객 10명을 확보하기 위한 구체적인 마케팅 전략과 실행 방안을 수립해주세요.

[주제]: '젠룩스' 고품격 콘텐츠 제작 서비스의 강점을 활용한 효과적인 고객 확보 전략

[소재]: '젠룩스'의 핵심 강점은 '기업 및 개인의 이야기를 고품격 콘텐츠(책, 잡지, 영상, 사진, E-Book 등)로 만들어 주는 서비스'입니다. 특히 '개인의 자서전 제작', '기업의 브랜드 스토리(社史 포함) 책과 영상 제작', '전문가 E-Book 출판' 서비스가 주력입니다. 타겟 고객은 '브랜드 가치 제고를 원하는 기업', '인생의 경험을 기록하고 싶은 개인', '전문 지식을 콘텐츠로 만들고 싶은 전문가'입니다.

[부연 설명]: 현재 콘텐츠 시장은 범람하고 있지만, '고품격'이라는 차별화된 가치를 내세우는 곳은 드뭅니다. 젠룩스는 단순한 콘텐츠 제작을 넘어 고객의 '이야기'에 깊이를 더하고, 전문가의 손길로 '감동'과 '신뢰'를 전달하는데 강점이 있습니다. 이러한 점을 고객들에게 효과적으로 어필해야 합니다.

[참조 및 정보 제공]: 콘텐츠 제작 서비스 관련 국내 시장 동향 보고서(링크: `https://www.oo.oo.oo`), 성공적인 브랜딩 스토리텔링 사례(링크: `https://www.ooo.oo.oo`), 그리고 젠룩스 웹사이트(링크: `https://www.genlux.co.kr`)의 서비스 포트폴리오를 참조하여 전략을 수립해주세요.

■ AI 프롬프트 최적화: 마스터를 위한 8가지 실전 노하우

최적화 10단계 템플릿은 AI에게 최적의 답변을 얻는 'AI와의 소통 전략'입니다. 이 템플릿을 유연하게 적용하는 '노하우'를 습득하는 것이 AI 활용의 핵심입니다.

❶ '레고 블록'처럼 필요한 단계만 조합
- 10단계를 모두 쓸 필요 없이, 질문 난이도와 목적에 따라 필요한 단계만 골라 효율을 높이세요.

❷ AI에게 '명확한 작업 지시'를 내려라
- 구체적인 행동(동사)과 제약 조건을 명확히 제시하여 AI가 오해 없이 정확한 결과물을 만들도록 이끄세요.

❸ AI를 '특정 전문가'로 변신시켜라
- AI에게 역할(페르소나)을 부여하고 대상(타겟)을 설정하면, 답변의 전문성과 적합성이 높아집니다.

❹ AI에게 '충분한 배경지식'을 제공하라
- 질문과 관련된 데이터, 보고서 링크 등 정보를 충분히 제공하여 AI가 맥락을 이해하고 통찰력 있는 답변을 내놓도록 돕습니다.

❺ '대화'를 통해 프롬프트를 '훈련'시켜라
- AI의 답변에 피드백을 주고 꼬리 질문을 이어가며 점진적으로 프롬프트를 개선하세요. 이는 AI와의 공동 학습 과정입니다.

❻ AI가 만든 결과물을 '스마트하게 저장'하라
- AI가 생성한 핵심 키워드나 요약을 파일명이나 문서 설명에 활용하여, 나중에 지식을 쉽게 찾고 재활용할 수 있게 만듭니다.

❼ '창의적 실험'을 두려워 말라
- 템플릿은 가이드라인 입니다. 이 가이드라인을 바탕으로 다양한 방식으로 질문하고, 새로운 AI 활용 아이디어를 시도하며 잠재력을 탐색하세요.

❽ AI의 '한계'를 이해하고 '인간의 판단'을 더하라
- AI의 '환각'이나 편향성을 인지하고, 인간 고유의 비판적 사고, 윤리적 판단, 경험을 더해 최종적인 책임과 가치를 부여해야 합니다.

Think New! Work New!

5.2. 최적화 10단계 활용 예시: 유아 건강식 기업 - 마케팅 부서

■ **최적화 10단계 활용 예시: 유아 건강식 기업 - 마케팅 부서**

단 계		예 시
기본 단계	창의적 융합	ChatGPT로 유아 건강 간식의 새로운 광고 카피 아이디어를 브레인스토밍하고, Gemini로 경쟁사 유아 간식 광고 캠페인 성공 사례를 분석합니다.
1단계	목적 & 목표 설정	목적: 유아 건강 간식 시장에서의 브랜드 인지도 향상 및 매출 증대 목표: 효과적인 마케팅 캠페인 전략 수립
2단계	페르소나 활용	20대 후반의 워킹맘으로, 건강과 안전을 중시하는 소비자를 설정합니다.
3단계	주제 설정	유아 건강 간식 마케팅 캠페인 전략
4단계	소재 선정	타겟 고객층 분석, 경쟁사 광고 분석, 최신 마케팅 트렌드
5단계	부연 설명	핵심 타겟 고객층은 20~30대 젊은 엄마들로, 소셜 미디어를 통한 정보 습득과 구매 결정에 익숙합니다.
6단계	참조 & 정보 제공	최근 유아 간식 시장 트렌드 보고서, 경쟁사 광고 캠페인 자료, 소셜 미디어 분석 데이터
7단계	요청 사항 & 명령어	위 정보들을 바탕으로 핵심 타겟 고객층에게 효과적으로 어필할 수 있는 마케팅 캠페인 전략을 3가지 제시해 주세요.
8단계	답변 가이드 라인 설정	각 전략의 실행 계획, 예상 예산, 기대 효과 등을 구체적으로 제시해 주세요.
9단계	답변 형식	표, 이미지 등을 활용하여 답변해 주세요.
10단계	피드백 & 개선	제시된 전략들의 장단점을 비교 분석하고, 개선 방안을 제시해 주세요.
최적화 프롬프트		

"당신은 20대 후반의 워킹맘으로, 건강과 안전을 중시하며 소셜 미디어를 통해 정보를 얻고 구매를 결정하는 소비자입니다. 최근 유아 간식 시장 트렌드 보고서, 경쟁사 광고 캠페인 자료, 소셜 미디어 분석 데이터를 참고하여, 핵심 타겟 고객층인 20~30대 젊은 엄마들에게 효과적으로 어필할 수 있는 마케팅 캠페인 전략을 3가지 제시해 주세요. 각 전략의 실행 계획, 예상 예산, 기대 효과 등을 구체적으로 제시하고, 표, 이미지 등을 활용하여 답변해 주세요. 마지막으로, 제시된 전략들의 장단점을 비교 분석하고, 개선 방안을 제시해 주세요."

5.3. 자기 개발 구독 서비스 플랫폼 구독자 증가 - 기획 부서

■ 최적화 10단계 활용 예시: 자기 개발 구독 서비스 플랫폼 구독자 증가 - 기획 부서

단계		예시
기본 단계	창의적 융합	ChatGPT를 이용하여 구독자 수를 늘리기 위한 새로운 콘텐츠 및 서비스 아이디어를 브레인스토밍하고, Gemini를 활용하여 경쟁 플랫폼의 콘텐츠 및 서비스를 분석합니다.
1단계	목적 & 목표 설정	목적: 자기 개발 구독 서비스 플랫폼 시장 점유율 확대 목표: 구독자 수 획기적 증가
2단계	페르소나 활용	자기 개발에 관심이 많고 새로운 콘텐츠를 찾는 20대 후반 직장인을 설정합니다.
3단계	주제 설정	구독자 수 증가를 위한 콘텐츠 및 서비스 전략
4단계	소재 선정	콘텐츠 다양화, 플랫폼 사용자 인터페이스 개선, 마케팅 전략 강화
5단계	부연 설명	최근 자기 개발 트렌드는 단순히 지식 습득을 넘어 실질적인 문제 해결 능력 향상과 삶의 질 개선에 초점을 맞추고 있습니다.
6단계	참조 & 정보 제공	최신 자기 개발 트렌드 보고서, 경쟁 플랫폼 분석 자료, 사용자 피드백 데이터
7단계	요청 사항 & 명령어	위 정보들을 바탕으로 구독자 수를 늘리기 위한 콘텐츠 및 서비스 전략을 3가지 제시해 주세요.
8단계	답변 가이드 라인 설정	각 전략의 실행 계획, 예상 예산, 기대 효과 등을 구체적으로 제시해 주세요.
9단계	답변 형식	표, 이미지 등을 활용하여 기획서로 답변해 주세요.
10단계	피드백 & 개선	제시된 전략들의 장단점을 비교 분석하고, 개선 방안을 제시해 주세요.
최적화 프롬프트		

"당신은 자기 개발에 관심이 많고 새로운 콘텐츠를 찾는 20대 후반 직장인입니다. 최근 자기 개발 트렌드는 단순히 지식 습득을 넘어 실질적인 문제 해결 능력 향상과 삶의 질 개선에 초점을 맞추고 있습니다. 최신 자기 개발 트렌드 보고서, 경쟁 플랫폼 분석 자료, 사용자 피드백 데이터를 참고하여, 구독자 수를 늘리기 위한 콘텐츠 및 서비스 전략을 3가지 제시해 주세요. 각 전략의 실행 계획, 예상 예산, 기대 효과 등을 구체적으로 제시하고, 표, 이미지 등을 활용하여 답변해 주세요. 마지막으로, 제시된 전략들의 장단점을 비교 분석하고, 개선 방안을 제시해 주세요."

마치며

"우리 회사는 AI를 어떻게 효율적으로 도입하고 활용해야 하나요?"

AI는 거대한 파도와 같습니다. 이 거대한 변화의 물결에 능동적으로 올라타면 무한하고 혁신적인 새로운 기회들이 여러분 앞에 펼쳐지겠지만, 이를 회피하거나 외면하려 한다면 시대의 흐름에 휩쓸려 두려움과 불안감에 잠식될 수밖에 없을 것입니다.

이 책은 바로 수많은 중소기업 대표님들이 직면한 가장 현실적이고 절실한 질문에서 시작되었습니다.

"우리 회사는 AI를 어떻게 효율적으로 도입하고 활용해야 하나요?"

이 질문은 단순히 새로운 기술에 대한 막연한 호기심을 넘어, 제한된 자원 속에서 생존해야 하는 절박한 현실에 대한 깊은 고민, 불확실한 미래에 대한 막연한 두려움, 그리고 더 큰 비약적인 도약을 향한 강력하고 흔들림 없는 의지에서 비롯된 것이었습니다.

이제 여러분은 그 해답을 명확하게 이해하고 손에 쥐고 있습니다.

AI는 더 이상 대기업이나 특정 기술 전문가들만의 전유물이 아닙니다. 이제 AI는 여러분의 회사에도, 그리고 여러분의 일상적인 업무와 삶 속에도 자연스럽게 스며들어 혁신을 가져올 수 있습니다.

그 시작은 결코 거창하거나 복잡할 필요 없습니다. 아주 작고 사소하지만 반복적이고 비효율적이었던 업무 하나부터 AI에 과감히 맡겨보세요. 그리고 그 하나의 성공적인 작은 시도가 둘이 되고, 셋이 되며, 궁극적으로 조직 전체의 업무 프로세스와 문화 속으로 퍼져나갈 때, AI는 더 이상 단순한 도구나 기술이 아니라 여러분의 가장 든든하고 신뢰할 수 있는 동료이자 파트너가 되어 있을 것입니다.

"기술이 두려움이 아닌 희망이 되는 시대를 활짝 열어 봅시다!"

대표님께!
대표님은 이미 새로운 시대의 첫 발을 내디뎠습니다. 위기 속에서 변화를 선택한 대표님의 결단은 가장 강력한 경쟁력이 될 것입니다.
이제 더 이상 혼자가 아닙니다. 챗GPT와 제미나이, 그리고 이 책이 든든한 동반자가 되어줄 것입니다.

직원 여러분께!
AI는 여러분의 자리를 빼앗기 위해 오는 것이 아닙니다. 오히려 반복적이고 지루했던 업무를 대신해주고, 여러분만이 할 수 있는 창의적이고 가치 있는 일에 집중할 수 있도록 돕는 조력자입니다.
AI를 능숙하게 활용할 수 있는 사람은 그 누구도 대체할 수 없는 핵심 인재로 성장할 수 있습니다.

중소기업의 길은 언제나 쉽지 않았습니다. 그러나 항상 새로운 길을 개척하고 혁신을 주도해 온 것도 바로 중소기업이었습니다.

AI와 함께 걷는 이 길은 여러분 회사의 '두 번째 도약'이 될 것입니다.
작지만 강한, 작지만 유연한 우리 중소기업이야말로 AI 시대의 진정한 주인공입니다.

이제,
기술이 두려움이 아닌 희망이 되는 시대!
AI가 위협이 아닌 동료가 되는 시대!
그 위대한 시작점에 우리가 함께 서 있습니다.

지금 이 순간부터, 여러분 회사의 심장에 AI가 힘차게 뛸 기원합니다.
감사합니다. 그리고 진심으로 응원합니다 !!!

- 함께 보시면 좋은 책 -

챗GPT 제미나이 업무 활용 마스터키트 가격 : 33,000원

'챗GPT 제미나이 업무 활용 마스터키트'는 AI 시대의 업무 효율성 극대화와 혁신적인 성과 창출을 위한 선구적인 지침서입니다.

이 책은 챗GPT와 제미나이를 유기적으로 결합하여 실무에 적용하는 전문적인 방법을 제시하며, 단순히 각 AI 도구의 단편적인 활용법을 넘어 새로운 AI 시대에 필요한 사고방식과 행동 방식까지 제안합니다.

기존 AI 서적의 한계를 뛰어넘어, 두 AI 모델의 시너지를 마스터하여 업무 프로세스를 혁신하고 문제를 해결하는 실질적인 전략과 체계적인 학습 시스템, 풍부한 실전 사례를 제공합니다. 이 책은 AI 기반의 업무 혁신을 위한 필독서로, 독자들이 AI 활용 능력을 효과적으로 향상시키고 비즈니스 환경에서 혁신적인 성과를 창출하도록 돕습니다. 일잘러 직장인, CEO와 임원, 취준생들의 필독서 입니다.

Think New! Work New!